ALTERNATIV HEILEN

Ulrich Meyerratken, Jahrgang 1960, ist Diplombiologe, Computerspezialist und Schriftsteller. Er praktiziert seit 15 Jahren Buddhismus und stieß auf der Suche nach authentischen Erfahrungen auf die schamanische Welt des Ayahuasca. Seitdem verbringt er viel Zeit in Brasilien, leitet Ayahuasca-Rituale und unterstützt ein Daime-Heilzentrum in Verbindung mit einem landwirtschaftlichen Selbsthilfeprojekt.

Nathalie Salem, Jahrgang 1966, studierte slawische Philologie. Durch Ayahuasca erlebte sie eine tiefgreifende Reinigung ihres Emotionalkörpers und entdeckte ihre künstlerischen Fähigkeiten. Heute arbeitet sie als Yogalehrerin und Malerin und begleitet ihren Mann auf Seminaren.

W0074606

Originalausgabe Februar 1998
Copyright © 1997 Droemersche Verlagsanstalt Th. Knaur Nachf.
München
Umschlagillustration: Susannah zu Knyphausen
Satz: Ventura Publisher im Verlag
Druck und Bindung: Ebner Ulm
Printed in Germany
ISBN 3-426-76165-3

5 4 3 2 1

Ulrich Meyerratken
Natalie Salem

Daime

Brasiliens Kult der
heilenden Kraftpflanzen

Inhalt

Was meinem Auge diese Kraft gegeben,
Dass alle Missgestalt ihm ist zerronnen,
Dass ihm die Nächte werden heitre Sonnen,
Unordnung Ordnung, und Verwesung Leben?

Was durch der Zeit, des Raums verworr'nes Weben
Mich sicher leitet hin zum ew'gen Bronnen
Des Schoenen, Wahren, Guten und den Wonnen,
Und drin vernichtend eintaucht all' mein Streben?

Das ist's. Seit in Urania's Aug', die tiefe
Sich selber klare, blaue, stille, reine
Lichtflamm', ich selber still hineingesehen;

Seitdem ruht dieses Aug' mir in der Tiefe
und ist in meinem Seyn, – das ewig Eine,
lebt mir im Leben, sieht in meinem Sehen.

J. G. Fichte, 1762–1814

Einleitung

1983 traf ich in Esalen, Kalifornien, einen Brasilianer, der mir von einem magischen Getränk erzählte, das in seiner Heimat in einem spirituellen Kult zur Bewußtseinserweiterung eingesetzt wird. *Vegetal*, so der Name des pflanzlichen Extraktes, habe ihm paranormale Dinge gezeigt, die er nicht für möglich gehalten hatte. Er hatte den Tee, wie er das Getränk auch gemeinhin nannte, in São Paulo in einem Ritual der *União do Vegetal* kennengelernt und zeigte sich tief beeindruckt.

Ursprünglich kommt der geheimnisvolle Trunk aus dem Amazonas, wo ihn Indianer und Heiler als Medizin und religiöses Sakrament verwenden. Dort ist er unter vielen lokalen Namen bekannt, von denen der verbreitetste *Ayahuasca* ist. Es handelt sich um einen Sud aus dem Stamm der Liane *Banisteriopsis caapi* und den Blättern der Pflanze *Psychotria viridis. Aya* steht in der peruanischen Quechua-Indiosprache für »Geist«, »Vorfahr« und »tote Person«, *huasca* für »Liane«. *Ayahuasca* bedeutet demnach etwa »Liane der Geister« oder »Liane der Toten«.

Wieder in Deutschland, setzte ich mein Biologiestudium fort, in dessen Verlauf ich mich auch mit den biologischen Wurzeln von *Erkenntnis* beschäftigte. Inwieweit, fragte ich mich, ist Erkenntnis abhängig von der Struktur des Nervensystems? Ich war an dem Punkt angelangt, wo ich das Leben als einen um sich selbst kreisenden Prozeß betrachtete. Doch die Geschichte von dem mysteriösen Elixier, das eine so ungewöhnliche Kraft besitzen soll, ließ mich nicht mehr los. Nach Abschluß meines Studiums machte ich mich schließlich auf den Weg, Ayahuasca kennenzulernen.

In São Paulo angekommen, führte ich ein Vorgespräch mit dem Leiter der *União do Vegetal*, eines esoterischen Kultes, dessen Mitglieder vor allem der städtischen Mittel- und Oberschicht entstammen. Mein Gesprächspartner fragte nach dem Motiv meines Anliegens, das ich ihm, so gut ich konnte, darlegte. Er selbst erzählte ein wenig vom äußeren Rahmen des Rituals, hielt sich aber bedeckt mit Informationen zur Erfahrung selbst. Als ich ihn darauf ansprach, äußerte er die Ansicht, daß er es eher als hinderlich betrachte, vor dem ersten Mal Erfahrungsberichte gehört zu haben. Diese könnten möglicherweise eine Erwartungshaltung provozieren, die das Kommende bereits in eine bestimmte Richtung lenke. Am besten sei es, ohne Angst in das Ritual hineinzugehen und darauf gefaßt zu sein, mit etwas jenseits aller Vorstellung in Kontakt zu kommen. Zu meinem Glück durfte ich, der »durchreisende Gringo«, schon bald an einer ihrer Zusammenkünfte teilnehmen. Normalerweise sind Wartezeiten von einem Jahr üblich.

Auch wenn ich die Meinung des Meisters der *União do Vegetal* bezüglich der Problematik von Erfahrungsberichten teilte, publizierte ich nach meiner Rückkehr aus Brasilien einen Artikel zu meinem erstaunlichen Erlebnis. Das geschah vielleicht aufgrund der Herausforderung, etwas zu beschreiben, was eigentlich nicht in Worte zu fassen ist. Und nicht zuletzt empfand ich tiefe Dankbarkeit gegenüber den Kräften, die mich Wunderbares jenseits meines Vorstellungsvermögens erfahren ließen. Vor allem jedoch drängte mich eine Energie, die über meinen persönlichen Rahmen zu wirken begann. Zu diesem Zeitpunkt war das Ayahuasca in Deutschland nur wenigen ein Begriff.

Drei Jahre später besuchte ich ein Dorf im brasilianischen Regenwald, dessen Bewohner ebenfalls das Ayahuasca verwenden. Sie nennen den Sud *Santo Daime* oder kurz *Daime*, sich selbst bezeichnen sie als Daimistas und das »Volk von Juramidam«. *Daime* ist die Verballhornung der Anrufung »Gib mir«. Seine beiden Bestandteile symbolisieren das weibliche und männliche Prinzip in perfekter Union: Die Liane, oder *Yagube*, ist mit dem männlichen Prinzip der Kraft assoziiert, die Blattpflanze, oder *Rainha* = die Königin, mit dem weiblichen Prinzip des Lichts und der Weisheit.[1]

Zu den typischen Grunderfahrungen unter Einfluß von Ayahuasca zählt das Phänomen der Medialität, des Kontakts mit »anderen« Wesenheiten, die als von uns unabhängig existierend in Erscheinung treten. Das veranlaßte den bekannten Erforscher enthogener Pflanzen Terence McKenna zu der Aussage: *Das »Andere« steckt im Menschen.*[1] Daime öffnet den Weg ins *Astral*, eine unsichtbare Dimension, die die sichtbare Welt überlagert und durchdringt. Die Theosophie versteht darunter einen feinstofflichen Bereich jenseits der physischen und intellektuellen Ebene, der mit dem Seelischen in Verbindung steht. Der Astralkörper, Sitz der Wünsche, Gefühle und des Gedächtnisses, löst sich nach dem Tod vom Körper und beginnt in der Astralwelt ein neues Dasein. Auf sogenannten Astralreisen kann er im Traum oder durch bewußt herbeigeführte Geisteszustände, beispielsweise wie bei den Schamanen, den physischen Körper verlassen und zeitweilig eine eigene Existenz und Sinneswahrnehmung haben.

In der Welt der Daimistas herrschen in Entsprechung des polaren Prinzips zwei Wesenheiten, *Juramidam* als der Herr des Astrals und die *Königin des Waldes*, eine mystische Frau aus der himmlischen Sphäre, die über den Regenwald wacht. Eine Welt überirdischer Schönheit nahm mich in Empfang, als ich den *Garten der schönen Blumen* betrat. Viele der *Hinos*, im Astral empfangene Lieder, preisen ihre Qualitäten. Aber auch Abgründe erwarteten mich. Das Daime bewirkt eine Reinigung und Heilung des Emotionalkörpers, die nicht ohne Krisen verläuft. Es induziert eine alchimistische Verfeinerung der Seele hin zu Selbsterkenntnis. Nach dem Verständnis der Daimistas heilt das Daime gemäß unserem Verdienst. Erklärte Absicht des Kultes ist die Entwicklung des Christusbewußtseins. Da das nicht ohne eigenes Bemühen vonstatten geht, werden die Rituale auch als *Arbeit* bezeichnet.

Die »Welt der Dinge« sehen die Daimistas als Illusion, während das Astral für sie die Wirklichkeit darstellt. Ihrer Ansicht nach spiegelt das Geschehen auf der Erde nur die Realität des Astrals, die einer höheren Ordnung folgt. Die unzähligen Lieder des Kultes sprechen oft davon, die Illusion zu verlassen, definieren diese aber nicht näher. Das warf einige Fragen auf. Konnte mir das Daime dabei helfen, mehr über die Beschaffenheit von Illusion und Wirklichkeit zu erfahren? Ließen sich die in den Ritualen gewonnenen Erkenntnisse auch im Alltag umsetzen? Ist das Santo Daime tatsächlich ein Kult des Neuen Zeitalters, wie seine Vertreter oft behaupten? Lange Aufenthalte in einer Gemeinschaft von Daimistas im Südosten Brasiliens initiierten einen intensiven Transformationsprozeß und gaben mir reichlich Gelegenheit für ein »feines Studium« mit dem »Lehrer der Lehrer«, wie der Kraftpflanzentrunk in einem Lied bezeichnet wird.

Das vorliegende Buch ist eine Gemeinschaftsarbeit von meiner Frau Nathalie Salem und mir, um dem männlichen und weiblichen Aspekt des ungewöhnlichen Getränks Rechnung zu tragen. Wir hoffen, zur Verbreitung von Ayahuasca bzw. entsprechenden Analogen als ganzheitliches Heilmittel beizutragen.

Die Schilderungen unserer persönlichen Erlebnisse und Einsichten sowie die Erfahrungsberichte Dritter sollen die Angst vor nichtalltäglichen Bewußtseinszuständen mindern. Denn brauchen wir nicht ein erweitertes Bewußtsein, um die persönlichen und globalen Herausforderungen konstruktiv zu meistern?

Wie würdest du reagieren,
wenn du Gott persönlich triffst?

> Was wir »Errettung« nennen, gehört in die Zeit vor dem Tod –
> wenn du die Fesseln nicht zu Lebzeiten abschüttelst,
> glaubst du,
> dein Geist wird es nach dem Tod für dich tun?
> Die Vorstellung, daß die Seele in die Ekstase eingeht,
> nur weil der Körper zerfällt,
> ist pure Phantasie.
>
> *Kabir*

Nicht weit entfernt von der Metropole São Paulo, umgeben von üppigem Grün, betrat ich ein kuppelförmiges, rundes Gebäude, in dessen Mitte etwa 40 Menschen an einem langen Tisch Platz genommen hatten. Die von diesem inneren Kreis aufsteigenden Reihen von Sitzbänken vermittelten den Eindruck eines Amphitheaters und boten Sitzgelegenheit für etwa 200 weitere Personen.

Andächtige Stille herrschte im Raum – bis auf das gluckernde Gurgeln von Flüssigkeit, die sich in Becher ergoß. Als nach etwa einer halben Stunde alle Teilnehmer des Rituals mit demselben brauntrüben, streng riechenden Getränk ausgerüstet waren, streckten wir den Arm mit dem Becher von uns und beteten: »Daß Gott uns führe auf dem Weg des Lichts, für immer, immer lieben wir Jesus.«[2]

Ich dachte an das Vorgespräch mit dem Leiter des Rituals, der jetzt von der Mitte des Saales aus in die Runde lächelte. Beim Abschied hatte er mir noch die Frage mit auf den Weg gegeben: Weißt du, wie du reagierst, wenn du Gott begegnest? Auch nach längerem Nachdenken wußte ich es immer noch nicht, weil ich mir Gott nicht vorstellen konnte. Bisher folgte ich ei-

nem Weg, der ohne diesen Begriff auskam. Trotzdem nahm ich
mir jetzt vor, einer Begegnung nicht auszuweichen, auch wenn
sie nicht meiner Überzeugung entsprach. Mit diesem Gedanken
leerte ich den vollen Becher in einem Zug. Mein Nachbar wies
mir für den Ernstfall den Weg zur Toilette. In meinem Bauch
begann es bereits zu rumpeln.

Eine Frau am Tischende las aus einem großen Buch von der Geschichte und Mythologie des Vegetal, die sich von König Salomo bis zu den Inkas und Mayas erstreckte. Während des Vorle-
sens verwandelten sich die blubbernden Geräusche meines Ma-
gens allmählich, aber stetig in die Brandung einer Flutwelle, die
mich erfaßte, ohne mir noch Zeit zum Nachdenken zu lassen.
Ich schloß die Augen. Von der Toilette her hörte ich heftige,
würgende Geräusche. Im Vorgespräch war gesagt worden, daß
Vegetal einen ungereinigten Körper auf diesem Wege wieder
verlasse. Erinnerungen an meinen Aufenthalt in den Bergen
des brasilianischen Hinterlandes tauchten auf: das Rauschen
des Wasserfalls, der Blick vom Hochplateau, regungslos verweilend im tiefblauen Himmel, als ein Kolibri versuchte, Honig
aus meiner Nase zu saugen. Nach mehrwöchiger Vorbereitung
auf das Ritual wollte ich mich jetzt auf keinen Fall übergeben,
sondern die Erfahrung ungehindert fließen lassen. Also entschied ich definitiv, mich ohne Widerstand dem Trank zu überantworten.

Daraufhin ließ ich mich willig von der Welle fortspülen, bereit,
alles zu akzeptieren, und gestattete jeder Körperzelle, sich als
Tropfen in dieser Welle aufzulösen. Damit verschwand auch die
Übelkeit. Die Tropfen wiederum verwandelten sich in Millionen blauer Schmetterlinge, die auf ein unbestimmtes Ziel
zuflatterten. Nach einer weichen Landung reorganisierten sie
sich wieder zu Zellen eines transparenten Körpers.

Undurchdringliches Grün und die Geräuschkulisse des Regenwaldes umgaben mich. Niemals zuvor war ich dort gewesen,

aber die Bilder wirkten so real wie jede Situation in meiner Erinnerung. Ich traf auf eine Lichtung, wo ich bereits von einem mir unbekannten alten Mann mit langem, weißen Bart erwartet wurde. Er wirkte auf mich wie der Vater aller Väter. Wohlwollend schaute er mich an, als wüßte er genau, wo ich gerade herkam.

»Sie haben also aus dem Ayahuasca eine Kirche gemacht«, stellte er fest und fuhr sogleich fort:

»Nun gut – es ist frei für jeden, allerdings ist es von Vorteil, keine Angst zu haben.« Mit lauerndem Blick fragte er gedehnt:

»Wovor auch Angst haben – nicht?«

»Ja – wovor auch Angst haben?« fragte auch ich mich leicht verunsichert.

Als Antwort legte sich eine bleierne Stille über den Wald, und der eben noch vertraueneinflößende Mann nahm ein bedrohliches Aussehen an. In schneller Folge wandelte er sich in alle Formen meiner geheimen Ängste, und unter ohrenbetäubendem Lärm sprang ein Heer dunkler Gestalten aus dem Wald auf mich zu. Die Bäume schickten ihre Wurzeln und Äste aus, mich zu umschlingen. Mir wurde so übel vor Angst, daß ich das Ayahuasca fast ausspie. Doch das wollte ich auf keinen Fall. Es tobte ein ungeheurer Kampf, in dessen Verlauf sich die Übelkeit in die befreiende Gewißheit wandelte, daß ich einer Täuschung unterlag. Es waren »nur« meine eigenen Spiegelungen, die mich ängstigten, aber sie besaßen keine konkrete Form, sondern lebten abhängig von meiner Wahrnehmung. In diesem Wissen lud ich sie ein, mich zu verspeisen, oder was immer sie auch beabsichtigten. Daraufhin ließen sie nichts unversucht, Macht über mich zu gewinnen, doch ich gab ihnen keine. Da ich sie als eine von mir geschaffene Illusion entlarvt hatte, verloren sie jeden Einfluß. Die Energie der Angst verwandelte sich in innere Stärke. Mit dem Selbstvertrauen einer gewonnenen Schlacht stand ich wieder allein mit dem alten Mann auf der

Lichtung, die nun wieder friedlich im Sonnenschein lag. Er lächelte wohlwollend.

»Ich habe dir nichts mehr zu sagen. Ich denke, du hast jetzt die Kraft, allein weiterzugehen.«

Kurz noch nickte er mir zu, bevor ich von unsichtbaren Fäden mehr gleitend als gehend zum nahen Wald gezogen wurde, in dem sich, von undurchdringlichem Dickicht verdeckt, der Eingang zu einer Höhle auftat. An diesen Ort drang kein Lichtstrahl, aber die Felsen selbst gaben sanftes Licht, und die Schatten schimmerten in eigenen Farben. Fasziniert folgte ich dem verwinkelten Lauf bis zu einem Scheideweg. Der eine Weg führte zu einem geräumigen, steinernen Kuppelsaal. Durch eine kreisrunde Öffnung im Zentrum des gewölbten Daches ergoß sich gleißendweißes Licht. Dieser überirdische Strahl war von solcher Intensität, daß ich mich erschrocken zurückzog. Ich zögerte, diesen Weg zu gehen, weil ich fürchtete zu erblinden. Das schwächere Licht des anderen Ganges hingegen lockte mit Geborgenheit und vertrauter Wärme, aber allein die Erinnerung an das gleißende Licht löste den mächtigen Wunsch aus, damit zu verschmelzen. Der Konflikt machte mich für eine Weile bewegungslos.

Schließlich wurde ich durch eine konzentrierte Kraft direkt in den Strahl transportiert, ohne einen Schritt gegangen zu sein. Nachdem der physische Körper bereits verlassen im fernen São Paulo saß, entmaterialisierte sich nun auch mein feinstofflicher Körper. Es fühlte sich an, als ob mein Kopf zersprang. Ein Leuchten, bis dahin im Gefäß des Körpers isoliert, entwich und wurde durch die Öffnung nach oben gesogen. Wie ein Flieger, der nach ewig blindem Fluge unter grauer Wolkendecke abrupt durch dieselbe hindurchgleitet in ein von den ungehinderten Strahlen der Sonne durchflutetes Meer grenzenlosen Blaues. Alle Formen lösten sich auf, und es blieb lediglich das Gewahrsein leuchtender Transparenz, gleichmäßig verteilt im unermeßlichen Raum. ... *gegangen, gegangen, und darüber hinausgegangen*[3] in unbeschreiblicher Glückseligkeit. Ich hatte aufgehört, als begrenzte Endlichkeit zu existieren. Das Bewußtsein befand sich in allem mit absoluter Klarheit, ohne daß ich von *einem/meinem* Bewußtsein sprechen konnte. Es war vollständig umfassendes Bewußtsein. Ein Inhalt, der sich selbst enthält, weil er gleichzeitig der Behälter ist.

Dann konnte dieses Bewußtsein sich beobachten, wie es anfing, in sich ein abgegrenztes Areal zu bilden, das sich als getrennt wahrnehmen konnte. Mein »Selbst« setzte sich wieder zusammen.

»O Vater«, betete ich, »jetzt hast du mich zum Ziel geführt, zum Ursprung aller Schöpfung, bitte schicke mich nicht wieder zurück in die Dunkelheit der Illusion.« Der Prozeß nahm seinen Lauf, eine Kraft saugte mich zurück in die körperliche Begrenzung von Raum und Zeit. Kopfüber stürzte ich wieder auf die Erde in meinen Körper.

Ich schlug die Augen auf und sah alles in Gold getaucht. Eine schwebende Stimme sang vom Licht, mit dem wir im Augenblick des Todes zusammentreffen. »Licht Gottes, Jesus, Gabriel und wahrer Wohnsitz der Seele, Kraftspender zur Transformation des Leidens zu Liebe und Weisheit.«

»Wer bin ich?« fragte ich mich, und augenblicklich ging meine Seele wieder auf Reisen. Ich fand mich in einem dunklen Universum, in dem es nichts gab bis auf mein eigenes Leuchten. Fragen tauchten auf aus dem Raum, wurden an seine Oberfläche gespült, um als Antworten wieder zu verschwinden. Zu fragen hieß, die Antwort schon zu kennen. Ich fand mich in einem Zustand vollkommenen Alleinseins. Wer könnte mir auch nur eine meiner Fragen beantworten, wenn nicht ich selber? Da war niemand sonst, der für mich sah, fühlte, dachte und sprach. In dieser galaktischen Einsamkeit fand ich reine Eigenverantwortung und einen Wesenszug, mich bisher in wichtigen Ange-

17

legenheiten auf andere verlassen zu haben. Ich erkannte, daß ein Wesen nicht durch einen Erleuchteten befreit werden kann, ohne die eigene Wahrheit zu verwirklichen. Wie kommt es, daß uns jemand als Meister erscheinen kann? Auch Meister existieren in Abhängigkeit von unserem eigenen Gewahrsein.

Kaum war mir dies klar, als überall im unendlichen Raum Sterne aufleuchteten. Ich selbst wurde zur Sonne, die ein Planetensystem erhielt. Allein an meinem Platz und doch in leuchtender Verbindung mit allen Himmelskörpern, fühlte ich mich geborgen im kosmischen Schoß der Schöpfung.

Musik strömte durch den Saal, in deren Klängen meine Zellen sich lösten zu formlosen Schwingungen freischwebenden Glücks. Den anderen schien es ähnlich zu gehen. Meine Gedanken verwoben sich mit den schimmernden Haarsträhnen einer Frau, die in der Abendsonne leuchteten. Der Leiter strahlte mit der Sanftmut eines Kindes und winkte uns fröhlich zu.

Nach Abschluß der Sitzung stand ich auf, um nach draußen zu gehen. Die ersten Schritte waren schwankend wie die eines Betrunkenen, doch erstaunlich schnell stellte sich die motorische Kontrolle wieder ein.

»Was hast du erlebt?« fragte mich mein Nachbar.

»Danke, ich bin gestorben.«

»Kommst du wieder?«

»Ich weiß es nicht. Brasilien ist weit weg von zu Hause, nichts für einen Wochenendtrip.«

»Ich weiß, daß du wiederkommst. Bis bald!« Mit dem Zeigefinger zog er sein rechtes Auge nach unten – eine landesübliche Geste für »Sei wachsam!«.

Der Gral aus dem Regenwald

Immer freudig lebe ich,
allein zu singen tröstet mich,
weil ich eine Hoffnung habe,
nur ganz kurz getrennt zu sein
von Gott und der Jungfrau Maria.

Meister Irineu

Zum Zentrum der Welt

Das Flugzeug entließ mich in die stinkende, sommerlich aufge-
heizte Dunstglocke von São Paulo. Drei Jahre waren vergangen
seit meinem Erlebnis mit dem Vegetal. So vollkommen die Erfahrung gewesen sein mochte, so wenig hatte ich das Bedürfnis
verspürt, sie zu wiederholen. Ich glaubte, ein weiteres Mal
könnte niemals an das Erlebte heranreichen. Und das wollte
ich immer ungeschmälert in meinem Gedächtnis behalten.
Tatsächlich hatte sich in den wenigen Stunden damals viel
mehr ereignet, als ich auszudrücken in der Lage war. Kern der
Erfahrung war die Loslösung meines Bewußtseins von jeder
Körperlichkeit. Die mir bedrohlich anmutende Unausweich-
lichkeit des Todes hatte ihren Stachel verloren, was sich in einem angstfreieren und offeneren Leben ausdrückte. Der Nach-
Tod-Zustand ist in gewisser Weise nur ein anderer Zustand des
Seins. Normalerweise sterben wir erst am Ende des Lebens, mit
Ayahuasca ist dies bereits in der Mitte möglich. Die Conibo-
indianer nennen Ayahuasca die »Liane des Todes«, was sinn-
bildlich zu verstehen ist. Noch niemand ist wirklich daran gestorben. Indianische Priesterheiler müssen diese Erfahrung machen, bevor ihre Fähigkeiten zur Entfaltung kommen. Sterben

lernen heißt leben lernen, weil wir unnötige Bürden und Ängste loslassen, die unsere Lebendigkeit einschränken. Der Tod ist nicht das Ende, Leben und Tod folgen nur scheinbar aufeinander, in Wirklichkeit durchdringen sie sich gleichzeitig. Das Bewußtsein gleicht einem unaufhörlichen Strom, der durch die Landschaften von Leben und Tod fließt. Wenn meine Annahme stimmte, daß der blaue Raum, mit dem ich verschmolz, meine ursprüngliche Heimat war, in die ich zurückkehren würde, so gab es keinen Grund, dieses Leben mit Panik vor dem Tod zu belasten.

Gleichzeitig fühlte ich eine hohe Verantwortung für die mir geschenkte Zeit auf diesem Planeten. Die Erfahrung hatte auch eine Menge neuer Fragen in mir zurückgelassen, denen ich nachgehen wollte. Was genau war dieses Bewußtsein, das Leben und Tod überdauert? Wenn sich die vertraute Realität in Nichts auflösen konnte, worin bestand dann die Natur von Realität und Illusion? Warum war ich hier? Gab es so etwas wie eine Bestimmung, eine bestimmte Aufgabe, die über das pure Überleben hinausging, und wenn ja, worin bestand sie?

In einer Phase der Unentschlossenheit über mein weiteres Vorgehen erreichte mich die Einladung eines Freundes aus Brasilien, in den Regenwald zu gehen, um die Heimat des Ayahuasca kennenzulernen. Dort existierte ein Dorf, dessen Bewohner das Ritual »Santo Daime« nannten. Die Abenteuerlust packte mich, und ohne langes Nachdenken buchte ich einen Flug.

Etwa 10 km hinter Rio Branco, Bundeshauptstadt von Acre, stoppte das Taxi. Der Rest der Strecke war wegen schwerer Regenfälle nicht passierbar. Seit unserer Ankunft ergossen sich warme Sturzbäche vom Himmel, die meinen Glauben an heftige, aber kurze Regenschauer in den Äquatorgefilden hinwegspülten. Mit einem Rucksack auf dem Rücken und in jeder Hand eine schwere Tasche, wateten wir durch den Schlamm.

Bei jedem Schritt drohten die Gummistiefel hinter mir zurückzubleiben. Kaum konnte ich es erwarten, die mitgebrachten Geschenke zu verteilen, um das Gepäck zu erleichtern. Kleine Gruppen barfüßiger Mestizen mit dem gleichen Ziel überholten uns. Einige Mädchen sangen von der Liebe, meine Stimmung war eher gedrückt. Ich fühlte mich an eine vergangene Reise erinnert, die ich wegen Dauerregens abgebrochen hatte. Zweifel am Sinn der Reise kamen auf. Als sich meine Arme schon unnatürlich lang anfühlten, erbarmte sich jemand und nahm mir eine Tasche ab.

Irgendwann kamen wir doch noch an. Eine ramponierte Steinkirche und ein hölzernes Wohnhaus tauchten schemenhaft im Regen auf. Auf der Veranda herrschte reges Treiben, wir stellten uns bei verschiedenen Leuten vor, erzählten unsere Geschichte, schüttelten triefende Hände, bis schließlich geklärt war, wo wir die nächsten Tage übernachten würden. Einziges Mobiliar in unserem Zimmer war ein kleines Bett, das bereits von dem jungen Mann belegt war, der mir beim Tragen geholfen hatte. Er kam aus Minas Gerais im Süden, einem bergigen Land mit vielen Wasserfällen. Aus seinem geplanten Kurzbesuch waren schon fünf Monate geworden. Ich klinkte meine Hängematte in die vorhandenen Haken und zog mich um. Ein kleiner Junge deutete auf meine Boxershorts und fragte, warum ich zwei Hosen übereinander trage. Ich konnte wieder lachen. Es blieb kaum Zeit, mich auszuruhen. In Kürze sollte das zwölfstündige Ritual beginnen. Wir schlossen uns den Daimistas an, die in ihren Kostümen auf die Kirche zustrebten.

Das Ayahuasca wurde hier nicht *Vegetal* genannt, sondern *Daime*, die Anwender *Daimistas*. Der Trunk schmeckte mir noch so unangenehm wir vor drei Jahren – nur Grimassenschneiden machte ihn etwas erträglicher. Das Ritual wird bei den Daimistas auch Arbeit genannt, um den Aspekt der inneren Arbeit zu betonen, die geleistet werden soll. Während die *união do ve-*

getal nur ein Ritual der Konzentration im Sitzen praktizieren, tanzen und singen die Daimistas darüber hinaus in ihren Zusammenkünften.

Die eintreffenden Mitglieder des Kultes versammelten sich um einen Steintisch in Form des Sterns Salomos bzw. Davidsterns, auf dem ein Kreuz mit zwei Querbalken stand, in Europa auch bekannt als das Lothringer Kreuz. Rundherum auf dem Boden eingezeichnete Rechtecke erleichtern eine regelmäßige Aufstellung, wobei sich Männer und Frauen gegenüberstehen. Jeder hat während des Rituals seinen festen Platz. Bevor die Arbeit eröffnet wurde, versammelten sich einige Frauen um den Sternentisch und rezitierten Ave-Marias.

Nachdem sich etwa 50 Personen aufgestellt hatten, eröffnete der Leiter der Kirche die Arbeit mit einigen Gebeten. Anschließend gaben die Männer und Frauen in der ersten Reihe den Rhythmus durch das Schlagen einer Rassel vor, die Maracá genannt wird. Am Ende eines Holzstiels befindet sich eine mit kleinen Metallkügelchen gefüllte Blechdose. Mit dem Einsatz des Gesanges kamen auch die Schritte dazu. Rechts, links, rechts, links; links, rechts, links, rechts und wieder von vorne. Das war der Rhythmus, den ich noch ungezählte Stunden tanzen und der mir in Fleisch und Blut übergehen sollte.

Nach vier Stunden verspürte ich bis auf eine grenzenlose Erschöpfung keinerlei Wirkung. Einem alten, am Tisch sitzenden Mann sackte der Kopf vornüber. Der hat's hinter sich, dachte ich und begann mich zu fragen, was ich hier am Ende der Welt eigentlich suchte. Ich sang Lieder in einer Sprache, die ich nicht verstand, und bewegte meinen geräderten Körper zu einem nicht enden wollenden Rhythmus. In den Gesichtern erblickte ich eine Freude, die ich selbst nicht verspürte und mir wie eine Verhöhnung meiner selbst anmutete. Wie gut, daß ich noch nicht vollends im Dschungel war, am anderen Tag wollte ich sofort wieder nach Deutschland zurückfliegen.

Letzterer Gedanke hielt meinen Widerwillen in Grenzen und spendete mir etwas Trost. Vielleicht hätte ich mich doch mit der Gnade der ersten Begegnung zufriedengeben sollen, anstatt auf der Jagd nach einer Erfahrung um die Welt zu fliegen.

Der mit Beginn des Rituals einsetzende Regen hatte inzwischen aufgehört. Als ich die Kirche verließ, folgte mir mein Begleiter und fragte mit fremder Stimme, ob es mir nicht gutginge. Ich erzählte ihm, was ich dachte. Anstatt mich zu verstehen, machte er mir Vorhaltungen.

»Es ist die erste Krise, und du willst sofort aufgeben! Wenn du Zweifel hast, ob das Daime wirkt, dann schau auf deine Hand, ob sie dir anders als sonst erscheint.« Ich schaute auf meine Hand und konnte nichts Besonderes feststellen. Trotzdem einigten wir uns, daß ich mir noch die drei Tage bis zu unserer Weiterreise mit einer Entscheidung Zeit lassen wollte.

Als ich nach der Pause in meiner Hängematte lag, boten mir einige Mädchen süßen Tee an. Tania war mir in den letzten Stunden als besonders engagiert aufgefallen. Ich hatte es vermieden, in ihr strahlendes Gesicht zu schauen, um ihr meine miese Stimmung nicht mitzuteilen. Als könnte ich sie verbergen! Sie erzählte, daß der erste Teil der Arbeit für alle ziemlich schwer gewesen wäre, und schlug vor, das Ritual bis zum Ende durchzustehen. Ich würde sehen, daß sich dann alles ändern könnte. Daran glaubte ich zwar nicht, aber als mich noch andere verständnisvoll und freundlich darum baten, überwand ich mich schließlich.

Um ganz sicherzugehen, bat ich gleich um zwei Gläser Daime, denn jetzt wollte ich es wissen. Diesmal dauerte es nicht lange, bis ich eine Wirkung verspürte. Alle Müdigkeit verschwand urplötzlich. Mit dem Einsetzen der farbigen und körperlichen Phänomene setzte ich mich auf eine Bank und schloß die Augen. Nach einer Weile spürte ich, daß jemand neben mir saß, doch als ich hinschaute, war niemand da. Trotzdem blieb das

Gefühl einer unsichtbaren Anwesenheit. Meinem geistigen Auge erschien er ganz klar: ein Mann mit ruhigem und konzentriertem Blick, leicht nach vorne gebeugt, dessen Aura die meine umfaßte. Auf meine Frage hin stellte er sich als mein unsichtbarer Begleiter vor. Er sei geschickt, meinen Prozeß zu begleiten. Kaum hatte er mir das mental mitgeteilt, zog und zerrte eine unsichtbare Kraft an meinem Gesicht, als sollte es in eine bestimmte Form modelliert werden.

Es gab eine Angelegenheit aus meiner jüngsten Vergangenheit, die ich gerne beleuchten wollte, doch die Bilder waren nur angerissen. Ich fand noch keinen richtigen Einstieg, immerhin einen Anfang, an dieser Spur wollte ich bleiben. Wut und Zweifel am Sinn meiner Reise verblaßten allmählich.

Zwei Tage später, kurz vor Sonnenuntergang, gab mir mein Gastgeber reichlich Daime. Das sei genug für Mirationen[4], gab er zu verstehen. Auf der Veranda harrte ich der Dinge, die da kamen. Während ein chaotischer Strom von grünem Urwald und sich windenden Schlangen durch meinen Geist zog, arbeitete es wieder in meinem Antlitz. Was passierte, verstand ich zwar nicht, aber auch unverstanden bewirkten die Erscheinungen etwas in meinem Körper. Auf meine Fragen hin kamen keine klaren Antworten, sondern nur ein wirres Puzzle von ineinandergeschachtelten Bildern, durch die ich mich wie in einem realen Dschungel hindurchmanövrierte.

Später bewegte ich mich wie ein tapsiger Bär vom Haus weg, um den Sonnenuntergang zu genießen. Kraft, Sammlung und Frieden mochten diesen Zustand umreißen. Noch unsicheren Ganges, steuerte ich auf eine kleine Gruppe Menschen auf dem Kirchplatz zu. Zu schnell und umgangssprachlich gingen die Worte ineinander über, als daß ich den genauen Inhalt hätte verstehen können. Ich konzentrierte mich auf den Klang der Stimmen und die Körperbewegungen.

Plötzlich hielt mir mein Zimmernachbar seinen Finger mit einer übel aussehenden eitrigen Verletzung vor die Nase. Konnte ich etwas tun, außer mein Bedauern zu äußern? In der Hand hielt ich einen kleinen, rituellen Gegenstand, der für die Umwandlung negativer Kräfte eingesetzt wurde. Seine Spitze versprühte ein intensives grünblaues Licht. Einem inneren Impuls gehorchend, überwand ich meine Unsicherheit und legte den Gegenstand auf seine Wunde. Den Vorgang der Energieübertragung konnte ich in Form farbiger Ströme verfolgen, die von der Spitze weg in den Finger flossen.

Am nächsten Morgen zeigte mir mein Zimmernachbar seinen Finger, dessen Entzündung eindeutig am Schwinden war. Ich wertete dies als Indiz für die Kapazität des Ayahuasca, die persönlichen heilerischen Fähigkeiten zu entfalten. Interessant in diesem Zusammenhang fand ich, daß ich mich nur als Ausführender einer höheren Kraft gefühlt hatte. Natürlich konnte ich nicht ausschließen, daß die Wunde nicht sowieso in Heilung begriffen war.

Mit einem klapprigen Rangerover fuhren wir wieder zurück nach Rio Branco. Etwa 20 Leute saßen auf der Ladefläche. Dem Fahrer machte es sichtlich Spaß, durch den Schlamm zu preschen, so daß alle heftig durchgeschüttelt wurden. In der Stadt war es kochend heiß, und im Hotelzimmer röhrte die Klimaanlage wie zehn Kühlschränke. Wir besuchten den Präsidenten der städtischen Wasserversorgung, der auch um die Versorgung mit Daime wußte. Die halbe Stadt schien Daime zu kennen, sogar im Touristenführer des Hotels stand der Weg nach Cinco Mille beschrieben. Im Gummimuseum war der Darstellung der Kirche des Santo Daime ein ganzer Raum gewidmet. Überschrift: Santo Daime – die Kirche der Armen.

Mit einer kleinen Propellermaschine flogen wir nach Boca do Acre (Mund von Acre) im Bundesstaat Amazonas. Die Straße war wegen starker Regenfälle zeitweilig nicht passierbar. Einzige

Orientierungspunkte im endlos grünen Teppich unter uns waren ein sich schlängelnder Fluß und immer wieder große Brandrodungen. Wir landeten auf einer Piste im Wald. Die Stadt bestand fast nur aus Holzhäusern. Ein großer Teil der Bevölkerung schaute indianisch aus. Ein Ladeninhaber empfahl uns das Restaurant seiner Mutter gleich nebenan. Eine reizende, uralte Dame tischte uns Fisch, Fleisch, Bohnen und Spaghetti auf, die weit besser schmeckten, als die Inneneinrichtung der Baracke erwarten ließ. Die alte Frau erzählte von einem Neffen, der immer nur in Kneipen rumgehangen hatte. Seitdem er Daime nehme, sei aus ihm ein ordentlicher Bursche geworden.

Wir mieteten ein schmales, grob gehauenes Holzboot mit Fahrer und Außenbordmotor, das auch in seichtem Gewässer manövrieren konnte. Als wir kurz nach Sonnenaufgang aufbrachen, begleitete uns eine Herde schimmernder Flußdelphine, die ich als gutes Vorzeichen für das Ziel meiner Reise wertete.

Mapiá – was wußte ich von dem Ort und seiner Geschichte? Mapiá ist das spirituelle Zentrum des Santo-Daime-Kultes, der zweitgrößten Ayahuascakirche Brasiliens. Insbesondere das Wirken von Chico Mendez in der UNO hatte die brasilianische Regierung animiert, ein 567 000 ha großes Areal um Mapiá zum Naturschutzgebiet zu erklären und es dem Dorf zu unterstellen. Absicht ist, die einheimische Bevölkerung darin zu unterstützen, von den natürlichen Ressourcen des Waldes, wie z. B. Nüssen, Ölen, Gummi, Früchten und Guaraná-Samen, zu leben, anstatt ihn durch fortgesetzte Brandrodung zu zerstören und aussterbende Tierarten zwecks Nahrungsbeschaffung weiter zu dezimieren.

Die Region Mapiá ist das erste von etwa zwanzig Arealen, die in diese Richtung gefördert werden. Im November 1989 wurde die COOPEAMA gegründet, eine Organisation, die diesen Entwicklungsprozeß steuern soll. Bisher ist es ihr gelungen, von der Interamerikanischen Bank für Entwicklungshilfe einen Kredit aufzutreiben, um eine Paranußfabrik für die Region zu bauen, die in Form einer Kooperative betrieben werden soll.

Beabsichtigt wird, daß die Bewohner durch den Export einheimischer Produkte ein natürliches Interesse an dem Erhalt ihres Waldes entwickeln und sich dann aktiv als Schützer des Waldes einsetzen. Mit viel Kraft und Hilfestellung mag es möglich sein, diese Region dergestalt zu entwickeln. Im Vergleich zum gesamten Amazonas gleicht sie allerdings einem Sandkorn. Die Großgrundbesitzer des übrigen Waldes, die ihr Geld mit Holz und Rinderhaltung verdienen, spielen nicht mit. Gefährliche Gegner, wie den populären Chico Mendez, lassen sie kurzerhand ermorden. Die Regierung verdient mit. Der Umweltminister der Region jagt zum Freizeitvergnügen Alligatoren.

Nach einem halben Tag auf dem großen *Rio Purus*, der viele Tagesreisen weiter in den Amazonas mündet, bogen wir in einen kleinen Seitenarm. Die unvorstellbare Fülle des Waldes zog mich in ihren Bann. Trotz des Motorgedröhns zirpte es gewaltig aus dem Schwemmland. Oft war der Fluß durch umgestürzte Bäume so versteckt, daß wir uns nur mit der Machete den Weg bahnen konnten. Manchmal hielt der ortskundige Fahrer mitten auf das Dickicht zu. Wir warfen uns dann auf den Boden, bis sich hinter der grünen Wand wieder die Fahrrinne öffnete. Schlangengleich wanden wir uns stromaufwärts durchs Gehölz. Ich sinnierte gerade über die Bedeutung der Schlangen, die mir in Cinco Mille im Daime erschienen waren, als das Boot eine Kurve verfehlte und ein Ameisennest in der Uferböschung rammte. Die zentimeterlangen Tierchen spritzten panikartig Gift, während wir sie ebenso panikartig aus dem Boot warfen. Mir wurde klar, daß diese Bootsfahrt der Miration in Cinco Mille entsprach, die mich durch das überwältigende Grün des Urwalds zu Frieden und Ausgeglichenheit geführt hatte. Um nicht verlorenzugehen im unbekannten Dickicht des Waldes bzw. des Astrals, erforderte die Reise volle Konzentration. Es galt, im Fluß zu bleiben und alle Hindernisse elegant zu umschiffen.

Unser Fahrer schmunzelte am sicheren Bootsende. Mit den zwei übriggebliebenen Eckzähnen im Mund wirkte er wie ein schelmischer Vampir. In den Verhandlungen um den Beförderungspreis brachte er die ausgekochtesten Argumente, und noch fünf Minuten vor der Abfahrt schlug er nochmals drauf wegen angeblich über Nacht gestiegener Benzinkosten. Als wir auf einen unter Wasser liegenden Baumstamm aufliefen, drohte das Boot zu kentern. Um es wieder freizubekommen, mußten wir das Boot verlassen. Ein Kinostreifen lief vor meinem Auge ab: von Piranhas angefressen und ohne Gepäck, irre ich hilflos im Dschungel. Andererseits bereitete mir die Angst in den Augen meines sonst so selbstsicher auftretenden Reisegefährten heimliches Vergnügen, denn ein Blick zum Bootsmann versicherte mir, daß er solche Situationen zwar nicht liebte, sie aber noch als harmlos einstufte.

Stunden später hielten wir zur Rast an einer Hütte. Ein altes Paar saß auf der Veranda. Ein offenbar krankes Mädchen mit schönem Gesicht kauerte schlapp und gleichgültig auf dem Boden. Vor der Hütte döste ein Wurf hungerkranker Hündchen, die vor Magerkeit kaum ihren Kopf heben konnten. Die frische Fahrtbrise wurde abgelöst durch stehende Hitze, nur das Surren unzähliger Insekten erfüllte die stickige Luft. Ich roch den Moder des Waldes. Die beiden Alten freuten sich über den Besuch und boten uns herzallerliebst von dem wenigen, was sie hatten, großzügig an. Der Mann erzählte, daß sie seit 30 Jahren an dieser Flußbiegung lebten. Es wäre noch nie leicht gewesen, aber er wüßte keinen anderen Ort. Als ich dem Mädchen eine Süßigkeit gab, erhellte sich ihr mageres Gesicht zu einem Lächeln, und ihre traurigen Mandelaugen strahlten in Eintracht mit den beiden Alten. So als sei sie aus einer anderen Welt hier gestrandet. Ich bewunderte diese Menschen, daß sie an diesem Ort leben konnten.

Über einem vergilbten Hochzeitsfoto an der Wand hing die Aufnahme eines alten Mannes mit langem, schlohweißem Bart und einer Hakennase. Hatte ich ihn schon gesehen, oder kam er mir nur bekannt vor, weil er so gütig aussah, wie ich mir einen weisen alten Mann vorstellte?

»Ja, das war für uns alle ein harter Schlag, als der gute Sebastião seine letzte Reise antrat«, seufzte der Mann in der Hütte. »Aber auch wir werden ihm bald folgen.«

Auf meine Frage hin erfuhr ich, daß es sich um den kürzlich verstorbenen Padrinho Sebastião handelte, den Gründer von Mapiá und Nachfolger von Meister Irineu. Mir dämmerte langsam, woher ich ihn kannte. Die äußere Erscheinung des alten Mannes, der meinen Astralkörper drei Jahre zuvor im Urwald empfangen hatte, war nicht nur ein Produkt meiner Phantasie gewesen. Jetzt war ich physisch hier, und alles sah aus wie damals in der Miration.

Tränen kamen mir, als ich das Mädchen nach dem Ablegen unseres Bootes wieder lethargisch an die Hüttenwand zurücksinken sah. Ich fürchtete, Mapiá könnte sich als eine örtliche Ansammlung von Elend und Krankheit entpuppen. Vor jeder Flußbiegung hielt ich in banger Erwartung Ausschau nach einer trostlosen Siedlung, die mich verschlucken würde wie der Dschungel das Licht.

Meine Befürchtungen erwiesen sich als unbegründet. Unversehens lichtete sich der Wald. Über dem Fluß spannte sich eine Holzbrücke, von der schreiende Kinder ins Wasser sprangen. Ähnlich bizarr mußte es sein, eine Oase in der Wüste zu finden. Fröhlichkeit ging von diesem Platz aus. Ein Stein fiel mir vom Herzen. Erschöpft kraxelten wir die Uferböschung hoch und machten uns mit den nächsten Bewohnern bekannt.

Wir fanden Quartier im Haus von Liliana und Jorge. Die beiden kamen aus Argentinien, aber nicht als weitgereiste Globetrotter, sondern nach kurzer Bekanntschaft mit dem Daime direkt nach Mapiá mit der Absicht, dort zu bleiben. Aus einem einfachen Leben in Argentinien hatte sie das Daime in ein noch einfacheres Leben im Wald geführt. Gastfreundlich stellten sie uns einen Raum zur Verfügung, der ähnlich dem in Cinco Mille nicht viel mehr enthielt als ein paar Haken für die Hängematten. Abends saßen wir noch bei Kerzenschein in der Küche und erzählten von unseren Reisen. Jorge fragte, ob Kalifornien eine große Stadt sei. Ein alter Mann bemerkte, daß Deutschland sich am Ende der Welt befinden müsse, wenn es so weit weg sei vom Zentrum der Welt – Mapiá. Eine Kakerlake rannte auf meinen Teller zu. Ich bannte sie mit dem Strahl meiner Taschenlampe zur Regungslosigkeit. Kreaturen der Dunkelheit, für die es nichts Fürchterlicheres gibt als das Licht, dachte ich. Von Licht getroffen, erstarren sie zu Salzsäulen.

Noch ein bißchen Geplauder, ein beseligendes Bad aus einem Erdloch, dann sank ich erschöpft in meine Matte, begleitet von dem Quaken der Frösche aus einem nahe gelegenen Sumpf.

Das Lächeln der Waldprinzessin

Für die kommende Nacht war wieder ein Daimeritual angekündigt. Den ganzen Nachmittag schon herrschte Feststimmung. Alle putzten sich fein heraus. Auf den »Ritualen in Weiß« tragen die Männer weiße Anzüge mit blauen Krawatten, die Frauen ein phantasievolles Kostüm mit einer straßbesetzten Krone auf dem Kopf. Die Kleidung der Männer soll die Reinheit von Jesus widerspiegeln, die der Frauen die Schönheit und Erhabenheit der Königin des Waldes, die das Ritual dem Gründer der Kirche offenbarte.[5]

Der Daime-Ausschank war durchgehend geöffnet. Jeder konnte

selbst bestimmen, wann und wieviel er zu sich nahm. Diese Freiheit wollte gelernt sein, wie ich noch in dieser Nacht feststellen würde. Mir gingen einige Aussagen durch den Kopf, die die Dosierung betrafen:

»Nimmst du wenig, siehst du wenig. Nimmst du mehr, siehst du mehr. Nimmst du viel, siehst du viel ...« – »... oder übergibst dich«, ergänzte ich für mich.

»Ayahuasca ist wie ein Schmetterling. Entweder du fliegst mit, oder du bleibst unten.«

In dieser Nacht übte ich mich als Steuermann. Soeben noch auf der Erde, öffnet sich mit einem Mal der schmale Pfad ins Astral. Ohne Demut und Wachsamkeit verpaßt man leicht die Pforte ins Himmelreich.

Das Daime war sehr stark am Ort seiner Heimat. Mir wurde klar, was der alte Mann mit dem Zentrum der Welt gemeint hatte. Hier war die geheimnisvolle Welt der Liane und der Königin. Mir wurde unwohl im Bauch, und ich mußte mich setzen. Als die Miration kam, überfiel mich eine große Traurigkeit. Die »leidvolle Angelegenheit aus jüngster Vergangenheit« öffnete sich wieder. Ich fragte mich, wie es zum Ende dieser langjährigen Beziehung kommen konnte, die mit soviel Verliebtheit begann. Verirrte karmische Fäden verknüpften sich mit meiner Gegenwart zu einem schonungslosen Bild. Es hatte nicht anders kommen können. Wer Leiden austeilt, wird Leiden zurückerhalten. Feigheit und Schuld versorgten den Prozeß mit Nahrung. Mit diesem fein abgestimmten Netz aus Selbstbetrug hatte ich mir selbst ein Bein gestellt. Ich verstand jetzt, wie so manche leidvolle Beziehung nicht einmal der Tod zu trennen vermag. Unerlöste, neurotische Verbindungen können die geplagten Seelen für viele Leben aneinanderketten. Immer wieder neu entfaltet sich dann ein ähnliches Drama, bis wir die Lernaufgabe bewältigt haben. Ohne Rücksicht auf mein Selbstbild sah ich mich in meiner Nacktheit. Der Dschungel war mir eine große Wiege, und ich fühlte, daß er meine Trauer spürte. Meine Mutter, die Königin des Waldes, gab mir in ihrer Güte die Möglichkeit, mir selber zu verzeihen. Erst dann konnte ich loslassen, um wieder in der Mitte meiner Gegenwart zu landen.

Nach der Pause trank ich ein drittes Mal. Mir wurde sehr schlecht, fast übergab ich mich. Ein paar Leute verhinderten, daß ich im Dunkeln verschwand. Etwas abseits von der Kirche saß ich vertieft in die Betrachtung des prächtigen Sternenhimmels, als zwei junge Mädchen an mir vorbei in die Nacht hinausliefen. Die erste lächelte mir scheu zu. Es war die kleine Waldprinzessin mit den Mandelaugen aus der Hütte am Fluß. Mein Herz lief wieder über vor Liebe, und ich sah die Wahrheit darin.

Der Himmel von Mapiá

Ich döste in der Hängematte und malte mir einen möglichen Tagesrhythmus aus: Morgens aufwachen durch Kinderlärm, dann Reis, Bohnen und Maniok, der Gang zum »Klo«, bevor die Fliegen kommen, ein erfrischendes Bad, wieder die Hängematte, Reis und Bohnen, Hängematte. Hängend in der Hängematte, umgeben vom Lärm der Kinder und dem Geräusch des Besens. Etwa zehnmal am Tag wurde das Haus gekehrt und gewischt, obwohl alle vor dem Betreten ihre Schuhe auszogen. Manchmal flatterte ein Huhn herein und hinterließ seinen Kot. Die Kinder trugen ihn im Spiel durchs Haus.

Liliana und Jorge hatten zwei Kinder. Es waren aber immer etwa sechs bis zwölf Kinder im Haus. In ruhigen Zeiten sangen sie Lieder, manchmal begleitet von Jorge. Bei den Indianern heißt es, daß der Ayahuasceiro[6] den König der Lieder trifft. Jorge war scheinbar ein guter Freund von ihm. Seine Stimme klang sanft und melodisch, so daß ich nicht genug davon bekommen konnte. Die Lieder öffneten das Herz, um die leuchtenden Sterne der Weisheit empfangen zu können.

Mehrmals am Tag wollten die Kinder Bonbons von mir. Dann fragte ich, wie viele denn, und ebenso viele Antworten tönten zurück. Ich ließ sie eine Reihe bilden, damit es hinterher kein Geschrei gab, wenn jemand zwei erwischt hatte. Inzwischen bereute ich schon, der Sucht nach Zucker zusätzlich Nahrung zu geben. Die Süße aller Speisen und Getränke war für meinen Geschmack schier unerträglich. Ich hatte schon aufgehört, meinen geliebten Morgenkaffee zu trinken, weil er bereits mit einem Berg Zucker aufgebrüht wurde. Es war eine nationale Volkssucht, deren deutlichste Spuren an den schwarzen Zahnstummeln abzulesen waren. Ich nahm an, daß die Sensibilität der Geschmacksknospen durch das Großwerden mit stark gesüßten Speisen und Getränken nur noch einen Bruchteil von der des Durchschnittseuropäers ausmachte. Diese Unempfindlichkeit konnte ich häufig auch dem Salz gegenüber feststellen. Für mich bereits versalzene Speisen wurden nochmals auf dem Teller nachgesalzen.

Liliana war sehr fürsorglich zu uns. Nicht nur, daß sie darauf bestand, unsere Wäsche zu waschen und für uns zu kochen, manchmal besorgte sie uns auch Leckereien wie eine Handvoll Paranüsse oder eine besonders reife Maracuja. Am besten schmeckte mir ein Saft, den sie aus einer braunbepelzten Frucht namens Cupuaçu herstellte. Diese Frucht wächst nur im Amazonas, und auch dort nur selten. Als ich heute mein Tagebuch aufschlug, fand ich ein feines, selbstgemaltes Bildchen einer Miration. Dazu den Text:

»Für Ulrich mit Zärtlichkeit von Liliana; Himmel von Mapiá.«

Sie beabsichtigte, zu einem etwa zwei Stunden abgelegenen Platz zu ziehen, an dem viel mehr Früchte wachsen sollten als hier. Sie war ganz und gar ein Wesen des Waldes, schlicht und zufrieden, nie hörte ich sie klagen, sondern stets bezauberte sie alle mit ihrem Lächeln und ihrer Sanftheit.

Gelegentlich schlenderte ich ziellos durchs Dorf, um zu fotografieren. Die Leute rissen sich regelrecht darum. Bereits berühmt im Astral, fehlte ihnen noch der Ruhm in dieser Welt. Die Erwachsenen nahmen dann eine ausgesprochene Pose an, liebstes Hintergrundmotiv war die Grabstätte von Padrinho Sebastião, den sie vor dem Eingang der Kirche beigesetzt hatten. Dabei erfuhr ich interessante Geschichten. Flaviano Schneider, der die Zubereitung des Daime leitete, erzählte mir, wie er zum Daime kam. Als er das erste Mal Daime trank, sagte es zu ihm:

»Geh los.«

Ohne sein Ziel zu kennen, machte er sich auf den Weg. Nach 400 km Fußmarsch erreichte er ein kleines Dorf, in dem er bereits von einen Mann erwartet wurde, der ihm alles über die Herstellung von Daime beibrachte. Anschließend schickte er ihn wieder weg, damit er es an andere weitergebe. So sei er schließlich in Mapiá gelandet.

Am liebsten fotografierte ich Kinder, weil ich sie am schönsten fand. Es gab sogar ein japanisches Mädchen. Kinderlärm war das erste, was mich bei der Ankunft in Mapiá empfangen hatte. Die dünnen Holzwände widerstanden selbst einem Flüstern nicht, hinzu kam, daß es keine Zimmerdecken gab, der Blick ging ungehindert bis zum Giebel. Als ich einmal nach Hause kam, waren die Kinder nicht da. Ohne ihr ausgelassenes Lärmen umgab mich eine ungewohnte Stille, genug Stille, um festzustellen, daß es Lautlosigkeit im Dschungel nicht ab. Tag- und Nachttiere wechselten sich ab in ewigem Reigen. Nur in der drückendsten Mittagshitze verstummten viele der Bewohner.

Einmal pflanzten wir die *Rainha*, die Königin. So wird die Blattpflanzen-Komponente *Psychotria viridis* des Daime genannt. Auch der Name *Chacrona* ist sehr verbreitet. Im Wald hackten

wir Plätze frei und säuberten den umliegenden Boden. Die ge-
pflanzten Stecklinge wurden mit Holzscheiten umschichtet, damit der Regen sie nicht auf den Boden drückte. Eine sengende
Hitze und viele Mücken machten die an und für sich erbauliche
Arbeit zur Strapaze. Nach einem erlösenden, kräftigen Regen-
guß tauchte ein Schwarm großer Papageien auf. Sie flatterten
aufgeregt über die Lichtung und riefen sich Komplimente zu.
Buntschnabelige Tukane gesellten sich dazu. Dieser Anblick
versöhnte mich mit den Anstrengungen. Während einer Pause
ging ich zum Fluß runter, um ein Bad zu nehmen. Vergeblich
versuchten meine Augen, die trübe Brühe zu durchdringen. In
den Gewässern des Amazonas soll es mehr Fischarten als im At-
lantischen Ozean geben. Letzte Woche noch, erzählte ein
Mann aus dem Ort, habe er einen Fisch gesehen, größer als er
selbst, obschon der Fluß hier noch recht schmal und flach war.
Ohne weiteres Nachdenken sprang ich hinein, wie es auch die
Kinder tun. Die Strömung trug mich sofort davon, und mit
kräftigen Stößen schwamm ich wieder zu meinem Ausgangspunkt. Es gab nur wenige, meist künstlich geschaffene Stellen,
an denen der Fluß einen Zugang hatte. Das sumpfige
Schwemmland war ideale Brutstätte für tausenderlei beißende
Insekten. Schnell bedeckte ich mich wieder mit meinen Kleidern und schaute sinnend aufs Wasser. Jemand hatte mir erzählt, daß auch bei einigen Indianerstämmen die Geschichte
vom Sündenfall existiert, der durch gegenseitige Bekriegung
und Mißachtung der Tiere ausgelöst wurde. Davor war der Wald
ein Paradies ohne stechende und beißende Insekten gewesen.
Die Menschen starben nicht, sondern erneuerten sich durch
Häutung. Vielleicht wollte die Königin des Waldes auf diese
Weise die Menschen aus ihrem Garten vertreiben.
Marçio, der unseren Trupp anführte, wohnte abseits vom Dorf
in einer denkbar einfachen Einzimmerhütte. Um hierherzu-
kommen, hatte er eine einträgliche Arbeit als Komponist und

Schriftsteller in Rio de Janeiro aufgegeben. Zum Mittagessen kochte er uns Nudeln, deren einziger Geschmack aus der Liebe der Zubereitung bestand. Mir wurde klar, daß der meiste Komfort der zivilisierten Welt im Grund nur Gewohnheitssache war. Der Mensch ist nicht, was er ißt. Aber die Reduzierung auf das Wesentlichste schien mitunter nicht leicht, und bis dahin selbstverständliche Alltagsfreuden drängten sich als ungeheure Köstlichkeiten ins Bewußtsein. Andererseits entfallen mit der Einfachheit auch viele Sorgen, die mit einem komplexen Leben einhergehen. Mit wachsendem Fortschritt schreiten wir gewissermaßen immer weiter von uns selbst fort und vergessen, materiellen Wohlstand richtig einzuordnen. Ich bewunderte, wie begeistert die Einwohner jeden Tag mehr oder weniger das gleiche aßen, begleitet von ihrem Essensmantra »Bom, muito bom«.[7]

Es waren einfache Dinge, die das Leben hier komfortabel machten und die ich mit der Zeit schätzenlernte: das erfrischende Bad im Fluß oder der Zisterne, das träge Schaukeln in der mückensicheren Hängematte, meine Gummistiefel, die mich über alle schlammigen Pfade führten.

Vor dem Schlafengehen widmete ich mich täglich demselben Ritual. Zuerst kam das Verarzten der Stiche. Wie ich hörte, gab es mindestens fünf Sorten von stechenden und beißenden Insekten, die auch dem Menschen zugetan sind. Anfangs rief ich noch jeden Stich einzeln ein, später ging ich großflächig vor. Entweder stachen sie durch die Kleidung oder krochen die Hosenbeine herauf. Manchmal fühlte ich mich regelrecht vergiftet, Arme und Beine schmerzten von oben bis unten. Standhaft zu sein hieß in diesem Fall, nicht zu kratzen.

Anschließend durchsuchte ich Hängematte, Schlafsack und Netz nach Kakerlaken. Hervorragendste Eigenschaft war ihr Vermögen, überall ein Loch zu finden, durch das sie schlüpfen konnten. Sebastião hatte angeblich an ihm saugende Moskitos mit einem Klatschen vorgewarnt, bevor er sie zu Boden beförderte.[8] Seitdem mir eine von ihnen in der Nacht übers Gesicht gelaufen war, kannte ich keinen Pardon mehr für die, die unter mein Netz geschlüpft waren. Die ewig hungrigen Hühner warteten vor dem Fenster auf diese willkommenen Leckerbissen. Einmal erschauderte ich, als eine daumengroße Kakerlake einen schrillen, allzu menschlichen Todesschrei ausstieß, als ich sie erlegte.

Der Geist des Adlers

Wir halfen bei der Fertigstellung der Kirchenportale. Sie waren bereits mit kunstvollen Schnitzereien der Liane *Yagube*, der Königin *Chacrona*, mit Sonne, Mond und Sternen versehen. Mit zunehmend feinerem Sandpapier gaben wir den letzten Schliff. Für die mächtigen Eingangspforten aus jeweils nur einem Stück Holz mußten die Bäume aus Peru importiert werden. Das mutete mir seltsam an, befand ich mich doch mitten im größten Wald der Welt. Doch wegen der hohen Preise auf dem Weltmarkt wurden alte Bäume im Regenwald systematisch abgeholzt, so daß es inzwischen kaum noch welche gab.

Mich interessierte die Geschichte von der gewaltigen Vogelklaue, die an einem Balken hing. Der Schreiner erzählte sie mir. Eines Tages landete ein großer Adler mit einer Flügelspannweite von einigen Metern auf der abseits gelegenen Lichtung. Der benachbarte Kautschuksammler tötete ihn mit seiner Machete. Das Portal, an dem wir arbeiteten, war gekrönt mit einer Schnitzerei dieser Adlerart. Ich fragte den Schreiner, wie der Nachbar als Mitglied des Daimekultes diesen majestätischen Vogel, der Symbol seiner Religion war, töten konnte. Zur Antwort erhielt ich, daß ihn einfach der Hunger dazu getrieben hatte, nur noch ein Stück Fleisch in ihm zu sehen.

Am Abend darauf besuchte ich ein spezielles Heilungsritual im Haus der Sterne. In einem kleinen, runden Raum saßen wir dicht gedrängt auf unbequemen Holzbänken um einen steinernen Sternentisch. Padrinho Alfredo, der spirituelle Leiter von Mapiá, leitete die Sitzung. Es waren weitaus mehr Frauen als Männer anwesend. Der Schwerpunkt des Rituals bestand im Singen spezifischer Heilungslieder sowie in stiller Konzentration. Namen von Menschen, die man in die Arbeit einbeziehen wollte, wurden auf den Tisch plaziert. Anrufung und Gebet können in der Miration eine enorme Wirkung entfalten, weil die Energiezentren des Körpers in einer höheren Frequenz schwingen, die die Kommunikation mit lichten Wesen erleichtert. Als die Wirkung des Daime mit Vehemenz einsetzte, rief ich im stillen einige verstorbene Meister, in meinen *aparelho*[9] einzukehren. Da die Eingangspforten meines Körpers »sperrangelweit« offenstanden, konnte sich die geistige Qualität der Meister mit mir vermischen. Wir ließen Licht in den Energiezentren kreisen. Die Strahlen breiteten sich in alle Richtungen aus, bis die Welt als reines Land erstrahlte.

Unvermittelt verwandelten sich meine Arme in die mächtigen Schwingen des getöteten Adlers. Ich hörte die Erde beben, als er sich mit kraftvollen Flügelschlägen ins Astral erhob, und sein Schrei riß den Himmel auf. In souveränem Fluge öffnete ich die Augen einen Spaltbreit und erblickte inmitten lodernder Energiewellen eine alte Frau, die ein paar Meter neben mir gleichsam mit Adleraugen das Schauspiel verfolgte. Sie sah aus wie eine Wurzel, wie das fleischgewordene Yagube persönlich, und ihr entging nicht, daß ich sie musterte. Unsere Blicke trafen sich bis in den Grund unserer Seelen. Ineinander verweilend, durchstreiften wir den Himmel schonungsloser Offenheit. Gerade als ich fühlte, um wieviel stärker sie war, ließ sie von ihrem Blick ab und sang ein Lied:

Es gibt keinen Weg, den ich nicht ging,
keinen Fluß, den ich nicht überquerte,
kein Holz, das ich nicht sammelte,
und keinen Stein, den ich nicht brach.
Es gibt keine Krankheit, die ich nicht heilte,
nichts Schlechtes, das ich nicht überkam,
und das ist so, weil ich eine Tochter Gottes bin.
Ich habe die Kraft der Berge
und die Kraft der Wälder
und die Kraft der Gewässer,
die uns die Wasserfälle bringen.

Padrinho Alfredo spielte dann den Mitschnitt einer São-Miguel-Sitzung[10] vor. In diesem Ritual wird allen möglichen Wesenheiten im Astral der *aparelho* zur Verfügung gestellt, damit sie sich vom Daime heilen lassen können. Eigentümliche Urlaute, eine Sprache nicht von dieser Erde, untermalt von Summen und Surren. Im Raum wurde es höchst unheimlich. Mir liefen Schauer über den Rücken. Ein junger Mann stieß scharfe Pfiffe aus, während sein Körper von einer Kraft durchgeschüttelt wurde. Im gleichen Moment fiel eine ehedem stehende Frau wie ein Stein zu Boden. Padrinho Alfredo wurde ebenfalls von ekstatischen Zuckungen durchgerüttelt, andere machten klackernde Geräusche mit der Zunge und streckten Zeige- und Mittelfinger gespreizt über ihre Köpfe.

Als die Kraft nachließ, stand ich auf, um nach Hause zu gehen. Draußen hielt mich die Alte auf und erklärte mir, daß ich bis zum Schluß bleiben müsse, weil hier eine Heilung an mir vollzogen werde. *Bleibe standhaft,* wisperte sie mir ins Ohr. Also ging ich wieder hinein und blieb bis zum Schluß. Langsam begann ich zu verstehen, daß es weitestgehend von mir abhing, wie weit ich gehen wollte. Je standhafter ich bin, um so weiter geht die Reise. Keine Erfahrung wiederholt sich, jedesmal gilt es, offen zu sein für das Unbekannte. Hinderlich ist, an einer Erfahrung zu haften und sich danach zurückzusehnen. Alle Phänomene entspringen dem Licht und verbinden sich durch den roten Faden der Liebe und Unerschütterlichkeit. Diese Gesetze berücksichtigend, stieg ich von Mal zu Mal ein Stückchen höher in den Himmel der Miration.

Am nächsten Tag besuchte ich die alte Schamanin, die mich auf meinem Flug über den Wald begleitet hatte. In ihrem Haus traf ich die kleine Maria vom Fluß wieder, die dort für die Dauer der Feste wohnte. Madrinha Brilhante war gerne bereit, mir das Lied nochmals vorzusingen, und sofort versammelte sich das ganze Haus, um zu lauschen, und wohl auch, um mich zu begutachten. Anschließend kramte sie einen kleinen Kassettenrecorder hervor, um noch andere Lieder vom Band vorzuspielen. Die erschöpfte Batterie war kaum mehr in der Lage, das Laufwerk voranzutreiben, doch daran schien sich niemand zu stören. Wenn die Stimme in den Keller ging, schüttelte sie das Gerät heftig hin und her, während die Kinder mit entzückten Gesichtern zu ihrer berühmten Madrinha hinaufschauten. Sie nimmt seit 1965 Daime, und ihre Lieder werden jährlich in einem großen Ritual gesungen.

Die Zwei

Es war ein ruhiger Sonntagnachmittag, als ich an der Kirche vorbeischlenderte. Überraschend wurde Daime ausgeschenkt. Es handelte sich um die neue Ernte. Ohne Zaudern näherte ich mich dem Ausschanktisch, um ein Glas in Empfang zu nehmen. Ich fühlte, daß etwas Ungewöhnliches auf mich wartete. Um die aufkommende Nervosität zu beruhigen, sagte ich mir immer wieder, alles sei Illusion. Das brachte mich nach einer Weile in einen gelassenen Zustand, aber die Vorahnung blieb.

Nach der dritten Dosis Daime versuchte eine übermächtige Kraft in meinen Körper einzutreten. Überwältigt setzte ich mich, schloß die Augen und verharrte regungslos. Ich stöhnte, weil die Kraft auf körperliche Widerstände stieß, die sich nur unter Schmerzen auflösten. Marçio massierte mir die Schultern und sang ein Lied, das mir inneren Frieden brachte. Im Anschluß an das kurze, etwa zweistündige Ritual begleiteten mich einige Männer nach Hause. Spürten sie, was mit mir los war? Ungelenk stapfte ich durch den Matsch. Mir war, als ob sich ein anderes Wesen in mir befand, das nicht wußte, wie es mit meinen Gelenken umgehen sollte. Zu Hause angekommen, schaffte ich es gerade noch in die Hängematte, bevor die Visionen wie eine Flutwelle über mich hereinbrachen.

Ich traf die Ureltern des Universums so untrennbar vereint, daß sie mit nur einer Stimme sprachen. Liebevoll umarmten sie ihren nach Hause zurückgekehrten Sohn. *Ich bin ihr Kind und hatte es fast vergessen. Wie habe ich es nur ausgehalten, so lange von ihnen getrennt zu sein.* Ungehindert lösten sich die unvergossenen Tränen zahlloser Wunden der Vergangenheit und rannen wie Sturzbäche die Wangen hinunter.

Sie verwandelten mich in eine riesige Kakerlake aus Licht. Alles war Licht, letzte Wahrheit oder Lüge. Geradezu wohl fühlte ich mich in meinem Insektenpanzer, und es machte mir unbändige Freude, mit meinen vielen Beinen zu zappeln. Danach saß ich aufrecht an einem Fluß im Dschungel, während mein Körper weiter in der Hängematte schaukelte. Es gab nichts mehr zu sagen oder zu tun, alles fand sein natürliches Ende im allumfassenden Schoß von Mutter Erde. Ich dachte an meine Freundin in Deutschland. Wir kannten uns noch nicht lange. Ein astraler Kanal tat sich auf, über den wir verschmolzen. In dieser Region gab es weder Ort noch Zeit, nur bedingungslose Liebe, die nicht an ihre Person gebunden war. Wie auf einer Leinwand verfolgte ich mitfühlend die Schmerzen ihrer Vergangenheit.

»Bring ihr Daime mit«, sagten sie mir. »Es ist wichtig für eure gemeinsame Zukunft.«

»Wie ich sie kenne, wird sie das niemals akzeptieren«, argumentierte ich. »Da gibt es eine große Schublade in ihrem Kopf, auf der steht ›Drogen‹. Und ich will sie nicht überreden.«

»Mach dir keine Sorgen. Du wirst das schon schaffen. Es soll so sein«, entgegneten sie mit felsenfester Überzeugungskraft. Da hatte ich also meinen ersten Auftrag aus dem Astral. Nun gut – ich wollte es zumindest versuchen, versprach ich ihnen.

Aber das war noch nicht alles, dann nun nahm mein Körper indianisches Aussehen an. Regungslos blickte ich auf das gurgelnde, schnell strömende Wasser ... bewußter Teil des Ufers, sprudelndes Herz ... da tönte ein schriller Pfiff durch den Wald. Sie riefen »ihn«. Unversehens fand ich mich im Kreise anderer Indianer um einen Topf mit dampfendem Ayahuasca. Unsere Füße wurzelten im Boden, und die Haare verwuchsen mit dem Blätterdach. Der Wald absorbierte uns völlig. Ich sah Farbmuster, mäanderartig verlaufende Linien, Dreiecke und komplexe Kristallstrukturen. Das ganze Gesichtsfeld war ausgefüllt mit kleinsten, farbig schimmernden Kugeln, die weitere Kugeln in alle Richtungen ausstrahlten. Die von zahllosen Pflanzen bewachsenen Bäume mit ihren Kuppeln bildeten gigantische Dome, Gärten überfließenden Lebens, bewohnt von Tieren und guten Geistern in üppiger Fülle, ein Reservoir monumentaler Schönheit und nahezu unerforschter Schätze. Erhaben, sich selbst ernährend und hervorbringend, nahm ich den Wald als ein übergeordnetes Wesen wahr, das auch mich erhielt ... doch ihm drohte die Gefahr der Auslöschung. Von allen Seiten wüteten die Feuer der Brandrodung.

»Was kann passieren?« fragte ich.

Daraufhin ließen sie mich Dinge sehen, die ich vielleicht nur verkraften konnte, weil ich mich vollständig in ihrer Liebe geborgen fühlte. Sie zeigten mir die Konsequenzen einer totalen

Zerstörung unseres Lebensraums. Viele Seelen würden wieder zu ihren ursprünglichen Heimatplaneten zurückkehren. Wie unbestimmt der Ausgang noch sein mochte, die Kluft zwischen Weisheit und Ignoranz verbreiterte sich rapide ... die Zeit der Reinigung, *o tempo do apuro*, wie es in einigen Hinos heißt, war auf den Plan getreten. Es ging um mehr als die Erde. Ihre Entwicklung stand schon immer unter außerirdischer Beeinflussung als Teil kosmischer Dramen, die sich hier und in anderen Planetensystemen, Galaxien und Dimensionen abspielten. Die Zwei sammelten Kräfte aus dem ganzen Universum für die Überwindung der Polarisisierung. Möglichst viele sollten auf den Übergang vorbereitet werden.

Nach Empfang dieser Botschaft ließen mich die Zwei allein. Noch lange Zeit verbrachte ich in einem schwerelosen Zustand, losgelöst von jeder Empfindung körperlicher Realität. Fremdartige Laute durchströmten meine Kehle, entwickelten sich manchmal zu Melodien. Liliana kam hin und wieder und fragte, ob ich etwas essen mochte. Ich lehnte dankend ab. Vorerst genügte mir das Licht als Nahrung. Erst zwölf Stunden später kehrte ich wieder in die stoffliche Welt zurück.

Sinnierend schaukelte ich in der Hängematte, gleichmütig, weder froh noch traurig. Ich wünschte nur, daß statt dem plärrenden Kind im Nebenraum meine Freundin abwesend wäre und mir ein Lied vorsingen würde, etwa so:

> Hier bin ich, seht mich, ich lebe im Wald,
> der Himmel, die Sterne, die geben mir Halt.
> Die Liebe ist ewig, das Zuhaus ist die Natur,
> ich trage im Herzen die göttliche Spur.

Die Begegnung mit den Zweien erinnerte mich an eine Zeit meiner Kindheit, als ich wie selbstverständlich mit meinen Schutzengeln sprach. Waren sie identisch mit Urvater und Urmutter?

Der Weg hinaus führt hindurch

Es weihnachtete im tropischen Wald. Die Gemeindeküche servierte einen bescheidenen Schmaus. Am Nachmittag besuchte ich die Vorführung der Weihnachtsgeschichte. Viele Kinder flatterten wie kleine, bunte Schmetterlinge durch den Raum, ausgestattet mit selbstgebastelten Engelsflügeln. Zum Sonnenuntergang füllte sich die Kirche fast bis auf den letzten Platz. Aus allen Himmelsrichtungen kamen die Menschen aus dem Wald hervor. Es mögen etwa 500 gewesen sein, schätzte ich. Viele hatten einen langen Fußmarsch hinter sich.

Ich nahm nur wenig Daime, um meinen Aufenthalt mit diesem letzten Ritual vor meiner Abreise sanft ausklingen zu lassen. Trotzdem tanzte und sang ich kräftig mit. Es war erstaunlich, wie vertraut mir Lieder und Ritual waren, keine Spur mehr von der Fremdheit und gar Ablehnung in Cinco Mille. Ich fühlte mich wohl mit meinem »Stamm«, mit dem ich mich im Ring der Kraft bewegte und sang:

> Ich balanciere, balanciere,
> balanciere alles, was ist.
> Ich rufe die Sonne, rufe den Mond und rufe die Sterne,
> kommt alle, um mich zu begleiten.
> Ich rufe den Wind, rufe die Erde und rufe das Meer,
> kommt alle, um mich zu begleiten.
> Ich rufe die Liane, rufe das Blatt und rufe das Wasser,
> kommt und verbindet euch mit mir.
> Ich habe Vergnügen, habe Kraft und habe alles,
> weil der ewige Gott es mir gab.
> Ich balanciere, balanciere,
> balanciere alles, was ist.

Später machten sich dann doch Anzeichen für einen Wechsel in die Astralebene bemerkbar, der sich durch bestimmte körperliche Empfindungen ankündigte. Das Daime arbeitete in Wellen an Verspannungen, die ich intensiver als sonst wahrnahm. Die rhythmische Trancetanz-Bewegung und die Vibration des Singens unterstützten den Vorgang, die physische Struktur in hohe Schwingung zu versetzen. Im Kopf hörte ich ein an- und abschwellendes tiefes Brummen. Ich betrachtete diesen Prozeß als einen wesentlichen Teil der Heilung, da der Körper ein verfestigter Ausdruck der Seele ist. Wenn er im Gleichklang schwingt, kann sich die Seele daraus befreien.

Eine kämpferische Energie manifestierte sich in mir. Ich sah Ayahuasca als das Blut des Drachen, den Siegfried tötete. Der Drache symbolisiert das niedere Ich, sein Blut die nach dessen Transformation frei werdenden, vorher gebundenen Kräfte. Wer nur den Kopf abschlägt, gelangt nicht ans Ziel, weil zwei neue nachwachsen. Das entspricht der simplen Unterdrückung und Leugnung problematischer Neigungen und negativer Emotionen. Erst muß das Herz, die Essenz des Unverstandes, getroffen werden, um die eigene Kraft zum Fließen zu bringen. Wer sich selbst überwindet, erlangt vollständigen Schutz, wenn er sich nackt und unschuldig in den Strom seiner Energie hineinbegibt. Siegfrieds kleiner, doch schließlich tödlicher Makel bestand in seinem Stolz über den Sieg.

Ich befand mich im Zentrum eines kreisförmig ausstrahlenden Mandalas, fein gewebt aus farbigen Visionen und Klängen; Innen und Außen ohne Unterschied, alles mit selbstverständlicher Bedeutung, keine Flucht in den Zufall. Ich hatte mich gesetzt, um mich ganz auf die Miration einzulassen. In diesem Moment legte ein weinendes Kind den Kopf an meine Schulter. Ohne die Augen zu öffnen, gab ich ihm über den körperlichen Kontakt zu verstehen: Was auch geschieht, ich bin hier bei dir. Im weiteren Verlauf der Nacht nahm ich wieder Verbindung mit Nathalie auf. Ich sah ihre Schwierigkeiten und Zweifel mit meiner Reise. Sie ahnte, daß etwas vor sich ging, aber sie wußte nicht, was.

In der Pause stützte ich mich auf einen Pfosten. Es zischte hörbar, und ein irrsinniger Schmerz durchfuhr mich. Mit meinem rechten Zeigefinger hatte ich mich an einer glühenden Weihrauchlampe verbrannt, hell leuchteten die zurückbleibenden Brandstreifen. Ich lief zum Wasserbehälter, doch der spendete keinen Tropfen mehr. Dann ging alles sehr schnell. Der Kreislauf brach zusammen. Es war nicht nur der lokalisierbare Schmerz im Finger, der mich überwältigte, sondern Schmerz schlechthin. In Übelkeit und Schwindel krümmte ich mich zusammen. Die Formel »Bleibe dabei« blitzte durch meinen Kopf und ließ mich nicht eine Sekunde ausweichen. Alle verbliebene Kraft floß in die Wunde. In der Miration sah ich einen Strudel, der mich mit Getöse in sich hineinsaugte. Als es schier unerträglich wurde, stürzte ich tief in sein Auge hinein, in den tiefgründigen Schlund des Schmerzes. Mit Wucht wurde ich auf eine andere Seite katapultiert, als hätte ich einen Tunnel durchflogen. Absolute Stille und Frieden empfingen mich dort, von Schmerz keine Spur mehr.

Am nächsten Tag konnte ich auch keine Brandspuren mehr entdecken. Selbst die feinsten Linien auf der Fingerkuppe zeigten sich unversehrt. Noch tags zuvor hatte ich mich mit einem Dorfbewohner über die Heilkraft des Daime unterhalten. Von den Ärzten bereits aufgegeben, habe es ihn vom Hodenkrebs geheilt. Als ob er meine unausgesprochenen Zweifel spürte, ließ er plötzlich seine Hose runter, um mir eine Vernarbung im Genitalbereich zu zeigen. Ich war verdutzt und amüsiert zugleich, standen wir doch am Haus des *Feitio*, einem sakralen Ort im Dorf, wo das Daime gekocht wird.[F2] Sicherlich – eine Brandwunde war nicht vergleichbar mit Krebs, aber die Tatsache, daß nicht die kleinste Brandspur zurückblieb, gab mir zu denken.

46

Viele Geschichten werden erzählt. Allerdings ist Daime kein Arzneimittel, das passiv eingenommen wird. Schwere Krankheiten erfordern die fundamentale Bereitschaft, zugrundeliegende Ursachen aufzudecken und das eigene Leben radikal zu verändern. Oft genug ist Daime der Auslöser für diese radikale Veränderung. So lernte ich Jahre später den HIV-positiven Alexandre kennen, der seit dem Ausbruch der Krankheit in einer Daimegemeinschaft lebt. Inzwischen befindet er sich in stabiler Verfassung, was er einerseits auf das Daime zurückführt, andererseits aber auch auf seine »finale Zuversicht«.

Der Schlangentanz

Der Tag der Abreise war gekommen. Auf dem Rückweg beabsichtigten wir, noch am Neujahrsritual in Cinco Mille teilzunehmen. Liliana bereitete uns eine große Flasche Cupuaçu-Saft zu. Genivaldo, ein alter Daime-Hase, kam sich von uns verabschieden. Wenn ich wiederkomme, betonte er, könne ich in seinem Haus wohnen. Das rührte mich sehr, da ich bisher nur flüchtigen Kontakt mit ihm hatte.

Mit uns zurück fuhr Russell aus L. A., ein dunkelhäutiger Hüne, den ich für einen Caboclo gehalten hatte, bis sein schnarrender Westcoast-Dialekt mich eines Besseren belehrte. Er war mir im Haus der Sterne aufgefallen, wo er mit kellertiefer Stimme alle Lieder in bestem Portugiesisch sang. Aber wenn ihn die Leute ansprachen, kam als Antwort immer nur ein breitgezogenes »Yeah« über seine Lippen, was alles heißen konnte. Als ich herausfand, daß er so gut wie kein Wort Portugiesisch sprach, wollte ich doch wissen, wie er die Lieder ohne Textbuch singen konnte.

»It's the Daime!« antwortete er mit einem mysteriösen Grinsen.

Das Boot legte ab, Abschiedsschmerz und Reisefreude hielten sich die Waage. Flußabwärts stand Liliana und winkte mit Bananen in der Hand. Schnell war sie durch den Wald gelaufen, um uns noch abzufangen. Sie war die Liebe in Person. Ob ich sie je wiedersehen werde, fragte ich mich.

Auf dem großen Strom des Rio Purus wurde die Fahrt etwas eintöniger und sehr heiß. Als es wieder an der Zeit war, Benzin nachzufüllen, stellte der Bootsmann den Motor ab und ließ das Boot treiben. Eine Herde Delphine tauchte aus dem Wasser auf. Zu unserer Freude war einer von den legendären rosa Delphinen dabei, der ganz nah am Boot einen großen Sprung machte. Die Unterwasserwelt wird als eine wichtige Quelle schamanischer Kräfte angesehen. Der rosa Delphin gilt als mächtiger Schamane und Hilfsgeist der *vegetalistas*.[11] Er ist Mittelpunkt vieler Erzählungen im Amazonas. So soll er auch die Fähigkeit besitzen, sich in einen gutaussehenden Mann zu verwandeln, zumeist einen blonden *Gringo*, einen weißhäutigen Ausländer, der auf nächtlichen Festen Menschenfrauen verführt.[12]

In Rio Branco regnete es wie schon auf der Hinreise in Strömen. Eine Wunde am Fuß, die ich mir in Mapiá zugezogen hatte, öffnete sich erneut. Ich versuchte, gelassen und einfach zu bleiben, um etwas von dem anzuwenden, was ich im Wald gelernt hatte.

Padrinho Nonato von Cinco Mille leitete das Neujahrsfest, an dem etwa 50 Menschen teilnahmen, mit Elan und kräftiger Stimme. Diese Nacht setzte ich mich auch bei starken Mirationen nicht hin, sondern schloß die Augen zu drei Vierteln, um nicht aus der Reihe zu tanzen. Eine große, grünglitzernd gemusterte Schlange kam zu Besuch. Von oben stieg sie in mich hinab. Ein kleiner Kobold hielt sich zu meinen Füßen auf. Er war harmlos und wollte nur teilhaben an der Kraft, die die Schlange brachte.

Die Frauen gegenüber sahen aus wie herabgestiegene Engel ... *die Liebe ist dazu da, verteilt zu werden, und nicht falsche Liebe, die nur Schmerzen bringt*[13], sangen wir, als sich mein Blick mit dem einer Frau traf, die mir wegen ihrer blonden Haarfarbe unter den sonst Schwarzhaarigen auffiel. Ihre innere Schönheit strahlte vollkommen nach außen. Mit gesenkten Lidern folgten wir dem Tanz der Schlange. Ab und zu ein Blick der Bestätigung. Ich wußte, daß sie wußte, daß es so war. Die Liebe kam von oben, vom Scheitel des Kopfes sank sie herab und strömte zwischen uns hin und her. Die Kraft hingegen stieg von unten hoch. Im Herzen trafen sie sich und zerschmolzen zu Licht. Alle Gedanken lösten sich auf. Was blieb, war reine Freude ohne Verlangen.

Ich erahnte das Wesen von Zärtlichkeit und Vereinigung als Weg zur Überschreitung ichbezogener Prozesse, als wundervolles Geschenk, durch die Zweiheit zur Einheit zu gelangen. Die beständige Verfeinerung der grobstofflichen sexuellen Energie durch Herzensliebe offenbart das geistige Potential der Verschmelzung beider Pole. Das drängende Streben nach persönlicher Befriedigung erlöst sich durch Geben unendlicher Freude. Dieser alchimistische Prozeß führt schließlich dazu, die überpersönliche Liebe zu realisieren, die nicht an Form und Substanz gebunden ist.

Als ich in der Ritualpause die rasch fliegenden Regenwolken im Vollmondlicht betrachtete, gesellte sich eine Gruppe Schwarzer dazu. Ein junger Mann trommelte, während ein anderer beschwörende Lieder sang. Der Klang zog mich in eine urtümliche Zeit. Nach einer Weile machte sich meine Stimme selbständig, ummalte den Rhythmus, meine Hände klopfen auf die Bank.

»Das war Umbanda-Musik, damit rufen wir die Geister«, sprach mich einer an. »Wo kommst du her?«

»Aus Deutschland.«

»Regle deine Dinge dort, dann komm zurück zu uns. Wir lehren dich, die Geister zu rufen!« lud er mich mit Nachdruck ein. Sein Nachbar fuhr fort, auf mich einzureden. Ihr Vorschlag ehrte mich und ließ mich darüber nachdenken, was mich denn im wesentlichen zurück nach Deutschland zog. Ich kam zu dem Schluß, daß es Nathalie war. Außerdem gab es da noch den Auftrag meiner Lehrer im Licht, ihr das Daime zu bringen. Auf die Fortsetzung war ich gespannt.

Einweihung in die weibliche Kraft

Ich werde das Lied vom Kolibri singen,
der jetzt hier ist und dem ich Ehre erweise.
Seine Flügel glitzerten im Mondlicht der Jungfrau Mutter,
als er flog von den Wäldern unter dem Gebot von Juramidam.
Er flog und überquerte den Ozean
und kam hier an, wo wir sind.[14]

Das Gericht und der Schutzengel

Nathalie, Deutschland

Als Uli aus Brasilien zurückkehrte, erzählte er die ganze Zeit begeistert von dem magischen Lianensaft »Daime« und den Ritualen. Ich verstand ihn nicht. Sein Enthusiasmus bereitete mir eher Unbehagen. Weder konnte ich seine Begeisterung teilen, noch hatte ich eine Vorstellung, was Daime überhaupt sei. Er verwirrte mich mit seinen befremdlichen Geschichten, zumal er diese geheimnisvoll zu verhüllen verstand. Fragte ich ihn konkret, was demjenigen passiere, der Daime nehme, antwortete er eher ausweichend.

»Alles mögliche kann passieren, und es ist jedesmal anders. Am besten, du schaust es dir selbst an.«

Aufgrund seiner Berichte strickte ich mir eine naheliegende Erklärung zurecht. Das Getränk »Daime« ordnete ich jenen »Drogen« zu, welche merkwürdige »halluzinogene« Erlebnisse hervorriefen, unter denen ich mir höchstens Schreckliches vorstellen konnte. Für die Menschen in Brasilien mochte es ja wichtig und gut sein, mit Daime zu leben, tanzen und singen, aber in meine Welt paßte es nicht hinein. So – und damit basta! Trotz meines starken Unwillens ließ Uli nicht locker und fing an, Daime anders zu beschreiben. Er erzählte von dem spirituellen Weg, auf dem Daime die Menschen begleitet. Das magische Getränk sei mit einem Tor vergleichbar, einem Eintauchen in das göttliche Bewußtsein, und zeige, daß wir Menschen auf dem Weg zum Licht nicht allein sind. Langsam wurde ich neugieriger.

»Was genau hast du mit Daime erfahren?« fragte ich ihn.

»Nun«, fuhr er ruhig fort, »ich habe zum Beispiel erfahren, daß ich es dir mitbringen soll.«

Verdutzt starrte ich ihn an. Das ist ein unverschämter Überredungstrick, dachte ich innerlich verärgert.

»Und wer hat dir das gesagt?« entgegnete ich mit einem spöttischen Unterton in der Stimme, »das mußt du mir schon näher erläutern.«

Er sah mich geradewegs an mit seinen strahlend blauen Augen, holte tief Luft und antwortete selbstsicher:

»Zwei Wesen aus Licht haben mir das aufgetragen.«

Mir schauderte leicht.

Eine Weile schwiegen wir beide. Aha, zwei Wesen hatten ihn also besucht. Sonst noch was? Sollte ich das eben Gesagte für glaubwürdig halten? Meine zweifelnden Blicke nicht beachtend, fuhr er ohne Umschweife fort, die ganze Geschichte von den zwei Wesen zu schildern. Als er geendet hatte, blickte er mich herausfordernd an:

»Also nun, wann nehmen wir das Daime? Es hält sich nicht ewig.«

In mir begann ein Kampf zu toben. Die direkte Art zu fragen, indem er eine Reaktion meinerseits gar nicht erst abwartete, überrumpelte mich, so daß ich Schwierigkeiten hatte, den inneren Widerstand in Worte zu fassen.

»Wie wäre es mit nächster Woche, am Wochenende?« schlug er vor, ohne meine Antwort abzuwarten. Ich erschrak.

»So früh schon? Kann ich denn sterben, wenn ich Daime trinke?« entfuhr es mir.

Für einen kurzen Moment sah er mich verblüfft an, bevor er losprustete.

»Was glaubst du denn, was ich dir zum Trinken gebe«, feixte er, »vielleicht einen Becher Gift? Die Frage hat aber durchaus ihre Berechtigung. Mit etwas Glück wird dein Ego für eine Weile sterben.«

»Ich will aber nicht abhängig werden von dem Zeug«, kreischte ich entrüstet. Wahn- und Horrorvorstellungen, die ich in der Schublade Drogen gespeichert hatte, drängten sich mir auf.

»Daime ist keine Droge, es ist eine Medizin«, betonte Uli zum wiederholten Male, nun schon fast säuerlich. Mein Einwurf verdroß ihn.

»Du mußt mich verstehen, ich habe keinerlei Erfahrung mit so etwas«, rechtfertigte ich mich.

»Außerdem wünsche ich mir, daß wir beide dabei allein bleiben … falls es überhaupt dazu kommen sollte, daß ich dieses Zeug probiere«, schob ich schnell nach. Mir wurde bewußt, daß ich soeben meine Barrikaden gelockert hatte und dabei war, mich auf den Termin einzulassen.

»Natürlich«, sagte er. Er war sichtlich erleichtert, daß ich mich anscheinend auf dem halben Weg einer Zustimmung befand.

Der Samstagmorgen war noch kühl, gleichwohl lag bereits ein Hauch von Frühlingswärme in der Luft. Mein Geburtsmonat März brach an. Zartes Sonnenlicht tastete sich am Schlafzimmerfenster hoch. Der Anblick der Sonne machte mich munter, und ich verspürte große Lust, einen Ausflug zu unternehmen. Wir beschlossen, im sich erneuernden Wald spazierenzugehen. Schweigsam und in Gedanken versunken, lief ich durch die Landschaft. Kaum schenkte ich dem lieblichen Geruch besonders Aufmerksamkeit, der den ersten Trieben entströmte, noch konnte ich das Spiel der schräg einfallenden Sonnenstrahlen inmitten der Äste genießen. Vielleicht handelte es sich um eine Frühlingsmelancholie. Unterhalb der Anhöhe glitzerte der Ammersee verlockend zwischen den Bäumen. Eine nachdenkliche Stimmung überkam mich und ein unbekanntes Gefühl, genährt von einer inneren Erregung, mischte sich darunter. Gespannt lauerte ich auf das, was noch kommen mochte.

Bei einer Rast im Biergarten änderte sich der Gemütszustand schlagartig, und ich tauchte in die uns umgebende allgemeine Fröhlichkeit ein. Schon überlegte ich, was ich zu essen bestellen würde, als Uli meine Gelüste jäh durchkreuzte.

»Wenn wir heute Daime nehmen«, meinte er, »solltest du nicht viel essen.«

Erschrocken horchte ich auf. Also doch. Er hatte es nicht vergessen, wie ich insgeheim gehofft hatte.

»Ich muß aber was essen«, entgegnete ich trotzig.

»Das sollst du auch«, meinte er, »aber besser nur eine Kleinigkeit.«

Das fiel mir bei dem deftig bayerischen Speisezettel allerdings nicht leicht.

»Warum denn, was passiert, wenn man mehr ißt?«

»Die Wirkung ist möglicherweise schwächer und die Wahrscheinlichkeit, daß du dich übergibst, größer«, antwortete er knapp.

Eine kleine Hoffnung entstand inmitten der Ängste. Vielleicht würde der Tee nicht wirken, wenn ich extra viel äße. Dann könnte ich Daime trinken, ohne mich zu sorgen. Ein beruhigender Gedanke, aber irgendwie hatte es mir den Appetit verschlagen. Auf dem Rückweg starrte ich jeden auffälligen Baum an und fragte sie inwendig, was wohl mit mir geschehen werde. Ich bat sie, mich vor unangenehmen Erlebnissen zu behüten. Kurz vor dem Parkplatz registrierte ich nun auch bei Uli eine gewisse Unruhe. Auf meine Frage hin gab er zu, ebenso aufgeregt zu sein wie ich. Immerhin sei es das erstemal, daß er einem anderen Menschen Daime gebe. Ich nickte. Wir kehrten in die Stadt zurück, um alles Notwendige vorzubereiten.

Mit der untergehenden Sonne erreichten wir schließlich mein Zuhause. Was Uli brauchte, trug er bei sich: Kristallsteine, Kultgegenstände und eine Flasche mit einer ockergelb-orangenen Flüssigkeit, die ich mißtrauisch beäugte. Das soll ich schlucken? dachte ich, wie eklig.

Im Zimmer funktionierte er den Tisch mit den Steinen, Kerzen, einem hölzernen Doppelkreuz und einer Buddhafigur zum Altar um. Ich durfte meine »heiligen« Gegenstände daneben legen: die Uhr meines verstorbenen Großvaters, einen Lavastein aus Gran Canaria und einen Skarabäus aus Lapislazuli.

Das Zimmer strahlte nunmehr eine schöne, vertrauenerweckende Atmosphäre aus. Uli legte eine Kassette mit Daime-Musik ein, die er während eines Rituals im Urwald aufgenommen hatte. Kräftige Stimmen erhoben sich aus dem Hintergrundrauschen zu eingängigen und zum Teil berauschend schönen Melodien. Mir erschien das alles exotisch fremd, doch zugleich anziehend. Mit seinem weißen Baumwollumhang sah er aus, wie ich mir einen Puebloindianer vorstellte. Er bewegte sich mir gegenüber in einem einfachen Tanzschritt. Nun wirkte er konzentriert, ruhig und unnahbar. Ob ich ihn wohl küssen darf? fragte ich mich. Er forderte mich auf, es ihm nachzutun. Nachdem ich den Schritt gefunden hatte, unterbrach er den Tanz, ging zum Tisch und goß ein Glas etwa halb voll mit Daime-Saft. Gequält sah ich ihn an.

»In einem Schluck ist's leichter«, munterte er mich auf.

Argwöhnisch nahm ich das Glas in die Hand. Es roch nach süßer Medizin. Ich hob es an meine Lippen, hielt in der Bewegung inne und meinte trotzig:

»Trink du zuerst.«

»In Ordnung.« Er nickte und trank in großen Schlucken aus.

Nun konnte ich wirklich nicht mehr flüchten. Zu weit war ich mitgegangen, um noch umzukehren. Mir Mut machend, nahm ich das Glas entgegen und führte es an die Lippen.

»Das schmeckt ja scheußlich!« entfuhr es mir sogleich. »Kein Tier würde so etwas freiwillig trinken.«

»Alles bis auf den letzten Tropfen!« forderte er mich unbeirrt auf.

Widerwillig gehorchend, trank ich den Rest. Im Magen gluckerte es, vielleicht hatte ich zu nervös geschluckt. Schlagartig stieg ein banges Gefühl in mir hoch. Ich dachte an meinen Vater, den ich nicht kannte, weinte und wurde wütend auf Uli. Er nahm mich liebevoll in seine Arme und streichelte mich.

»Wir sollten weitertanzen«, schlug er nach einer Weile vor.

Erneut stellten wir uns einander gegenüber, ich nahm mich zusammen und bewegte die Beine so, wie er es tat. Ungefähr eine halbe Stunde verstrich, ohne daß etwas geschah. Wir sind schon ein verrücktes Paar, dachte ich: tanzen in einem kleinen Zimmer mitten in der City und trinken einen Lianensaft aus dem Amazonas.

Da zunächst nichts passierte, spürte ich eine leichte Enttäuschung. Viel Wind um nichts, dachte ich schon beruhigt, als sich eine leichte Übelkeit bemerkbar machte. Sie steigerte sich rapide, so daß ich mich hinsetzen mußte. Mein Magen gab gurgelnde Geräusche von sich. Dann wurde es ausnehmend heftig. Ich krümmte mich vor Übelkeit. Uli kam zu mir und hielt meine Hände. Das Unwohlsein steigerte sich wellenartig. Panik erfaßte mich, als mein Blick mit einem Mal auf dem Schreibtischstuhl die Umrisse eines Mannes wahrnahm. Mich schauderte. Für einige Sekunden vergaß ich sogar den Brechreiz. Entsetzen kroch hoch in mir.

»Da sitzt ein Mann«, schluchzte ich und warf mich enger an Ulis Brust. Er blieb ruhig.

»Ja, ich sehe ihn auch. Ein Schattenwesen, aber harmlos. Er

möchte nur vom Ritual profitieren. Wenn er dich stört, kannst du ihn bitten zu gehen.« Meine Nackenhaare sträubten sich wie bei einem Hund. Mir blieb jedoch keine Zeit, darüber nachzudenken, da mich eine neue Welle der Übelkeit ergriff und alle Aufmerksamkeit mit sich riß. Der Körper begann sich zu schütteln, dann schoß es jählings aus mir heraus. Blitzschnell hielt Uli mir eine Decke hin, bevor ich mich so gewaltig übergab, wie ich es mein ganzes Leben noch nicht getan hatte. Als wollte ich gleichwohl all meinen aufgestauten Ekel über die Welt hinausschleudern. Zugleich schämte ich mich, daß mein Freund mich so erlebte, aber ich konnte es nicht stoppen. Immer wieder schnellten neue Fontänen auf die Decke. Grauenhaft. Als die Übelkeit abebbte, saß ich allein auf dem Sofa, fror und klapperte mit den Zähnen. Uli spülte die Decke im Badezimmer ab. Ich atmete heftig, bis sich der Körper allmählich zu beruhigen begann.

Eine lebhafte Szene steigt vor meinem geistigen Auge empor. Ich erkenne schemenhaft eine Art Schreibtisch, hinter dem Personen stehen. Der Auftritt wirkt wie ein Gericht. Ja, ich befinde mich vor einem Gerichtshof, umringt von Richtern. Mein Freund befindet sich ebenfalls unter den Richtern. Er trägt eine dunkle Robe, wirkt unnahbar und völlig unpersönlich. Ich will mich an ihn wenden, doch er sieht mich eindringlich an und fragt mit strenger Miene:
»Willst du da nun durch?«
Etwas in mir sträubt sich noch dagegen, aber ich weiß, daß ich alles zulassen muß. Meine innere Stimme schreit »ja«.
Das Gericht verschwand. Ein Lichtermeer von phosphoreszierenden Farben tanzte vor meinen Augen auf und ab. Leuchtendes Grün, intensives Kobaltblau und ein gleißendes Gelb loderten abwechselnd auf, erstrahlten im nächsten Moment zu verrückten Formen und Figuren und verschwanden ebenso schnell, wie neue Farben auftauchten. Ich war wie geblendet und hatte das Gefühl, die Ohren seien taub, trotzdem konnte

ich eigenartige Töne im Kopf hören. Es waren surrende und kreischende Geräusche. Uli hatte sich ganz nah hinter meinen Rücken gesetzt, um mich zu stützen und zu umarmen. Er war bestimmt, mich zu begleiten und in die astralen Welten zu führen ...

Ich werde in eine Art Kammer gebracht. Ein großes Himmelbett befindet sich dort. Große rote Herzen sind überall an den Wänden gemalt, und rosafarbene frivole Ferkelchen springen feucht-fröhlich herum. Man signalisiert mir, daß es die »Kitsch-Kammer« ist. Das ist das, was die Menschen aus der Liebe machen. Liebe wird in Kitsch und Sex gebettet. Die Schweinchen bringen mich zum Lachen. Ich lache und schäme mich für die Menschen. Sehr kurz ist die Zeit des Aufenthaltes. Zeit? Sie erscheint mir unendlich lang und zugleich unwahrscheinlich kurz. Auch Raum existiert nicht mehr. Ich kann alles »erfühlen« ohne etwas dazwischen.

Die Kitsch-Kammer löste sich urplötzlich in Nichts auf, und eine gewaltige Kraft schleuderte mich in eine andere kammerähnliche Umgebung.

Dort scheint »NICHTS« zu sein. Da öffnen sich langsam, wie in Zeitlupe, die Fenster, und ein strahlendes Licht bescheint mein erstauntes Gesicht: die Sonne, der Mond, die Liebe und unglaublich viel Licht. Mein Gesicht wird warm von dem Glanz. Dieses Licht fließt in mein Herz, der Körper wird umspült von einer Wohligkeit, wie ich sie noch nie erlebt habe.

Es ist das Licht des Überganges, an das ich mich wiedererinnert fühle. Wir begegnen ihm, wenn wir am Ende unseres Lebens den Körper verlassen. Die Fenster schließen sich langsam und geräuschlos. Ich stöhne und seufze. Darf ich das alle meinem Freund erzählen, frage ich eine anscheinend anwesende Person, die ich nicht sehen kann. Wie ein Kind, das eine große Freude in sich fühlt und diese sofort der Mutter mitteilen möchte. Natürlich, antwortet eine vertraute Stimme.

Eine Million Jahre habe ich auf dich gewartet, sage ich mit einer be-

fremdlichen, tiefen Stimme, die schmerzt. Trocken fühlt sich die Kehle an. Warum und wozu sage ich so etwas, frage ich mich im nächsten Augenblick. Uli hält mich noch enger und zärtlicher an sich. Er weiß, daß ich nun »unterwegs« im Astral bin. Die Töne im Kopf verändern sich, blubbernde, kassettenartig-abgehackte Geräusche sind zu hören. Ein Planet taucht aus dem kosmischen NICHTS auf. Seltsame Wesen bewegen Schalter, drücken Knöpfe, beobachten Bildschirme. Ich bin ein Teil dieser Wesen, bewege mich ebenso abgehackt und zackig wie sie. Ich habe den Planeten sofort erkannt. Er war einst meine Heimat. Es ist der Planet der völligen Kontrolle. Die Wesen, die ihn bewohnen, müssen ständig alles wie unter Zwang kontrollieren. Nein, nein, ich will hier nicht mehr leben. Jetzt bin ich auf der Erde, sie ist mein Zuhause. Meine Gefühle und Empfindungen sind für die Erde ausgerichtet. Ich sehe deutlich die »Empfindungs-Kassette« vor meinen Augen, die für den Planeten Erde programmiert wurde. Weg, nur weg von dem anderen Planeten. Farben umhüllen mich, der fremdartige Planet geht unter. Und ich nehme mich wahr, auf dem Sofa liegend, angelehnt an Uli.

Plötzlich spüre ich, daß sich außer uns noch jemand im Raum befindet. Es ist warm um mich herum, sonst registriere ich nichts. So versuche ich durch die Wärmeschwaden hindurchzustarren. Eine Frau mit einem unendlich warmen, gütigen Gesicht begegnet meinem staunenden Blick. Sie lächelt freundlich. Sie strahlt viel Liebe aus, die aus den Poren ihrer Haut strömt. Sie verkörpert die »bedingungslose Liebe«.

»Ich kenne dich, aber ich weiß nicht genau ...?« rätsele ich.

Sie richtet wohlwollend die Augen auf mich und gibt mir zu verstehen, sie in ihrem Tun gewähren zu lassen. Matt ruht mein Körper auf dem Sofa, die Augen verfolgen ihre Bewegungen. Eine telepathische Verständigung beginnt zwischen uns. Sie hat die Arme erhoben. In der einen Hand hält sie eine Kelle, in der sich Flüssigkeit befindet. Dann beginnt sie mein krankes Knie zu streicheln und schüttet die Kelle vorsichtig in meinen Schoß. Eine warme Flüssigkeit ergießt sich zwischen die Schenkel direkt in meine Scham hinein. Ich kann ein Lachen nicht unterdrücken. Meine Beine zappeln, während ich die seltsame Frau beobachte. Was macht sie bloß, was hat das zu bedeuten?

»Es wird dir helfen, gesunde Kinder auf die Welt zu bringen«, gibt sie mir telepathisch zu verstehen. »Du wirst später mehr darüber erfahren.«

Alles, was sie tut, offenbart viel Weisheit und Liebe. Ich bin von ihrer Ausstrahlung so gefangen, daß ich mir nur noch wünsche, sie möglichst lange um mich zu haben. Ihre bloße Anwesenheit ist Balsam. Ihr Blick ist unendlich gütig, so wie mich bislang noch kein irdisches Wesen angeschaut hat. Sie sieht mich ein letztes Mal an, bevor sie mitsamt dem kassettenartig surrenden Geräusch, das ich während des Geschehens im Hintergrund wahrgenommen hatte, verschwindet.

Stille tritt ein. Eine innere Stimme sagt mir, daß nun alles vorbei ist. Sie ist gegangen, staune ich. Uli entläßt mich erschöpft aus seiner Umarmung.

Ich vertraute ihm sofort bruchstückhaft einiges von den Geschehnissen an, obwohl ich wie selbstverständlich annahm, daß er genau dasselbe erlebt und gesehen haben mußte. Er schmunzelte über diesen Gedanken.

»Dir ist etwas sehr Persönliches und Eigenes widerfahren. Ich habe dich begleitet, ohne genau zu wissen, was bei dir vor sich ging.«

Als ich ihm von der Flüssigkeit erzählte, die mir gegeben wurde, zeigte er großes Interesse, welches sich jedoch in ein Stirnrunzeln verwandelte bei der Erläuterung, daß diese mir helfen würde, komplikationslos Kinder zu gebären. Ich wußte, daß er momentan keinen Kinderwunsch hegte.

»Ich bin sehr gerne deine Frau«, flüsterte ich, mich erinnernd, was ich über uns beide erfahren hatte.

»Und ich gerne dein Mann.«

Zärtlich umarmten wir uns. Ich verspürte ein starkes Zusammengehörigkeitsgefühl und dachte daran, wie sehr sich viele Menschen danach sehnen.

Ich weiß, daß die Universitäten aufgehört haben, als Lichtbringer zu wirken! Man ist des wissenschaftlichen Spezialistentums und des rationalistischen Intellektualismus überdrüssig geworden. Man will von Wahrheit hören, die nicht enger macht, sondern weiter, die nicht verdunkelt, sondern erleuchtet, die nicht an einem abläuft wie Wasser, sondern ergreifend bis ins Mark der Knochen dringt.

C. G. Jung

Das Erlebte ließ mich gedanklich nicht mehr los. Soll das alles wahr gewesen sein, oder handelte es sich um eine Halluzination? Was ich an der Universität gelernt hatte, konnte ich nicht mit diesen Geschehnissen vereinbaren. Es erschien mir, als müßte ich dies strikt voneinander trennen. Ich zog Uli zu Rate. Er sagte, daß sich viele Zweifel mit der Zeit klären würden. Die Erfahrung der Miration sei unleugbar, und sie zeigte uns etwas Wahrhaftiges.

In der Meditation wurde mir klar, daß unterbewußtes Wissen an die Oberfläche gespült worden war. Die Kassette und die Frau gingen mir nicht mehr aus dem Kopf. Das Bild der Kassette besaß eine tiefe Symbolik. Jede Seele, die beschließt, auf diese Welt zu kommen, programmiert sich vorher selbst. Sie bespricht ihr Lebensprogramm mit ihren Lehrern und Freunden im Licht. So wählt sie ihr »Schicksal« und die damit verknüpften Aufgaben. Auf diese Weise gestaltet sie sich selbst ihren eigenen Lebenspfad, um Schritt für Schritt vollkommener zu werden.

Der Mensch ist nie allein auf dem Weg zur Selbsterkenntnis. Viele Helfer werden ihn begleiten, wenn er sich einmal auf die spirituelle Suche begeben hat. Das weibliche Wesen, so erfuhr ich in der Meditation, sei mein Schutzengel. Daher auch die Vertrautheit. Jedem von uns stehen Schutzgeister liebevoll zur Seite. Viele erwähnen sie oft unbewußt, wenn sie von schweren Unfällen erzählen, die sie »wie durch ein Wunder« überlebt haben. Schärfen die Menschen ihre Sinne und ihr Bewußtsein, können sie mit den helfenden Wesen in Kontakt treten. Wir haben die Möglichkeit, sie um die Erfüllung innerer Wünsche zu bitten oder ihren Rat einzuholen.

Im Wunderland

Nathalie

Damals, nach jener allerersten Daime-Erfahrung, war ich felsenfest der Überzeugung, als einzige in die Mysterien eingeweiht worden zu sein. Der Hochmut wiegte mich im Glauben, bereits allwissend zu sein und keine weiteren spirituellen Unterweisungen zu brauchen. In Wirklichkeit hatte die »unendliche Reise« gerade erst begonnen.

Die starken Eindrücke konnten sich noch eine Weile gegen die eindringenden Bastionen des Alltags behaupten. Vorerst verspürte ich keinen Drang, Daime ein weiteres Mal »auszuprobieren« – zu heftig waren die Erinnerungen an die Übelkeit. Allein der bloße Gedanke an den bitteren Geschmack ließ mich schaudern. Ich ängstigte mich geradezu davor, mich erneut darauf einzulassen. Zudem hatte mich die Intensität der Erfahrung erschüttert. Es gab einiges zu verarbeiten.

Ich verspürte kein Bedürfnis, etwas über bewußtseinserweiternde Substanzen nachzulesen. Aber ich fing an, intensiver Yoga zu praktizieren, und holte mir ausschließlich esoterische Literatur. Mit Staunen wurde ich in eine neue, fremdartige Welt hineinkatapultiert, die mich teils neugierig machte, teils auch befremdete.

Es verging ein halbes Jahr, bis ich den Mut dazu fand, Daime abermals zu mir zu nehmen. Irland sollte der »passende« Ort dafür sein. Wir mieteten ein Auto in Dublin und fuhren sofort ins Landesinnere. Mit gemischten Gefühlen hatte ich die Flasche mit der goldbraunen Flüssigkeit betrachtet, als Uli sie beim Packen in Deutschland in den Koffer verstaute.

Ich selbst hatte sie niemals zuvor in die Hand genommen. Irgendwie empfand ich Respekt und Hochachtung vor dieser Substanz. Uli wollte mit Daime tiefer in die Mystik und Natur der Insel eindringen, zu der er eine innige Verbindung verspürte.

Wir waren schon einige Tage zwischen keltischen Menhiren und den überall vertretenen Schafen unterwegs, als wir in eine steinig-verkarstete Landschaft kamen. Der Burren ist eine eigenartige Landschaft mit sogenannten »verschwindenden« Seen und bizarren Kalksteinhöhlen. Die Seen bilden sich aus Regenwasser und können dann nach einiger Zeit in dem Kalkgestein versickern und völlig verschwinden. Die Gegend ist insgesamt dünn besiedelt. Wir hatten bisher immer in der freien Natur kampiert. Den halben Tag fuhren wir bereits durch diese hügelige, felsenbesäte Landschaft nahe der Meeresküste. Die Sonne schien angenehm warm, auch wenn wir wegen einer frischen Meeresbrise warme Kleidung trugen. Ziellos folgten wir kleinen Feldwegen zwischen meterhohen Hecken, die als natürliche Begrenzung der Weiden dienten. Das Gebiet, welches wir nun erkundeten, schien gänzlich menschenleer zu sein. Vereinzelte Schafe ästen am Wegesrand.

Schließlich bogen wir in eine Sackgasse, die in einem schmalen Talkessel endete. Wir dachten beide das gleiche: ein idyllischer, abgeschiedener Ort hatte sich aufgetan, an dem man wunderbar verschwiegene einsame Tage verbringen konnte. Das Zelt ließ sich rasch aufbauen. Dichtes Buschwerk umsäumte die Wiese, auf der große Brocken Kalksteine verstreut herumlagen. Uli betrachtete den Himmel und unsere neue Umgebung.

»Heute ist es soweit«, murmelte er, »Ort und Wetter sind gut, so daß wir gegen Spätnachmittag beginnen können.«

Sofort meldete sich jenes flaue Gefühl im Magen, mich an das erste Mal erinnernd. Sein Vorschlag begeisterte mich nicht gerade.

Ich mußte zugeben, daß wir wirklich keinen besseren Ort hätten finden können. Seine magische Schwingung ging bereits auf mich über. Andererseits befürchtete ich, daß es für mich von neuem heftig werden könnte.

Einige Dinge fehlten noch für unser Vorhaben, die wir im nächsten Küstenort besorgen wollten, einem hübschen Dörfchen, das zur Hälfte aus Pubs und Frittenbuden bestand. Wir kauften das »Nötigste« ein: Kerzen, Streichhölzer, Klopapier, Toastbrot, Aufstrich, Teebeutel und jede Menge Cookies, die irischen Plätzchen. Das meiste Geld gaben wir für die Cookies aus.

Uli hätte gerne ein Guinness getrunken, aber das mußte er sich verkneifen. Es gibt wissenschaftliche Studien, denen zufolge Ayahuasca mit Alkohol eine negative Verbindung eingeht. Umgekehrt wird Ayahuasca in Brasilien mit gutem Erfolg zur Heilung von Alkoholismus und Kokainsucht eingesetzt. So bestellten wir im Pub nur Tee. Tja, wer spirituelle Erlebnisse haben will, muß auch Verzicht üben lernen, dachte ich. Schon eigenartig, was die Menschen alles so auf sich nehmen, wenn sie den geistigen Weg beschreiten. Im Buddhismus ist der Ausgangspunkt des Pfades der bewußte Verzicht auf das ewige Rad des Leidens.

Ich fragte meinen Begleiter, was ich denn tun könnte, um diesmal keine Furcht zu hegen. Er riet mir, mich vollständig dem Strom des Geschehens hinzugeben, loszulassen von allem und zu vertrauen. Genau das fiel mir mit meiner ständigen Kopflastigkeit so schwer. Immer noch hatte ich ambivalente Gefühle und war ziemlich nervös.

Während der Rückkehr versuchte ich, mich schweigend auf das Ritual einzustimmen. Dir kann nichts passieren, versuchte Uli mich zu beruhigen, du brauchst keine Angst zu haben. Wir bogen in den Feldweg ein, und ich sprang aus dem Auto, um das Gatter zu öffnen. Das Zelt stand immer noch friedlich auf seinem Platz. Eine abgeschiedene Idylle bezauberte die Atmosphäre. »A peaceful land«, wie ein freundlicher Ire tags zuvor seine Insel bezeichnet hatte. Im großen und ganzen hatte er sicherlich recht, sieht man einmal von Nordirland ab.

Ich suchte die Umgebung ab. Gleich hinter unserem Zelt, wo sich Buschwerk befand, entdeckte ich eine kleine Öffnung. Neugierig kletterte ich hinein. Überraschenderweise lagen an dieser Stelle große, mit Moos überzogene Steine, die ein hohes Alter erkennen ließen. Das Buschgestrüpp wuchs meterhoch, so daß ein Mensch darunter aufrecht stehen konnte. Das Wäldchen wirkte wie ein ehemaliger heimlicher Kultplatz. Er schien gänzlich unberührt zu sein, da keine Spuren der Zivilisation festzustellen waren. Also gerade ideal für unseren Zweck. Ich stellte mir vor, daß ihn schon die alten Druiden für magische Rituale aufgesucht hatten.

Aufgeregt lief ich zurück, um meine Entdeckung mitzuteilen. Auch Uli begeisterte die Naturhöhle. Wir suchten zwei geeignete Holzstecken, um daraus ein Kreuz zu basteln. Dann wählten wir zwei bequeme Steine zum Hinsetzen aus, zwischen denen wir das Kreuz in den Boden bohrten. Der kleine Messing-Buddha erhielt seinen Platz, und um den improvisierten Altar entzündeten wir einen Kreis mit Kerzen.

Es war etwa vier Uhr nachmittags, als wir ohne große Gesten das Daime zu uns nahmen. Uli hatte sich seinen weißen Poncho aus Bolivien übergeworfen. Es würde ein reines Ayahuasca-Ritual werden. Auf der Flüssigkeit schwammen Fetzen von Ab-

gelöstem. Ich schaffte es diesmal auf Anhieb, die Tasse auszutrinken. Mein Partner trank fast das Doppelte. Dann setzten wir
uns zum Meditieren. Ich suchte einen imaginären Punkt auf
dem Boden, auf den ich mich konzentrierte. Lange saß ich so,
angestrengt und regungslos. Einige Zeit verstrich, als die Übelkeit einsetzte. Ich traute mich deshalb kaum, den Körper zu bewegen. Wie beim ersten Mal kündigte sich starker Würgreiz an,
den ich nicht mehr länger zurückhalten konnte. Unruhig stand
ich auf. Uli sah mich erschrocken an.
»Was ist los?« fragte er besorgt.
Ich blickte ihn an, brachte allerdings keinen Ton heraus, sondern winkte nur schwach mit der Hand ab. Ein starkes Zittern,
heftiger Brechreiz – alles wirbelte durch mich durch. Uli kam
zu mir herüber, um mich zu stützen. Es war wie ein Startbefehl.
Die Brechwelle schoß los. Völlig unkontrolliert mußte ich mich
übergeben, eine Hand klammerte sich an Uli, während ich
mich mit der anderen an dem neben mir stehenden Baum fest-
hielt. Eigenartig war, daß ich währenddessen völlig unbekannte
tierische Laute ausstieß. Mit jedem Schwall Flüssigkeit, den ich
erbrach, schrie ich noch lauter, als säße im Magen ein häßli-
ches, böses Tier. Ich hatte seit drei Tagen keinen Stuhlgang gehabt. Nun kam alles heraus. Es brachte nur keine Erleichterung – im Gegenteil – mir wurde noch schlechter. Jetzt begann
sich auch der Darm zu rühren und wollte sich entleeren. Uli
stützte mich die ganze Zeit. Es half alles nichts, ich mußte wohl
oder übel die Hose herunterlassen. Schamrot ließ ich es geschehen. Nun erlebte er mich in dieser peinlichen Situation. Doch
hätte ich keinen Schritt mehr woandershin gehen können. Unversehens meldete sich der Magen zum zweiten Male. Im nächsten Moment mußte ich auch schon den Kopf nach unten halten und weiterbrechen. Grauenhaft. Die Bestie schrie weiterhin
aus dem Bauch. Die Götter reinigten mich von oben bis unten.
Alle Gedärme und Bauchorgane wurden durchgespült. Wäh-

renddessen dachte ich dagegen nicht daran, was für eine wunderbare körperliche und seelische Reinigung dieser Vorgang bedeutete. Ich sehnte mich nur nach Besserung.

Schließlich ebbte die Übelkeit ab. Ich fing erbärmlich an zu frieren. Uli breitete seine Jacke aus, auf die ich mich ermattet sinken ließ. Schüttelfrostartige Wellen von Kälteschauern überkamen mich. Kurz blinzelte ich mit den Augen, um die Umgebung wahrzunehmen: Gräser, Erde, Steine. Die Augenlider klappten langsam zu, von einer stärkeren Kraft dazu gezwungen. Dann ein Summen, langsam anschwellend, lautes Zirpen, Rascheln und Brummen. Die Geräusche schienen aus der Erde zu kommen. Ich öffnete die Augen und staunte. Vor mir wuchs der Wiesenknöterich in die Höhe. Er schoß mit seinem Stengel senkrecht nach oben. Ich dagegen schrumpfte zu einer Zwergin zusammen. Mucksmäuschenstill lag ich auf dem Waldboden und beobachtete, wie alle Blumen um mich herum überdimensional in die Höhe schossen. Abermals warf ich einen Blick zu dem Wiesenknöterich und erschrak. Zwei dicke, riesengroße Raupen hangelten sich an dem ellenlangen Stengel entlang. Die eine Raupe schien sich nach oben zu bewegen, während die andere nach unten robbte. Panik kroch in mir hoch, sie schienen jedoch von mir keinerlei Notiz zu nehmen. Fassungslos sah ich den beiden zu. So ähnlich mußte es Alice im Wunderland ergangen sein. Eine magische Pflanzen- und Feenwelt offenbarte ihren Zauber.

Dann bemerkte ich eigenartige Tierchen, die Schweinchen ähnelten. Sie hüpften munter über ein Gatter, immer direkt so, daß ich ihre rosa Popos sah. Eines blieb dabei stecken. Sie erheiterten mich so, daß ich einen Lachanfall bekam. Die Schweinchen quietschten daraufhin ebenfalls vor Vergnügen.

Schließlich übermannte mich heftige Müdigkeit. Ich schloß die Augen. Das wunderliche Reich der Tiere versank. Angenehme

Stille trat ein. Reglos verharrte ich auf dem Gras und blieb lange Zeit so liegen.

Der Körper regenerierte sich allmählich wieder. Mehr als eine Stunde mochte wohl verstrichen sein, als eine innere Stimme mich zum Aufstehen zwang. Uli saß noch immer auf dem Stein und meditierte. Etwas hilflos stand ich da. Er gab mir seine Rassel in die Hand und bat mich, einen bestimmten Rhythmus zu schlagen. Ein paar Schritte entfernt von unserem Platz ragte in der Mitte ein hoher Baumstumpf zwischen Steinen, die einen Kreis bildeten. Um dieses Gerippe lief ich nun wie hypnotisiert rasselnd herum. Die Beine wurden von unsichtbarer Hand gezogen. Dabei fiel mir ein alter keltischer Zauberspruch ein, den ich leise vor mich hin murmelte, um den Kreis magisch aufzuladen. Ich vollführte die Zeremonie mechanisch, ganz wie selbstverständlich, als hätte ich sie schon oft praktiziert.

Es raschelte. Uli tauchte auf. Er unterbrach den Zauberkreis, weil ihn das unrhythmische Schlagen der Rassel störte. Inzwischen war die Abenddämmerung schon längst hereingebrochen. Mir verging alle Lust, und so kehrte ich allein zum Zelt zurück, während Uli blieb. Irdische Freßgelüste überfielen mich jäh, so daß ich nach Eßbarem Ausschau hielt. Mit Kuchen und Plätzchen setzte ich mich hernach ins Auto. Der Himmel leuchtete in tiefroter Farbe, die teils in Violett überging und von dunkelblauen Streifen durchzogen war. Fasziniert schaute ich auf das farbenprächtige Firmament. Wo hatte ich dieses Bild schon einmal gesehen? Schlagartig tauchte das Bild einer weiten Landschaft auf, über die das goldene Licht der untergehenden Sonne strahlte. So mochte der Sinneseindruck eines Indianers sein, vor dem sich die Ebene der Prärie ausdehnte. Eine Ahnung von Unendlichkeit. Sehnsucht nach grenzenloser Freiheit. Ich ergötzte mich daran und genoß das Alleinsein.

Etwas später tauchte Uli auf. Seine Augen leuchteten. Die Haare standen wie Federschmuck vom Kopf ab. Dies verlieh ihm passend zu meiner Empfindung das Antlitz eines jungen Indianerhäuptlings. Er ließ sich neben mir nieder und betrachtete mich von der Seite.

»Ich habe etwas über dich erfahren«, begann er. »Kann es sein, daß du auf deiner Seelenreise als Frau oft von Männern verletzt wurdest? Du lerntest zwar, vor allem dir selbst zu vertrauen, zogst dich aber gleichzeitig emotional von anderen zurück. Jetzt wächst daraus eine Kraft, die nach außen strahlt.«

Erstaunt sah ich ihn an. Noch nie war mir derartiges in den Sinn gekommen.

»Das klingt hart«, entgegnete ich betroffen. Es sollte die Zeit kommen, wo ich mich an seine Worte erinnerte und die Wahrheit darin erkannte.

»Mag schon sein, aber viele unserer jetzigen Ängste und Gefühle erklären sich nicht ausschließlich aus dem, was uns in diesem Leben widerfährt. Das reicht zurück in vergangene Leben. Wir alle haben bei der Bemühung, unser ›Bestes‹ zu tun, viel Leid ausgeteilt und empfangen. Mir hat das Daime heute nacht einen Hinweis gegeben, woher die tiefen Gefühle stammen, die mich mit dieser Insel verbinden.«

»Ja, ich erinnere mich, wie du mir von deinem ersten Irlandbesuch erzähltest. Beim Betreten der Insel empfandest du einen Zustand der Erfüllung und Zufriedenheit, den du verglichen hast mit einem Kind, das nach langer Zeit in die Arme seiner Mutter zurückkehrt. Dein Herz hätte einen ›Plumps‹ gemacht. Was hast du erlebt?« hakte ich nach.

»Als du gegangen warst, fand ich mich plötzlich in der Gestalt eines Mannes, der einmal hier lebte. Er war schwer verwundet, und ein Meer von Schmerz und Verzweiflung umgab ihn. Ich sah Bilder in seinem Geist, wie ein großes irisches Heer von einer Übermacht hingeschlachtet wurde. Seinen Erinnerungen entnahm ich, daß es sich um eine englische Invasion, angeführt von Cromwell, handelte. Alle Fürsten und Könige von Irland hatten ihre Truppen zur Verteidigung zusammengezogen, leider ohne den Hauch einer Chance gegen die Übermacht. Eine unbändige Wut stieg beim Anblick der Erinnerungen in mir hoch. Der Ire hatte alle Menschen verloren, die er liebte. Er wünschte sich, getötet worden zu sein, anstatt hierher zu fliehen, um wie ein Tier zu verenden.«

Ich visualisierte die Szene vor meinem inneren Auge. Uli fuhr fort mit seiner Schilderung:

»Zwischen uns beiden bestand keine Trennung mehr, so hautnah durchlebte ich seine unbändige Verzweiflung. Es handelte sich möglicherweise um eine Rückerinnerung an eine frühere Inkarnation. Aus der Perspektive meines jetzigen Lebens glaube ich aber, daß es besonders vor dem Tod nachteilig ist, sich von starken Emotionen überwältigen zu lassen. Ich konzentriere mich also auf Liebe und Verstehen und verabschiedete mich im Geiste von den Menschen, an denen ich hing. Schon bald würde ich aus diesem Traum erwachen. So war es gut, und er konnte friedlich sterben. Noch in Gedanken versunken, bemerkte ich plötzlich eine Bewegung im Unterholz. Zuerst dachte ich, du würdest zurückkommen, Nathalie. Eine Gestalt kam auf mich zu und blieb in etwa zehn Meter Entfernung zwischen den Bäumen stehen. Als ich sie genauer fixierte, erkannte ich eine durchscheinende Frau ohne Unterkörper. Sie schaute eine Weile her, bevor sie wieder verschwand.«

»Wer kann das gewesen sein?« fragte ich neugierig.

»Vielleicht eine irische Fee oder sonst ein Naturwesen, das in einer anderen Dimension lebt. Diese Insel ist eine ihrer letzten Zufluchtsstätten. Weil ich mich auf einer höheren Schwingungsebene befand, konnte ich sie wahrnehmen.«

Ich erzählte ihm von meiner Vision der Raupen, die mir einen bestimmten Bereich schamanischen Erlebens eröffnete. Visionäre reisen oft bewußt in diese Bereiche, um Kenntnisse über die Vorgänge der Natur zu erhalten. Sie betrachten sich nicht als jemand, der über die Natur zu herrschen hat, sondern als ein Beobachter anderer Welten. Die Magie der irischen Natur hatte mich von selbst in ihren Bann gezogen. Ich lernte tiefe Ehrfurcht, selbst vor den kleinsten Lebewesen, wie Würmern und Raupen, als Teil des Mikrokosmos zu empfinden.

Ein paar Tage später führte uns unsere Fahrt nach Connemara. Hier gab es noch viele alte heidnische Kultstätten. Wir fanden unerwartet einen heiligen Platz in einer einsamen Gegend. Ein Feenbaum wuchs an dieser Stelle. Die Iren pilgern für gewöhnlich an solche Orte, um kleine Wunschzettel an dem für heilig erachteten Baum oder Busch zu befestigen. Taschentücher, Rosenkranzketten, sogar Windeln oder Kleidungsstücke flatterten im Wind. Einen übriggebliebenen Schluck Daime deponierten wir als Geschenk an die Könige und Feen Irlands, bevor wir nach Deutschland zurückkehrten.

Medizin oder Psychodroge?

Nathalie, Deutschland

Unterdessen bereitete Uli ein erstes, größeres Workshop-Wochenende vor, an dem auch uns unbekannte Menschen Daime kennenlernen wollten. Auf einen Artikel über die Gemeinde im Urwald hin hatten viele Leute Interesse bekundet. Er lud einen Freund aus Brasilien ein, zusammen ein Ritual auf dem Land durchzuführen. Manche schrieben enthusiastische Briefe, wie wunderbar es sei, daß nun die Möglichkeit existiere, das »legendäre Ayahuasca« kennenzulernen. Eine Anthropologin hatte bereits bei südamerikanischen Indianern gelebt, hingegen das Getränk aus Furcht noch nicht ausprobiert. Aber genau jene sagte kurz vor dem Wochenende aus unerfindlichen Gründen ab, während andere unversehens ohne Anmeldung auftauchten. Sie erzählten von dem inneren Ruf, den sie verspürt hatten.

Das Ritual fand auf einem großen Bauernhof auf dem Lande statt. Etwa 25 Männer und Frauen hatten sich eingefunden. Eine buntgemischte Gruppe Abenteurer, Esoteriker, Therapeuten und Sannyasins. Allen Anwesenden konnte man eine gewisse Spannung und Nervosität anmerken. Gesprächsrunden und eine Vorbereitung mit Meditation und Yoga sollten Ängste lösen. Die meisten hatten bereits Erfahrungen mit anderen »Pflanzen der Götter«. Viele kamen gerade deshalb, weil sie glaubten, eine ihnen noch unbekannte Droge einnehmen zu können. Ihr Motiv schien mir im wesentlichen aus dem schnellen Sammeln psychedelischer Erfahrungen zu bestehen. Als extremes Beispiel verdeutlichte sich dies in der Einstellung eines jungen Besuchers, der damit angab, alles auszuprobieren, was es auf diesem Sektor gebe. Im Vorgespräch wurde er wiederholt darauf hingewiesen, daß die Bereitschaft für rituelle Arbeit unabdingbar sei. Trotz aller Demotivationsversuche ließ er sich aber nicht von seinem Vorhaben abbringen. Der junge Mann konnte dann doch nicht »trippen«, wie er sich erhofft hatte, und verließ das Ritual vorzeitig. Wer sich vom Daime angezogen fühlt, mag Gründe haben, die mit der Bereitschaft, innerliche Arbeit zu vollbringen, nichts zu tun haben. Auch wenn er den Schlüssel zur Zeit nicht nutzen kann, erfährt er zumindest, daß dieser Schlüssel existiert. In einer vielleicht fernen Zukunft wird sich etwas in ihm daran erinnern.

Die ambivalente Haltung hinsichtlich der Einnahme einer Substanz zur Induzierung anderer Bewußtseinszustände kam deutlich zutage. Es gab einzelne, die eigentlich die Einnahme entheogener[15] Substanzen ablehnten. Ein langjähriger Yogalehrer verstand sie als Hilfsmittel, die keine dauerhafte Erkenntnis vermitteln können. Erleuchtung müsse statt dessen durch kontinuierliche Praxis erarbeitet werden. Trotzdem hatte er sich eingefunden, um »einmalig« das »kleine Samadhi« zu studieren, in das laut yogischen Schriften die Einnahme bestimmter Substanzen Zutritt gewähre. Ein intuitives Gefühl sagte ihm, daß es sich beim Daime um das sagenumwobene Soma handelte, welches in Dutzenden von Liedern der indischen *Rig-Veda* als sakrales Getränk mit ekstatisierender Kraft besungen wird und dem Gott Indra geweiht ist.[16]

In der Mittagspause bereiteten wir den Raum für die Session her. Für das Hauptritual der Daime-Arbeit im Tanzen waren die Voraussetzungen noch nicht gegeben: die Schrittfolge, die portugiesischen Lieder und ein in etwa ausgewogenes Verhältnis zwischen Frauen und Männern. Vor allem fehlte ein Stamm von »Erfahrenen«, um das Ritual zu tragen. Eine Arbeit der Heilung und Konzentration, die in der Regel sitzend abgehalten wird, eignete sich am besten. Da die Stühle nicht sonderlich bequem waren, forderte dies von den Anwesenden ein erhebliches Maß an Disziplin und Selbstbeherrschung.

Das Ritual begann mit einem Lied über das Ayahuasca.

> Ich rief den König Ayahuasca,
> und er antwortete mir.
> Aya – Aya – Ayahuasca.
> Der König Ayahuasca lebt im Wald,
> ist der Sohn von Inchi
> und der König der Blumen,
> Wir leben auf diesem Planeten
> unter deinem Schutz
> …

Bereits eine Viertelstunde nach der ersten Einnahme sorgte einer der Teilnehmer für große Erheiterung. Während jeder noch in Erwartung des Kommenden mit sich selbst in Andacht beschäftigt war, verkündete er aus heiterem Himmel lauthals, er sei nun erleuchtet, und wollte uns erklären, wie das vor sich ginge. Alle mußten herzlich lachen. Das Gelächter drohte sich zu verselbständigen und schwoll fast zu Gebrüll an. Der ganze Saal bog sich auf den Stühlen. Sein »Erleuchtungsausbruch« hatte sich so heftig geäußert, daß er den Rest der Nacht liegend verbrachte und sich nur von Zeit zu Zeit durch profane Geräusche bemerkbar machte.

Unterdessen bemühte sich ein Mann vergeblich, sein Gekicher unter Kontrolle zu bringen. Zu Beginn des Seminars hatte er Skepsis gegenüber »solchen Veranstaltungen« demonstriert. Hinterher erzählte er, noch nie so gelacht zu haben wie in dieser Nacht. Gleichzeitig sei es ihm sehr peinlich gewesen. Es ist leicht, bis zur Lächerlichkeit loszuprusten. Die spirituelle Dimension aber bringt eine Seriosität mit sich, die auf den ersten Blick als Reserviertheit erscheinen mag.

Nach dem Abklingen dieser heiteren Episode durchlebten manche hingegen harte Heilungsphasen. Holger ging als erster diesen Weg der Reinigung, wobei seine Schwierigkeiten, die Kraft zu tragen, unübersehbar waren. Mit dem selbstgebatikten Jogginganzug, der in allen Farben dieser Welt um seine hageren Gelenke schlotterte, wirkte er als leichtes Opfer einer starken Brise. Mit gespitzten Lippen hatte er in der Vorbesprechung seinen ersten Satz formuliert:

»Ich befinde mich seit zwei Jahren in einer spirituellen Krise.«

»Hast du eine spirituelle Praxis?« wurde er gefragt.

»Ja, ich mache Tantra«, entgegnete er strahlend euphorisch, »und fortan möchte ich ein wildes Leben führen.«

Jemand kippte vom Stuhl und wurde auf eine Matratze gelegt. Dem Brasilianer rannen Schweißperlen herab. Er schien sehr nervös und nicht mehr Herr der Lage zu sein. Die Frauenfraktion lichtete sich zusehends. Sabine zog sich heftig schluchzend auf eine Matte zurück. Ich hatte alle Hände voll zu tun, ihr beizustehen. Wellen von Weinkrämpfen durchzuckten ihren Körper. Ich wußte mir nicht mehr anders zu helfen, als eine Decke um sie zu schlingen. Dann kniete ich mich neben ihren Kopf und legte meine Hände auf die schwitzende Stirn.

In diesem Moment setzte auch bei mir die Wirkung vom Daime ein. Die Augenlider wollten nicht mehr gehorchen. Ich blinzelte angesichts einer Explosion von Farben. Die Intensität der Leuchtkraft verstärkte sich, und ich geriet in Erregung. Eine Art elektrisches Feld baute sich um uns auf. Die Spannung entlud sich als Blitzstrahl von oben. Er bahnte sich einen Weg durch den Kopf, verlief entlang den Armen und sauste hinunter zu den Händen und auf die Stirn der verzweifelten Frau. Sie bäumte sich kurz auf, bis der Körper plötzlich völlig ruhig wurde. Ihr Gesicht glättete sich, das Wimmern verstummte. Dann lag sie friedlich und entspannt am Boden.

Ich begriff, daß nicht ich diese Wirkung bei ihr herbeigeführt hatte, sondern daß dies unter dem Einfluß einer höheren Macht geschehen war. Es fiel mir allerdings nicht leicht, das eigene Ego dabei herauszuhalten. Im Grunde fallen wir ständig in die gleichen Muster. Sehen wir jemanden in Not, wollen wir helfen, erhoffen uns dafür aber auch ewige Dankbarkeit als Genugtuung für das Ego. Nur Demut kann uns in diesem Falle lehren. Sabine erholte sich rasch. Sie brauchte keine weitere Unterstützung mehr und konnte allein gelassen werden. Ich folgte dem Bedürfnis nach frischer Luft und verließ den Seminarraum. Draußen dämmerte es bereits. Leicht benommen starrte ich in die Nacht hinein. Im Blickfeld befand sich ein Wäldchen. Hatte ich mich geirrt, oder konnte ich meinen Ohren trauen? Vom Wald her hörte ich Stimmen, so daß ich dort zuerst ein Wirtshaus vermutete. Angestrengt lauschend vernahm ich zu meinem Erstaunen Daime-Lieder! All die Lieder, die ich eben noch im Ritual gesungen hatte, erschollen nun fröhlich vom Wald herüber, als ob dort Hunderte von Waldwesen in den Wipfeln saßen und vereint im Chor sangen. Sehr skurril.

Die Veranstalter hatten inzwischen das Zeichen für eine Pause gegeben. Vereinzelt kamen die Leute in den Garten. Über uns thronte ein phantastischer Sternenhimmel. Ich legte mich auf den Rücken und starrte nach oben. Millionenfaches Funkeln durchleuchtete kaleidoskopartig das Universum. Wie schön, wenn eines Tages dauerhaft Freude und Frieden auf der ganzen Welt herrschen werden, kam mir in den Sinn.

Nach der Pause wurde weiteres Daime ausgeschenkt. Obwohl die Wirkung bei mir langsam nachließ, hatte ich für heute genug. Ich konzentrierte mich auf die Texte der Lieder, aber mit der Aufmerksamkeit gelang es nicht mehr so recht. Viel interessanter schien mir, die Anwesenden zu beobachten. Was derjenige oder diejenige wohl erlebt haben mochte, dachte ich insgeheim. Im Vergleich zum Vortag hatten sie plötzlich ganz veränderte Gesichtszüge. Als hätten sie etwas durchlebt, das sie verjüngt hatte. Ein klarer Blick aus entspannt geglätteten Gesichtern. Bei einigen nahm ich fast eine »heilige« Ausstrahlung wahr.

Gegen Mitternacht sprach der Brasilianer das Schlußgebet, um die Arbeit zu beenden. Anschließend gab es Tee und Gebäck. Das Ritual hatte mich ziemlich erledigt. Ich sehnte mich nach dem Bett. Als ich gerade die Liederbücher einsammeln wollte, machte mir der Brasilianer Vorhaltungen, daß ich im Ritual besser helfen könnte. Wir stritten uns. Natürlich mußte ich noch viel lernen, aber mir gefiel die Art und Weise nicht, in der er mich zurechtwies. Schließlich war es keine leichte Aufgabe, sowohl auf mich als auch auf die anderen Frauen zu achten.

»Du mußt nach Brasilien gehen und an großen Ritualen teilnehmen. Du kannst noch nicht die Energie des Rituales halten«, meinte er abschließend.

Ob ich tatsächlich gehen mußte, stellte ich in Frage, aber die Dias vom Vortag hatten mich neugierig gemacht.

Diejenigen, die im Ritual schwierige Passagen durchgestanden hatten, fühlten sich am nächsten Tag um so wohler. Übereinstimmend schilderten sie die Erlebnisse als starke Heilung. Dies traf in besonderem Maße auf die Frau zu, der ich beigestanden hatte. In ihrer Vergangenheit hatte sie einige schwierige und leidvolle Beziehungen zu Männern unterhalten. Sie beteuerte zwar, nie mehr zu kommen, weil sie das Durchleben dieses Prozesses als sehr schmerzhaft empfand, aber zu einem späteren Zeitpunkt war sie nochmals für eine Heilungssitzung bereit.

Der Yogalehrer zeigte sich in der Gesprächsrunde sehr schweigsam und wollte zuerst keinen Kommentar zu seiner Erfahrung geben. Auf unser Bitten hin bezeichnete er dann die Einnahme von Ayahuasca als Königs-Initiation, die unauslöschbare karmische Spuren hinterlasse.

Geraume Zeit später hörten wir wieder von ihm. Inzwischen war er anderer Meinung. Er hatte ein dunkles Wesen im Ayahuasca gesehen, das er allein erkannt zu haben glaubte und vor dem es zu warnen galt. Mit diesen Gedanken verließ er die Philosophie seines yogischen Weges, die Phänomene nicht als aus sich selbst heraus existierend versteht, sondern in Abhängigkeit vom wahrnehmenden Geist. Die innere Begegnung mit seinen Schatten projizierte er nach außen als ein dunkles Wesen, das dem Getränk innewohne. Im Laufe der Zeit hörten wir viele phantasievolle Erklärungen, um Eigenverantwortung und innere Arbeit zu umgehen.

Demgegenüber schrieb eine andere Körpertherapeutin einer kritischen Freundin nach ihrer Erfahrung folgende Zeilen:

Nach den letzten Tagen fühle ich mich heute wie neu geboren, und es geht jetzt wieder einmal darum, das in den Alltag zu integrieren und zu leben. Am Wochenende konnte ich trotz schmerzhaftester Sterbeprozesse, Todespanik und Angst vor Verrücktwerden (denn den Kopf loszulassen ist überhaupt das

77

Schwerste, was es gibt! Daß wir alle so an unseren Meinungen und »erarbeiteten« Konzepten festhalten und auch andere immer wieder davon überzeugen wollen!!!) schließlich und endlich eine unbeschreibliche Dankbarkeit empfinden ... eine Dankbarkeit, die jede Meinung, jedes Urteil, ob richtig oder falsch, gut oder schlecht, weit übertrifft. Es ist so etwas wie Gnade. Worte reichen nicht aus ... Es ist wie ein stummes JA, ein JA zu allem, was ist ... was existiert, eine Hochachtung und ein Respekt vor allem, was in dieser Schöpfung lebt und früher oder später doch erlöst wird, ob Gott oder Teufel, ob Scharlatan. Es ist das JA zu mir selbst und zu dem Wissen, daß das, was mir da im Außen begegnet und mich berührt, immer nur eine Kreation meines innersten Wesens ist, geboren aus der augenblicklichen Verfassung meines Geistes, wahrgenommen aus der momentanen Ebene meines Bewußtseins ... eine vorübergehende Illusion, die früher oder später wie eine Seifenblase zerplatzt, um den nächsten Blasen Raum zu geben ... Was mir bleibt und wieder einmal geblieben ist, ist Leere und unbeschreibliche Dankbarkeit, auch die Dankbarkeit, endlich den Mut zu haben, mich wieder ein Stückchen mehr in diese Leere fallen zu lassen, ohne die Angst, dabei etwas zu verlieren und selbst verlorenzugehen ... Ganz im Gegenteil: Ich habe ein großes Geschenk bekommen, ein nichtmaterielles Geschenk, für das ich noch keinen Namen gefunden habe. Vielleicht so etwas wie Freiheit, Raum in mir, Unbegrenztheit, Unabhängigkeit (auch von der Meinung anderer, von deren Anerkennung, Bewunderung und Liebe, von deren Verstanden- oder Nichtverstandenwerden) ...

Ein vager Versuch, die letzten Tage in Worte zu fassen ... weiß nicht, ob es gelungen ist. Die Sprache reicht einfach nicht immer aus ... Und ich glaube, wir können unsere verzweifelten Versuche, über Worte zu kommunizieren, immer mehr reduzieren. Sind es nicht oft krampfhafte Bedürfnisse, Energie nach außen zu entladen, Energie, die wir selbst oft nur schwer ertragen können, weil das Wissen und die Wahrheit dahinter unerträglich scheinen? ...

Anbei ein Brief meiner anderen Freundin. Nach 20jährigen »Astralreisen« ohne »Substanzen« war diese Reise das erste Mal »mit«. Sie hat es immer abgelehnt, immer versucht, mich davon zu überzeugen, daß das Gift ist, das mich verwirrt und mich von meinem Weg abbringt ... Auch sie wollte mich immer von ihrer Wahrheit, von ihrem Weg überzeugen, daß das der einzig richtige sei, und ihre Meinung, ihre Erfahrung müsse für alle dieselbe sein ... Sie ist übrigens auch Yogalehrerin, hat mit mir angefangen vor 20 Jahren und mehrere Ausbildungen und Therapien durchgezogen.

Ein Teilnehmer, der in der Tradition des okkulten Geheimwissens steht, überließ uns ebenfalls Aufzeichnungen zu seinen ersten Erfahrungen:

Anfangs hatte ich mit meinem Magen und dann mit dem Kreislauf zu kämpfen. Ich legte mich auf eine Matte. Dann geschah etwas Eigenartiges. Ich hatte den Eindruck, mein Geist wollte sich nicht vom Körper trennen, obwohl ich tot war. Ich sah die beginnende Verwesung im Kopfbereich und mich zur Beerdigung aufgebahrt. Selbst die Wicklungen des Leichentuches glaubte ich körperlich zu spüren. Der tote Körper wirkte nicht abstoßend oder ungewöhnlich auf mich, ich wollte mich nur nicht von ihm lösen ...
Nach dem zweiten Glas Daime ging es mir besser, ich empfand eine Leichtigkeit und wandelte auf einem Grat zwischen zwei Bewußtseinsebenen, Ober- und Unterbewußtsein. Nach Belieben wählte ich bewußt zwischen »hier + jetzt« und anderen, neuen Bewußtseinsebenen. Dabei hatte ich keinen Zweifel an

deren »Wirklichkeit«. Lenkte ich hingegen meine Aufmerksamkeit nach außen, so saß ich voll aufnahmefähig im Raum auf meinem Stuhl. Zuerst kamen viele Verlockungen und Verführungen geistiger Art, und ich erhielt Einblicke in Naturgesetze. Ich »sah« Kraftstrukturen unserer Welt, die ich erst nicht zuordnen konnte. Später erinnerte es mich an die Bedeutung des geflügelten Wortes, alle Welt sei Illusion. Ich »sah« die wahre Natur der Dinge, oder bildete es mir wenigstens ein, sowie die durch die Egoschöpfungen gestaltete mit all ihren Problemen ...

Es war seltsam, ich glaubte zu spüren, daß Daime in Wellen wirkt, und meinte einige Sekunden vorher, einen lieblichen Duft zu riechen. Beeindruckend für mich war das Empfinden, daß die Kräfte der Natur so klar, rein und nur ihrem Auftrag gemäß wirken ... Das zweite Mal führte mich in ganz andere Regionen. Ich erlebte unwahrscheinlich glückliche Zeiten voller Frieden, Freude und Glück bei vollem Bewußtsein und schien mich mit Wesenheiten anderer Dimensionen rhythmisch in einem kosmischen Tanz zu vereinen. Ich habe den Eindruck, daß in diesen mir neuen Welten nur noch Frieden und alles durchdringende Liebe, Liebe einer ganz neuen Art herrschen, in der alle vereint sind und deren Ursprung das Licht ist. Mein Leben in Beruf und Alltag erhielt eine stärkere Herzensseite. Nur wenn man diese Dinge und Ebenen *erlebt*, weiß man, daß es außer unserer materiellen Welt noch weitere, geistige und wirkliche Bereiche gibt, und ist ohne jeden Zweifel davon überzeugt.

Die tiefgreifendsten Begegnungen mit Santo Daime werden häufig zu Beginn gemacht. Das erste Zusammentreffen mit der astralen Welt in dieser Intensität bringt jäh eine Dimension ins Spiel, die der Seele einerseits seit Urzeiten vertraut ist, andererseits aber von begrenzenden Weltanschauungen ausgesperrt wurde. Die sich daraus ergebende Erschütterung und Erweiterung der Weltsicht bildet manchmal einen dramatischen Einschnitt, der von vielen als Wiedergeburt empfunden wird. Vor der Wiedergeburt steht jedoch der Tod. Ein Grundthema im Daime ist daher die Konfrontation mit dem eigenen Tod. Daraus erwachsen die Initiation in höhere Dimensionen, eine erweiterte Wahrnehmungsfähigkeit und das Erfahren von tiefer Liebe zu allen Wesen.

Im Laufe der Zeit kann die Miration subtiler und weniger spektakulär werden. Zuerst bekommen wir unseren göttlichen Kern gezeigt, dann beginnt die eigentliche Arbeit am Detail, an der Reinigung dieses kostbaren Edelsteins. Jede weitere Verfeinerung bedarf unserer Absicht und Energie. Es ist nicht so, daß uns kosmische Geschenke in den Schoß gelegt werden, ohne Gegenleistungen zu erbringen. Die Krankheiten, die auftauchen, sind Disziplin für den, der es verdient.[17] Oft genug gilt es, für Durchbrüche zu kämpfen. Wenn jemand nach dem Ritual dieser als »harte Arbeit« kommentiert, wissen andere aus eigener Erfahrung, wovon er spricht.

Verständlich wurde mir das erst bei einer Konzentrationsarbeit, die das tibetische Totenbuch zum Thema hatte. Im Totenbuch werden bis ins kleinste Detail die verschiedenen Zustände behandelt, in die der Verstorbene eintritt. Wir konzentrierten uns auf einige markante Passagen, als sich erneut ein Übelbefinden breitmachte. Ich versuchte eine Zeitlang erfolglos, den Drang zu unterdrücken. In der Hoffnung auf Besserung legte ich mich auf den Boden. Als auch das nichts nützte, trat ich schließlich doch den Gang zum Örtchen an. Gerade konnte ich noch die Hand vor den Mund halten und zur Toilette rennen. Die anderen sahen mit mitleidvoll hinterher.

Den Kopf über das Klosett gebeugt übergab ich mich. Eine der Frauen erschien, um nach dem Rechten zu sehen. Der Brechreiz würgte mich derart, daß ich fast keine Luft mehr bekam. Sie klopfte mir auf den Rücken, was es noch schlimmer machte. Ich japste nach Luft. Vor lauter Panik schossen mir Tränen des Schreckens in die Augen. Für einige Sekunden rang ich nach Sauerstoff und dachte sterben zu müssen. In diesem Moment streckte mir eine absolut häßliche Fratze ihre Zunge aus dem Klosett heraus. Einer der widerlichen und schrecklichen Dämonen, wie sie im Totenbuch als Nachtoderscheinungen beschrieben sind. Ich erschauderte und brach auf sie drauf.

»Auch du bist nur eine Projektion meines Geistes. Du existierst nicht außerhalb von mir!« wirbelte es mir durch den Kopf.

Sobald ich dies formuliert hatte, löste sich die furchterregende Gestalt auf. Sie verschwand im Klo, und ich konnte endlich frei durchatmen. Dieses Erlebnis nahm mir ein Stück weit die Furcht vor dem Tod. Ich hatte »harte Arbeit« geleistet, ein Ringen mit meinem schwachen Selbst. Wohl deshalb bezeichnen die Daimistas ihre Rituale als »trabalho« = »Arbeit«. Und Sebastião sang: »Gepriesen sei mein ewiger Vater, glücklich sind diejenigen, die gut arbeiten.«[18]

Die Augen des Horus

Die Augen des Horus, sie schauen durch dich,
sie wollen dir zeigen das ewige Licht,
schau, schau, schau, er sieht dich genau,
schau, schau, schau, er hat dein Gesicht.

Die Arme sind Schwingen, die Liebe sie bringen,
die Pforten sich öffnen ins hohe Astral,
schau, schau, schau, jetzt siehst du genau.
schau, schau, schau, die himmlische Frau.

Den Schleier der Isis der Falke zerriß,
dahinter erblickst du das Eine gewiß,
schau, schau, schau, jetzt kennst du genau,
schau, schau, schau, das Geheimnis der Frau.

Nexon II.

Im März, ein halbes Jahr später.
Für ein weiteres Wochenendritual mieteten wir ein einsam ge-
legenes Forsthaus mitten im Bayerischen Wald. Die Wege waren vereist, und die das Haus umgebenden hohen Tannen trugen die volle Last des Schnees auf ihren Ästen. Grell reflektier-
te der Schnee die Wintersonne, deren Kraft aber noch nicht
reichte, ihn wegzuschmelzen. Für ein Ritual aus dem Regenwald
eine ungewöhnliche Umgebung.
Ein überschaubarer Kreis von Leuten, etwa 15 Personen, hatte
sich zur Daime-Feier angemeldet. Die Wohnräume des
Forsthauses waren mit alten Stücken wie aus Wurzelwerk ge-
formten Gnomengesichtern, verstaubten Hirschgeweihen und
antiken Gewehren ausgestattet, die eine unangenehme Energie
ausstrahlten. Soweit möglich, verbannten wir die Dinge in den
Nebenraum. Mit viel Räucherwerk und Gesang reinigten wir
die Räumlichkeiten energetisch, um die Schwingung des Hauses zu neutralisieren. Eine Daime-Arbeit bringt für jede Stätte
einen Segen. Die an den Ort gebundenen unerlösten Geister
erhalten die Chance, ins Licht zu gehen.
Zur Sonnenseite des Wohnzimmers lag eine Terrasse mit großen
Glasfenstern, durch die viel Licht in den Saal gelangte. Das
kam unserer Absicht, diesmal eine Zeremonie am Tag durchzuführen, entgegen. Den langen Tisch bedeckten wir mit einem
weißen Tuch und plazierten ein schlichtes Holzkreuz mit zwei
Querbalken darauf, welches eigens von einem Freund geschrei-
nert worden war. Bergkristalle und Amethyste schmückten den
Rest des Tisches. Erneut empfand ich jene feierliche, fast schon

»heilige« Stimmung beim Anblick der in Weiß gekleideten Personen. Gleichzeitig hatte ich enorme Angst vor der Wirkung des Tees, ließ mir aber vor den anderen nichts anmerken. Wie sich der amazonische Nektar wohl in einem solch bayerisch-winterlichen Klima entfalten würde? Wir begannen mit dem Ritual am frühen Nachmittag. Mein Platz befand sich direkt neben der Glaswand. Die Sonne schien von draußen in den Innenraum.

In Schweigen gehüllt, saßen wir um den Tisch. Die eindringlichen Strahlen des tiefstehenden Sonnenballes lenkten meine ungeteilte Aufmerksamkeit auf sich. Konzentriert starrte ich direkt in das helle Licht hinein. Lange verharrte ich so, ohne daß die Augen schmerzten. Sie könnte bewohnt sein. Nicht von physischen Lebewesen, sondern von Lichtwesen auf der Astralebene, sinnierte ich.

Die Körpergliedmaßen fühlten sich schlaff an. Der wahrnehmende Geist indessen blieb in einer regen Verfassung. Ich hatte den Eindruck, daß die Gehirntätigkeit über das gewohnte Maß hinaus arbeitete. Der veränderte Zustand befähigte mich zur außergewöhnlichen Wahrnehmung. Etwas würde geschehen.

Ein schwarzer Punkt kreist gleitend hoch oben am Himmel. In einer immer enger werdenden Spirale nähert er sich der Erde. Ein gefiederter Vogel wird sichtbar. Horus breitet gemächlich seine Schwingen aus. Er kommt aus der Sonne geflogen. Langsam senkt er sich hinab und steigt Stück für Stück in meine körperliche Hülle hinein. Meine Hände werden zu Klauen, an den Armen wachsen Federn, ein spitz gebogener Schnabel formt sich aus dem Mund. Den Kopf ruckweise in die Runde wendend wie ein Raubvogel ... Die Augäpfel verengen sich zu Schlitzen, aus denen scharfe Pupillen hervorstehen. Stufenweise steigt der ägyptische Falke in meinen Körpertempel. Wir verschmelzen gemeinsam zu einer Wesenheit. Ich bin er, er ist ich. Mit meinen Augen beobachtet er emotionslos das Ritual ohne eine Form bewertender Gedanken, indes mit unterscheidender Weisheit. Sein kluger Blick schweift erkundend über die Gruppe, wie um sich einen Überblick zu verschaffen. Nach einer geraumen Weile verläßt er die Sitzung. Sein Austritt vollzieht sich weniger spektakulär. Fast unmerklich macht er sich davon und fliegt mit weit ausholenden Flügelschlägen zurück in die astralen Gefilde einer längst vergangenen Epoche.

Während der Dauer des Besuches sah ich mich als Ägypterin. Von der Mythologie der Ägypter wußte ich nur wenig. Horus war mir lediglich ein Begriff, mit dem ich nicht viel in Verbindung brachte. Trotzdem wurde mir klar, daß es sich bei der Erscheinung, die unvermittelt meinen Weg kreuzte, um jenes mystische Geschöpf handelte. Wer war dieser geheimnisvolle Falke aus der Sonne? Warum besuchte er mich, und in welche Beziehung stand er zu mir? Der Vogel hatte weder eine Botschaft überbracht noch sonst einen Hinweis zu seinem Gastspiel gegeben. Hier begegnete mir eine Wirklichkeit, die ich zunächst nicht verstand. Mir blieb nur die Mutmaßung, mit einer meiner früheren Existenzen in Bezug getreten zu sein. Dabei mußte ich es zunächst belassen, beschloß aber, Auskünfte über Horus einzuholen.

In der Nachbesprechung zeigte sich, daß viele noch zu stark unter dem Einfluß des Erlebten standen, um intellektuell darüber reflektieren zu können oder zu wollen. Josef schüttelte nur den Kopf und sagte zur Belustigung aller:

»Wenn man das im Fernsehen zeigen tät', das glaubte einem niemand.«

Dann vertraute er uns eine Angelegenheit an, die ihn sehr beschäftigte. Seit kurzem versuchten er und seine Frau sich mit einem ökologischen Hof. Nun sei die Ziege trächtig, und sie plagten sich mit der Entscheidung, was sie mit den zukünftigen Lämmchen machen sollten. Verkaufen bedeutete ihren Tod, behalten aber, daß die Jungen die Milch trinken würden, derentwegen sie die Ziege angeschafft hatten. Zum Schluß fragte er schüchtern, ob er das Erlebte auch seiner Frau erzählen dürfe.

Ilona äußerte humorvoll:

»Als ich hörte, es sei Pause, dachte ich, was denn sei. Wo ist denn da der Knopf zum Abschalten.«

Aber nicht alle hatte »das Daime geholt«. Rudi, der Älteste in der Runde mit seinen 75 Jahren, drückte das so aus:

»Mir geht es wie jemandem, der von der Brücke in Philadelphia gehört hat, sie aber nicht finden kann. Er ist geneigt zu glauben, daß es sich nur um eine Legende handelt. Nun sieht er die anderen Mitsucher aber auf der anderen Seite des Ufers stehen, also muß es diese Brücke wirklich geben.«

Viele erleben Reisen, deren Schilderungen dicke Bände füllen würden. Eine Flut von Bildern steigt aus dem Bewußtsein empor, um sich in allen Farben vor dem inneren Auge zu ergießen. In selteneren Fällen verspüren manche beim ersten Mal überhaupt keine Wirkung. Ein Sachverhalt, der mit der inneren Bereitschaft zu tun hat. Alles zu seiner Zeit, eine Gesetzmäßigkeit, der auch das Daime unterliegt. Die Stärke der Dosis spielt freilich eine nicht erhebliche Rolle.

Lange Zeit betrachtete ich die »Einkehr des *Horus*« als eine spontane Episode, gleich einem Traum, dessen Sinn sich nicht sofort entschlüsselte. Doch ahnte ich, daß seine Visite einem Wiedertreffen glich, hinter dem sich mehr verbergen könnte. Den altägyptischen Mysterien zufolge gilt *Horus* (von Her = Licht) als der Sohn Gottes von *Isis* und *Osiris*, den Ureltern der Schöpfung. Er verkörpert die Kraft des kosmischen Lichtprinzips, die zusammen mit der Liebe seiner Mutter Isis den von *Seth* ermordeten Osiris zum Leben wiedererweckte. Die Geschichte symbolisiert die Wiederherstellung der zerbrochenen Einheit des Lebens und des himmlischen Menschen, wie sie auch durch Jesus erneut offenbart wurde.[19]

Drei Jahre später las ich »zufällig« über den ägyptischen König

Echnaton (1364–1347 v. Chr.), was ich ohne meine Horus-episode gar nicht weiter beachtet hätte. Demzufolge hatte Echnaton in der Cheopspyramide eine Mysterienschule gegründet, die sich »Das Gesetz des Einen« nannte und als Symbol das »Auge des Horus« trug. Als Einstieg in die höheren Mysterien ging es zunächst um die Entwicklung der rechten Gehirnhälfte und des Emotionalkörpers.

Die Adepten mußten sich mit ihren Emotionen, Gefühlen und Ängsten befassen. Eine Prüfungsaufgabe zur Überwindung der Todesangst soll darin bestanden haben, in ein wassergefülltes Becken im Inneren einer Pyramide hinabzutauchen und einen Ausgang zu finden. Im Halbdunkel gab es jede Menge unbekannte Hindernisse zu überwinden. So mußte man sich seinen Weg durch einen schmalen Tunnel zwischen großen Steinblöcken bahnen, der schließlich in ein großes Bassin führte, in dem es vor Krokodilen wimmelte. Einfallendes Licht markierte eine rettende Öffnung an der Wasseroberfläche. Hatte der Prüfling zwischen den Krokodilen hindurch den vermeintlichen Ausgang erreicht, fand er sich allerdings nur in einer Sackgasse. Es blieb ihm nichts anderes übrig, als abermals hinabzutauchen, um durch einen entfernter gelegenen Ausgang an die Wasseroberfläche zu gelangen.

Ich selbst bezweifle, daß ich jemals dazu in der Lage wäre, meine Höllenängste vor einer solchen Prüfung zu überwinden. Reicht es ja schon, mich vor dem Daime-Trinken (oder währenddessen) mit negativen Gefühlszuständen wie Furcht, Panik bis zu Todesangst rumzuschlagen, ganz zu schweigen von den mich gelegentlich heimsuchenden Fluchtgedanken. In dieser Hinsicht bot sich mir ausreichend Gelegenheit, am Emotionalkörper zu arbeiten.

Ich sah den Horus als Hinweis auf die vor mir liegenden Jahre der inneren Schulung mit dem Daime als Vorbereitung auf die große Initiation in das »Eine«. Da das Astral mit den Erinnerungen und Emotionen in Verbindung steht, erreichten mich der Falke und sein Name aus einer Epoche, zu der meine Seele eine tiefe Verbindung spürte. Vielleicht hatte ich dort ähnlich intensive Prüfungen durchlaufen wie jetzt mit dem Daime, eine Schulung, die über die individuelle Existenz und den linearen Zeitrahmen hinausgeht. Sowenig wir zufällig auf diesem Planeten leben, sowenig »belanglos« ist das Geschehen in der Miration. Es steht in einem größeren Sinnzusammenhang mit uns, auch wenn wir diesen nicht sofort verstehen. Bisweilen dauert es Jahre, bis sich das Bild zu einem Ganzen formt. Meinem Gefühl nach entsprach der Falke in der ägyptischen Inkarnation auch meinem ganz persönlichen Verbündeten, welcher mir Schutz und übernatürliche Fähigkeiten verlieh.

Der Falke zählt zu den archetypischen Sinnbildern unserer Welt. Als wegweisendes Krafttier führte er auch Maria aus dem Bayerischen Wald durch ihre Mirationen. Maria nahm an einem Ritual teil, weil sie wissen wollte, was es mit bestimmten farbigen Lichtern auf sich hatte, die ihr des öfteren in der Meditation begegnen. »Ich faxe die Visionen, weil's schneller geht«, schrieb sie einleitend zu ihrer schriftlichen Schilderung, um die wir sie wegen ihrer symbolischen Fülle gebeten hatten:

Plötzlich brachen die Visionen klar in mein Bewußtsein. Zuerst sah ich einen Tunnel aus trübhellem Licht. Daraus formte sich ein Adler. »Ein weißer Adler?« fragte ich mich, doch ich wurde im gleichen Moment korrigiert, daß es sich bei dem Geschöpf um einen Falken handelte. Sein Federkleid nahm eine natürliche Farbe an. Er lud mich ein, mit ihm zu gehen, ich konnte mir aber nicht vorstellen, wie ich das mit meinem Körper bewerkstelligen sollte. Da zeigte er mir, wie ich nur mit reinem Bewußtsein auf Reisen gehe.

Wir gelangten zu einem zweiflügeligen, von Licht umrahmten großen Tor. Eine hochgewachsene, bläulich-transparente Frau tauchte von unten her auf und öffnete das Tor. Vor mir breitete sich ein Tal mit hellen Konturen aus. Über mir flogen goldene, auf Stühlen sitzende Wesenheiten, wie ich sie von Heiligenbildern her kenne. Der Falke brachte mich auf einen großen, schimmernden Felsvorsprung, wo mir bewußt wurde, daß alles zwar sehr schön und hell war, ich aber nur den Falken klar erkennen konnte. Er übermittelte mir, daß ich zwar hierherkommen konnte, aber noch nicht soweit entwickelt sei, um diese schöne Welt klar zu erblicken.

Ich fragte den Falken nach den blauen und weißen Lichtern, die ich immer wieder im Alltag sehe. Daraufhin erschienen zwei große fünfzackige Sterne, in denen sich zwei bläulichtransparente Gestalten befanden. Ihre Gesichter konnte ich aber wegen meiner unzureichenden Sehkraft in dieser Welt nicht erkennen. Es handelte sich um meine Schutzengel.

Als ich mich entspannte, sah ich eine alte Indianerin. Ich fragte sie nach meinem Weg. Sie deutete auf ein fernes strahlendes Licht und sprach: »Dieses Licht ist dein Ziel, und die Strecke dazwischen ist dein Weg.«

Die Vision im Raumschiff

Ein nebulöser Gegenstand kommt auf mich zugeflogen. Er ist dunkel, und ich kann ihn noch nicht genau identifizieren. Da, jetzt ist er ganz nah ... eine Art Heft oder Buch ... ja, jetzt sehe ich ganz deutlich ein Heft, das bestimmt dreimal so groß ist wie ich. Fast haushoch rast es auf mich zu, begleitet von einem Schreibstift. Was hat das zu bedeuten? Ein Heft, ein Stift, was soll ... ich grüble noch, als das Heft bereits wieder ins Nichts verschwunden ist.

Ach so, ganz einfach! Ich lache und schüttele den Kopf. Das Astral hat eine klare Sprache und bedient sich deutlicher Symbole zur Übermittlung seiner Botschaften. Was tut der Mensch schon gewöhnlich

mit diesen Gegenständen? – Er schreibt damit. Sie geben mir also zu
verstehen, daß ich es niederschreiben soll, schießt es mir durch den
Kopf. Schon damals in Irland hatten sie mir dies mitgeteilt. Und end-
lich, zwei Jahre später in Brasilien, erhalte ich tatsächlich Zeit und
Gelegenheit dazu.

Nathalie, Brasilien

Brasilien – die Heimat der Daimistas hatte nun auch mich gerufen. Aber warum? War es jene prickelnde Abenteuerlust nach
fremden, exotischen Ländern? Oder erhoffte ich mir weitere
Heilung durch Santo Daime? Unser erstes Reiseziel führte uns
in die malerische Ansiedlung Mauá in den Bergen zwischen São
Paulo und Rio de Janeiro. Der Rio Negro markiert die Grenze
zum Bundesstaat Minas Gerais und ergießt sich von 2000 Meter
hohen Bergen, die sich eindrucksvoll aus der subtropischen Ve-
getation erheben. Ein Kolibri erschien mir im ersten Ritual der
dortigen Daime-Kirche. Smaragdgrün und kobaltblau schil-
lernd, schwirrte er in meinem Geist, als ich mal wieder bei meinen Zweifeln an Gott und der Welt angelangt war. Die Brasilianer nennen ihn *beija-flor*.[20] Übersetzt heißt das etwa *Blumen-*
kuß, denn ihrem Empfinden nach fliegt er von Blüte zu Blüte,
um seine himmlischen Küsse zu hinterlassen. Im Daime gilt er
als freudvoller Botschafter paradiesischer Bereiche und Symbol
des inneren Heilungsprozesses. »Ist Kuß, ist Kolibri, den meine
Mutter mir gab, um Krankheiten zu entfernen von dem, der es
verdient«, heißt es in einem Lied von Sebastião.[21] Am nächsten Tag malte ich ihn mit Wasserfarben, so wie ich ihn gesehen
hatte.[F4]

Nach diesem verheißungsvollen Auftakt machten wir uns auf
den Weg nach Belo Horizonte, der im bergigen Landesinneren
gelegenen Hauptstadt von Minas Gerais. Dort wollten wir ei-

nen Freund von Uli besuchen. Er hatte uns eingeladen, uns auf einige Rituale in der Region mitzunehmen. Am Flughafen empfing uns ein kühler, tropisch-heftiger Dauerregen. Zum Ausgehen kleideten wir uns mit langen Jeans und Pullover. Am nächsten Tag führte uns der Daimista zu einer alten, hübschen Villa, die inmitten von Hochhäusern fast unterging. Es handelte sich um eines der ältesten Häuser der Stadt. Ein Hausmädchen öffnete uns die Tür. Wir betraten nicht eines der typischen mondän-modernen brasilianischen Appartements, sondern eine Villa, wie sie die ersten Portugiesen bewohnt haben mochten: der Boden ausgelegt mit dunklem Parkett, die Wände dunkel gestrichen. Alles wirkte etwas alt und altmodisch. Die Fensterläden waren zugezogen. Das düstere Licht verlieh der Wohnung auch tagsüber eine mystische Stimmung. Wir gingen in den Innengarten, wo sich alle Bewohner und Besucher aufhielten. Dort mochten sich etwa sechs Männer befinden, die im Garten saßen, rauchten und sich unterhielten. Für den ersten Moment dachte ich, hier finde ein geheimer Treff von Homosexuellen statt. Wegen der streng katholischen Moral können Homosexuelle in Brasilien sich nicht öffentlich bekennen. Marcus, der Hausherr, ein baumlanger, schlanker Mann mit arabischem Äußeren, begrüßte uns. Er war ungewöhnlich groß für einen Brasilianer. Wir stellten uns reihum vor und lauschten der wiederaufgenommenen Unterhaltung. Den Gesprächen konnte man entnehmen, daß alle Daime kannten. Wegen der einsetzenden Mittagsschwüle ging ich ins kühle Haus, um etwas auszuruhen. Marcus setzte sich hinzu und begann eine Unterhaltung in ausgesprochen gutem Englisch. Er erzählte, daß sein Vater Syrer sei. Er selbst sei jedoch in Brasilien geboren worden. Dann wollte er wissen, ob ich schon Daime getrunken hätte.

»Ja«, nickte ich mit Kennermiene.

Er lächelte und sagte: »Und, weißt du nun, warum du auf der Erde bist?«

»Ja, äh, schon, na ja«, stotterte ich etwas verlegen und setzte schnell hinzu: »Aber ich will nicht zuviel Daime trinken.«

Trotz der bedeutsamen Erlebnisse damit hatte ich immer noch meine Zweifel. Carlos Castañeda beschrieb sie am Anfang seines Eintritts in die schamanische Wirklichkeit als die nagenden Zweifel zwischen Wahrheit, Realität und Traum.

»Ich trinke jede Woche Daime«, fuhr Marcus fort, »du mußt auch anfangen, jede Woche zu trinken.«

Befremdet sah ich ihn an. »Ich möchte keine Fanatikerin werden«, hielt ich ihm entgegen.

Er aber ließ sich nicht beirren und meinte lachend: »Du *mußt* Fanatikerin werden.«

Das hörte sich ungeheuerlich an, es wurde mir zuviel, und geschickt lenkte ich zu einem anderen Thema über. Der Syrer war mir sympathisch, ich mochte seinen Humor, aber seine Einstellung zu Daime gefiel mir nicht. Wir plauderten noch ein Weilchen, bis wir schließlich aufbrachen. Einer der anwesenden Freunde von Marcus, ein in Brasilien lebender Franzose, hatte Daime aus dem Amazonas bekommen. Am Abend sollte es in einem kleinen Ritual »ausprobiert« werden.

»Gut«, meinte Marcus, sich an Uli und mich wendend, »wenn ihr möchtet, seid ihr herzlich dazu eingeladen, heute abend dabeizusein.«

Uli blickte mich erwartungsvoll an. Ich wußte, daß er die Einladung bereits angenommen hatte und nur noch auf meine Zustimmung wartete. Ich schwieg. Er bedankte sich und meinte, daß wir es uns überlegen würden.

Kaum waren wir im Appartement angelangt, überfiel uns eine große Müdigkeit. Der Himmel über Belo hatte sich neuerlich mit finsteren Haufenwolken zugezogen, aus denen Regen ununterbrochen prasselnd herunterschüttete. Wir fielen in einen traumlosen, tiefen Schlaf. Die Uhr zeigte bereits halb sechs an, als ich aufwachte. Ich holte ein Buch zum Lesen, hatte aber keine rechte Lust. Schließlich weckte ich Uli auf, der immer noch schlief wie ein Murmeltier. Wir räkelten uns eine Weile im Bett. »Und was machen wir nun heute abend?« fragte er mich. »Hast du Lust auf das Ritual in der Villa?«

»Hm, bin so unentschlossen. Eigentlich wollte ich vorerst kein Daime mehr nehmen.«

»Ich möchte gerne mitmachen«, meinte er.

»Und ich möchte gerne toll essen gehen«, konterte ich, »wir haben schon länger nicht mehr gut gegessen, immer nur Fast Food.«

»Okay. Man sollte zwar vorher nichts essen, aber wir gehen erst ins Restaurant und überlegen uns dort, ob wir noch hingehen.«

»Wie lange soll denn das Daime-Ritual dauern?«

»Nur einige Stunden, du hast ja gehört, sie wollen das Daime nur testen.«

»Ach, weißt du, ich habe etwas Angst, mir wird das alles zuviel. Lassen wir es lieber noch offen.«

»Einverstanden«, willigte er ein, »aber ich sage dir, so spontane Einladungen zum Daime-Ritual habe ich bisher immer als die schönsten Arbeiten erlebt.«

»Sind denn auch Frauen dort?« wollte ich wissen.

»Soweit ich mitbekommen habe, kommen auch zwei oder drei Frauen.«

»Also gut, sollten wir ein gutes Restaurant finden, gehen wir essen, wenn nicht, gehen wir zu Marcus.«

Ich dachte ein wenig nach. Bisher hatte ich noch nie aus voller Lust heraus für den Besuch einer Daime-Session entschieden. Schließlich ist das nicht irgendein Ritual. Von allen Ritualen, die ich kannte, flößte mir das Daime den meisten Respekt ein. Etwas später verließen wir das Haus, um ein gutes Restaurant in dem Viertel von Marcus zu suchen. Es schien wie verhext zu sein. Entweder hatten die Restaurants geschlossen, oder sie sagten uns nicht zu. Schnellimbißstuben gab es an jeder Ecke. Wir liefen die verregneten, dunklen Straßen Belos entlang und fühlten uns immer ungemütlicher. Mir knurrte der Magen. Inzwischen kamen wir in eine Gegend, die uns nicht mehr vertraut war. Uli schlug vor, nun endlich in das nächstbeste Fast-Food-Restaurant zu gehen, um der Nässe zu entkommen. Ich sah keine andere Lösung. Also kehrten wir irgendwo ein und bestellten Sandwiches und Saft. Dann fragten wir jemanden nach der Uhrzeit. Es war Viertel vor acht.

»Weißt du was«, sagte Uli und blickte mich an, »mich läßt das Gefühl nicht los, daß wir an der Arbeit teilnehmen sollten. Ich schlage vor, daß wir gleich aufbrechen.«

Mir fiel kein Gegenargument ein. Ich zog in Betracht, daß es sich um eine Vorsehung des Schicksals handelte, der ich mich nicht entgegenstellen sollte. Wir zahlten und gingen los, wußten aber nicht genau, wohin. Plötzlich standen wir direkt vor der hübschen Villa. Wir waren in derselben Straße gelandet, ohne sie erkannt zu haben. Der Zufall begünstigte unser Vorhaben.

Marcus freute sich, uns zu sehen, und führte uns sogleich in Richtung Wohnzimmer, wo das Ritual stattfinden sollte. Die anderen Gemächer lagen im Dunkeln, vereinzelt flackerten ein paar Kerzen im Gang. Die mystische Atmosphäre vom Vormittag durchdrang nun stärker als zuvor das ganze Haus. Aus dem Ritual-Raum kam helles Kerzenlicht. Ein kleiner Altar mit einem Kreuz, dem Bild der Jungfrau Maria und verschiedenen Fläschchen dunkler Flüssigkeit befand sich am Eingang. In die Mitte des Raumes hatte der Hausherr einen Tisch gerückt, auf dem eine Bibel und verschiedene andere Insignien lagen. Die Besucher hatten bereits auf den darum herum verteilten Stühlen Platz genommen. Der Gastgeber wies mir einen Sitzplatz am Ende einer alten Couch zu, deren weiche Polster mich regelrecht verschluckten.

Ich musterte die Anwesenden. Links neben mir saß eine junge

Frau mit langen schwarzen Haaren. Sie mochte eine junge Studentin sein. Mir fiel ihre strenge Miene auf. *Vielleicht ist sie nervös*, erwog ich. Rechterhand auf einem alten knautschigen Stuhl thronend, nahm ich eine hübsche Frau mit Krücken in der Hand wahr. Sie hatte einen Klumpfuß. Ich erkannte Frederico, den Franzosen, und zwei der Männer, die wir am Vormittag in der Villa getroffen hatten. Ein anderer wurde uns als ein bekannter brasilianischer Musiker vorgestellt. Uli saß in einem Ohrensessel in der gegenüberliegenden Ecke des Raumes. Unruhig rutschte ich hin und her, während Marcus Kopien von Daime-Liedern verteilte.

Etwa zehn Leute starteten nun die aufregende Reise ins Astral. Die Brasilianer eröffneten das Ritual mit dem Vaterunser. Beten auf portugiesisch klang in meinen Ohren angenehm melodisch. Der nun folgende Gesang wirkte beruhigend auf mich. *Was immer ich erleben mag*, so betete ich, *ich will gelassen bleiben. Gott ist bei mir.* Der Gastgeber goß etwas Daime in ein Glas und sah uns einladend an. Wenigstens schmeckte es weniger bitter. Das flackernde Kerzenlicht warf unruhige Schatten an die Wand. Ich dachte an die phantastischen Fügungen und ihren Einfluß auf mein Leben: von Damaskus, meinem Geburtsort, über Deutschland, wo ich aufwuchs, zum »Teetrinken« nach Brasilien. Meine ganze Konzentration richtete ich nun auf das Singen. Der Musiker spielte beeindruckend gut Gitarre. Ein junger Mann von vielleicht siebzehn begleitete ihn mit der Ziehharmonika. Ab und zu versuchte ich Blickkontakt mit Uli aufzunehmen, aber er sah nicht zu mir her. Die Studentin sang mit fester und sicherer Stimme. Sie machte immer noch einen verbissenen Eindruck. Ich befahl mir selbst, meine Augen nicht dauernd im Raum schweifen zu lassen, sondern in meiner Konzentration fortzufahren. Draußen pfiff ein starker Wind um das Haus, und Gewitterstimmung lag in der Luft. Müdigkeit machte sich breit. Wenn ich die Lider schloß, erschienen kleine bunte Punkte, die, kaum waren sie aufgetaucht, im nächsten Moment auch schon wieder verschwanden. Eine bleierne Schwere legte sich über mich. Mein Körper sank immer tiefer in die üppigen Kissen des Sofas ein, das mich geradezu zu verschlucken drohte. Die bunten Punkte vor der Pupille erschienen jetzt mit größerer Geschwindigkeit. Teilweise lösten sie sich in andere Gebilde wie Spiralen oder Kreise auf. Wer ist das, der das wahrnimmt? Bin ich das? Nehmen die anderen das auch wahr? fragte ich mich.

Im Raum wurde es heiß und stickig, obwohl ein großes Fenster zum Garten hin geöffnet stand. Vor dem Hintergrund hochragender Wolkenkratzer bogen sich Bananenpalmen im aufkommenden Wind. Die Szene wirkte futuristisch. Ein Unwetter braute sich über der Stadt zusammen. Ich warf einen Blick zu Uli hinüber. Als ob sich sein Äußeres dem Ohrensessel angepaßt hätte – ich sah ihn als Opa. So wird er mir im Alter erscheinen. Bei dieser Vorstellung mußte ich innerlich schmunzeln.

Unversehens quälte mich das altbekannte Unwohlsein. Der Körper fühlte sich schwach an, zugleich verstärkte sich die Müdigkeit, so daß ich noch tiefer in das Sofa sank. Unwillkürlich hörte ich mit dem Singen auf. Meine Wahrnehmung richtete sich spontan vollständig nach innen. Alles schien sich zu verändern: Das Zimmer, die Personen und der Tisch verschwanden allmählich und wurden unbedeutend. Ich befand mich in meiner eigenen Schale, der körperlichen Hülle, als wäre ich dort hinabgestiegen. Das Unwohlsein verflog, und der Körper fühlte sich mit einem Male leicht wie eine Feder an. Ein pralles Farbenspiel ergoß sich in Tausenden von Regenbogen, die mich von den körperlichen Empfindungen ablenkten. Ein unheimlich grelles, gleißendes Licht trat aus dem Farbenspektrum hervor. Kaum hatte ich es erblickt, fesselte es meine Wahrnehmung besonders. Das Licht verteilte sich ganz und gar im Blickfeld, und ich starrte direkt hinein. Jählings tauchte ein flaches Schiff daraus auf, daß sich mit ungeheurer Geschwindigkeit hin und her bewegte. Ein Ring von glitzernden Diamanten oszillierte um das Schiff und trug es auf diese Weise durch den Raum. Sie schwebten zwischen den sich biegenden Bananenstauden und Hochhäusern durch das Fenster der kleinen Villa. Die Diamanten strahlten dermaßen intensiv, daß ihre heiße Energie den ganzen Raum zu erwärmen schien. Da hörte ich deutlich wahrnehmbar eine Stimme in meinem Gehirn, ohne jemanden ausmachen zu können. Es mußte sich um Telepathie handeln.

»Uns war bekannt, daß du heute abend hier anwesend sein wirst. Wir warten schon lange auf dich«, übermittelte die Stimme.

»Du bist ein Medium. Wir nehmen dich jetzt mit, um dir einiges zu eröffnen.«

Ein gewaltiger Sog erfaßte mich. Er riß mich mit sich und trug mich empor. Es fühlte sich an, als flöge ich. Alles geschah unfaßbar schnell. Ich versuchte die Umgebung zu Gesicht zu bekommen, bis ich begriffen hatte, daß ich mich in dem eigenartigen Schiff befand. In dem Innenraum hatte sich die Hitze meinem Empfinden nach schier unerträglich gesteigert. Das Raumschiff sauste durch den Raum und stieg blitzartig nach oben in den Sternenhimmel hinauf.

»Bilde dir nichts darauf ein, daß wir dich heute ausgewählt haben«, sprach die fremde Stimme.

Dann zeigten sie sich mir. Mehrere lange, schmale lichtartige Gestalten, wohl über zwei Meter groß, gaben sich zu erkennen. Es waren männliche und weibliche Wesen, die einander auffallend ähnelten. Sie strahlten einen Glanz aus, wie ich Lebewesen noch nie strahlen sah. Ihre Augen leuchteten hell und weiß. Ihre hohe Intelligenz konnte ich geradezu sehen. Unermeßliche Liebe und Weisheit entströmten ihren »Körpern«. Ich fühlte mich ganz und gar zu ihnen hingezogen. Sie gaben mir ein Zeichen, daß ich Fragen stellen durfte.[F5]

»*Wer seid ihr?*« fragte ich verblüfft.

»*Wir nennen uns Lichtarbeiter*«, antworteten sie.

»*Gehöre ich zu euch?*« wollte ich unwillkürlich wissen. Ich weiß nicht, wie ich dazu kam, diese Frage zu stellen.

»*Ja*«, sie lächelten, »*du gehörst zu uns, auch du bist ein Lichtarbeiter. Und wir sind deine Brüder und Schwestern.*«

»*Warum tut ihr das?*«

»*Wir helfen auf dem Weg der Befreiung aller fühlenden Wesen im Universum. Auch wir wollen zu Gott, wollen uns weiterentwickeln. Es gibt Wesen, die Gott noch näher stehen. Und über diesen sind wiederum andere, die näher an der Einheit sind als jene.*«

Sie zeigten mir eine Leiter, die in die Unendlichkeit führte. Eigenartigerweise verstand ich, von was sie sprachen. Die Strahlung, die von den androgynen Wesenheiten ausging, zog mich vollkommen in ihren Bann. Sie waren den Erdbewohnern entwicklungsmäßig weit überlegen, doch erfaßte ich, daß auch sie sich nur an einem bestimmten Punkt der Entwicklungsstufe zu Gott befanden. Ich wollte nicht mehr getrennt sein von ihnen. Ihre Wärme und Liebe spendete unbeschreibliche Geborgenheit, und ihre Gegenwart machte mich vollkommen glücklich. Im Anschluß an unsere telepathische Unterredung ahnte ich, daß unsere Begegnung sich dem Ende zuneigte. Verzweifelt schrie ich sie an, mich doch mitzunehmen. Bedauernden Blickes erwiderten sie:

»*Nein. Du mußt deine Aufgaben wahrnehmen und deinen Weg gehen.*«

Und schon im nächsten Moment verließen sie mich. Da schoß das monströse Schreibheft, begleitet von einem riesigen Federhalter, aus dem astralen Nichts hervor, um mir symbolisch zu verdeutlichen, das eben Erlebte schriftlich festzuhalten. Dann umgab mich nur noch Dunkelheit. Verwirrt und zugleich unendlich beglückt blieb ich zurück. Ich wachte auf und mußte weinen, weil ich mich nach der Nähe der Wesen sehnte. Meine

Stimmung wechselte zwischen Trauer und Freude, ein Wechselbad der Gefühle. Jetzt drängte sich ein Heer von Fragen in mein Hirn. Warum hatten die Lichtwesen gesagt, sie hätten schon länger auf mich gewartet, rätselte ich.

Die anderen im Zimmer erwachten allmählich ebenfalls aus einem tranceähnlichen Zustand. Der Musiker und ich starrten uns an. Er gab mir ein Zeichen, mit dem er andeutete, wie hoch ich »gereist« sei, und schmunzelte. Ich nickte mit dem Kopf Zustimmung und Verwunderung. Tiefe Ergriffenheit machte mich ganz benommen. Alle standen auf und sprachen gemeinsam das Schlußgebet. Dann fielen wir uns in die Arme und bedankten uns gegenseitig.

Die Studentin strahlte mich an. Nun hatte sie weiche, entspannte Gesichtszüge. Draußen im Garten umarmte sie mich spontan und sprach:

»Danke, daß du hier bist.«

Ich war überrascht, daß eine mir fast fremde Frau das zu mir sagte.

»Kommst du auch zur großen Arbeit am Samstag?« fragte sie. »Ich heiße übrigens Simone.« Ich nickte. »Schön, dann treffen wir uns ja wieder.«

Marcus kochte in der Zwischenzeit Tee. Er schien guter Laune und meinte, dies sei eine sehr hohe Arbeit gewesen.

»Ich verstehe nicht«, fragte ich ihn kopfschüttelnd, »warum die Menschen das Paradies verlassen haben.«

Er kicherte.

»Nimm die Kraft, laß die Visionen passieren, aber frage nicht nach dem ›Warum‹.« Er fühlte sich ganz als gescheiter Priester und meinte, er hätte damit eine zufriedenstellende Antwort gegeben.

Im nachhinein begriff ich, daß die hohe Miration in der Villa mich von allen bisherigen Ritualen am stärksten beeinflußte. An diesem Abend erhielt ich eine richtunggebende Ahnung meiner Bestimmung in diesem Leben. Ihre genauen Inhalte sollte ich mir im Laufe meines inneren Wachstums erarbeiten.

Im Kreis der Kraft

Brasilien

Confia, confia, confia no poder,
confia no saber,
confia no força qonde poder ser.

Vertraue, vertraue, vertraue in die Macht,
vertraue in das Wissen,
vertraue in die Kraft, wo immer sie sich zeigt.

Neujahr mit Santo Daime in der Kirche von Belo Horizonte: Kein Sektkorkenknallen, sondern meine erste Arbeit in Weiß! Ob ich das bewältigen konnte? Eine ganze Nacht und länger Daime trinken, tanzen, trinken, tanzen! Der Beginn war abends um acht. Wir rasten im vollbepackten Auto zum Ort des Geschehens auf dem Land in der Nähe des Dorfes Santa Luzia. Ein weißes Hemd und die blaue Krawatte, das allgemeine Kirchen-Outfit, baumelten an der hinteren Windschutzscheibe. Der Begründer der Santo-Daime-Kirche, Raimundo Irineu, hatte in einer Vision genaue Anweisungen empfangen, die sogenannte Doktrin, zur Form der Rituale. Dazu gehörte auch eine farblich vorgeschriebene Tracht, die *farda*.[22]
Lange fuhren wir durch die Außenbezirke der Großstadt. In Belo Horizonte sind nicht so viele Favelas anzutreffen wie in São Paulo oder Rio. Die Stadt strahlt ein gewisses europäisches Flair aus, Touristen gibt es kaum. Insgesamt beanspruchte die

Fahrt etwa anderthalb Stunden. Die Farben der Landschaft wechselten von trockenem Beige zu sattem Grün. Palmenbesprenkelte sanfte Hügel zogen vorüber. Die letzte halbe Stunde hatten wir keinen Ort mehr passiert. Irgendwann bogen wir in eine ungeteerte Farmstraße ein, die zusehends unwegsamer wurde. Ein paar Bauern und Kinder standen am Straßenrand, von gackernden Hühnern umringt. Schließlich mußten wir den Wagen abstellen und zu Fuß weitergehen. Der schwere Boden, von tagelangen Regengüssen aufgeweicht, machte eine Durchfahrt unmöglich.

Meine Turnschuhe verfärbten sich rot von der nassen Erde. Eine aufgeregte Stimmung lag in der Luft. Wir liefen anderen Daimistas hinterher, die an ihrer Ritualkleidung zu identifizieren waren. Hinter den uns umgebenden Bergkuppen beobachtete ich den raschen Sonnenuntergang. Es wurde zusehends dunkler, so daß ich bald nicht mehr viel sehen konnte. Die Landschaft mußte sehr schön sein. Ein kleines Bächlein plätscherte entlang dem Pfad. Über einen Holzsteg gelangten wir auf eine große Wiese. Die Spannung wuchs. Befanden wir uns nun auf dem Kirchengelände? Lichter flackerten in der Entfernung, die ersten Gebäude tauchten auf. Die Leute betraten eines der Häuser. Er war das Sekretariat der Santo-Daime-Kirche mit der Anmeldestube. Jedem wurde ein Teilnahmeschein zum Unterschreiben gegeben, der eine Einverständniserklärung beinhaltete. Zudem hatte man sich für seinen körperlichen und geistigen Zustand selbst zu verantworten. Wir zahlten für die Arbeit und trugen uns in ein großes Buch ein. Die Kosten für das Daime müssen von allen getragen werden, wofür eine festgesetzte Gebühr erhoben wird. Nun schickten sie uns zu einer Bretterbude, die als Umkleidemöglichkeit diente. Männer und Frauen waren strikt getrennt. Als ich mir unter meinem weißen Kleid eine schwarze Seidenstrumpfhose anzog, deutete eine der anwesenden Frauen darauf. Ich wußte, was sie meinte, lächelte sie freundlich an und zuckte die Schultern. Nichtmitgliedern ist es im allgemeinen streng verboten, schwarze und rote Kleidung zu tragen, aber ich hatte keine Lust, in der Kirche zu frieren. Nachts konnte es recht kühl werden.

Ich hielt nach Simone, der Studentin, Ausschau, konnte sie aber zwischen den vielen Menschen, die geschäftig wie Bienen hin und her liefen, nicht ausmachen. Obwohl es erst halb acht Uhr war, war es bereits stockdunkel. Aufgestellte Kerzen beleuchteten die Fußwege. Wir gingen hinüber zur Kirche, einem runden Gebäude mit Ziegeldach, das nach außen hin großzügige, fensterlose Öffnungen aufwies. Der Großteil hatte sich schon um den Sternentisch in der Mitte positioniert. Die Konfiguration gleicht einem sechszackigen Stern. Jeweils drei gegenüberliegende Flügel sind für Männer, drei für Frauen reserviert. Diese drei Gruppen unterteilen sich in Erwachsene, Jugendliche und Kinder. Den Altar bildete ein aus Holz geschnitzter Sternentisch mit verschiedenen Bildern und Insignien.

Ich legte meine Decke und einen Kristall auf eine der hinteren Holzbänke und gesellte mich zu den anderen. Gleich darauf wurde ich von zwei Brasilianerinnen auf einen Platz in der letzten Reihe verwiesen. Die Tanzordnung wird durch ein bestimmtes System festgelegt: Sternträger bzw. Fardados[23] um den Tisch, Besucher wie ich nach hinten. Weiteres Sortierkriterium ist die Körpergröße, die Großen stehen mehr hinten. Wenn jemand die Reihe verläßt, rückt die ganze Reihe auf, damit keine Lücke in der Kette entsteht. Für die Harmonie innerhalb der Reihen sorgen die sogenannten *fiscals*[24] – eine Art Aufpasser. Ihre wichtigste Aufgabe besteht darin, sich um Ordnung innerhalb des Raumes zu kümmern. Ebenso helfen sie Leuten bei schwierigen Passagen. Sie begleiten sie nach draußen und warten so lange, bis die Person wieder zu Kräften gekommen ist.

Der Padrinho von Santa Luzia, ein Brasilianer mit deutschen Vorfahren, sprach laut und deutlich das einleitende Vaterunser. Sofort herrschte Stille in der Kirche, nur unterbrochen von gelegentlichem Räuspern. Gleich nach den Gebeten eröffneten die Daimistas den »Ausschank«. Das Daime-Getränk stand abgefüllt in Flaschen auf weißen Decken. Wir bildeten Reihen, um unseren ersten Schluck zu holen. Mit Genugtuung stellte ich fest, daß die meisten nach dem Schluck das Gesicht verzogen. Es ging also auch anderen so. Als ich an die Reihe kam, bedeutete ich dem »Mundschenk«, mir nur wenig Daime einzugießen. Ich zog es vor, mit einer kleinen Dosis zu beginnen. Auf dem Rückweg traf ich Simone. Wir umarmten uns zur Begrüßung. Ich freute mich sehr, sie zu sehen. Sie trug ihre Haare offen. Auf diese Weise erschienen mir ihre Gesichtszüge sehr indianisch, irgendwie vertraut! Die Musiker begannen zu spielen. Eine Sängerin aus der ersten Reihe der Mädchen stimmte das erste Lied an. Anschließend folgten die anderen. Damit eröffneten sie das *Hinario*[25] von Raimundo Irineu mit seinen 129 Liedern.

Neben den Musikern am Daime-Tisch befinden sich in der Regel die besten Sänger und Sängerinnen, die einen wichtigen Part der Arbeit tragen. Der Musiker, der mit der Melodie einsetzt, und die Sängerin, die daraufhin als erste einstimmt, werden *puxador*[26] genannt. Ich hielt mein Gesangbuch in der Hand und strengte mich an, mit dem Tanzschritt mitzuhalten. Die erforderliche Bewegung wird im Portugiesischen nicht mit dem Verb »dancar« – »tanzen«, sondern mit »bailar« belegt, was man mit »wiegen, oszillieren« übersetzen kann. Es klappte auf Anhieb ganz gut. Ich konnte es aber nicht unterlassen, mich neugierig umzuschauen. Was mochten das für Menschen sein, mit denen ich mich eine ganze Nacht lang im gleichen Schritt bewegen würde? Mehr als hundert Personen hatten sich zum Ritual eingefunden. Die Kinder sangen konzentriert, hoch und rein. Sie zu beobachten und zu hören war eine Freude. Die *fiscals* liefen unermüdlich durch die Reihen, um die Leute zu korrigieren.

Lange tanzten wir so. Außer einsetzenden Ermüdungserscheinungen merkte ich nicht viel. Deshalb trank ich noch ein zweites Glas Daime. Vielleicht holen dich die Götter heute nicht, grübelte ich. Eine junge Brasilianerin tanzte rechts neben mir. Mit einem Mal fiel sie in ein jämmerliches Schluchzen, das mein Mitgefühl weckte. Spontan drückte ich ihr einen Gegenstand in die Hand: einen länglichen Kristall, gekrönt mit einem Gnomenkopf aus buntem Gips. Die Frau schaute ihn zuerst verdutzt an, dann schmunzelte sie. Sie behielt ihn in der Hand und tanzte mit erneuter Kraft weiter.

Links von mir mühte sich eine Frau mit linkischen Bewegungen vergeblich, den Schritt zu halten. Sie schien zum erstenmal dabeizusein. Plötzlich krallte sich die Unbekannte heftig in meinen Rock; fast wäre ich gestürzt. Es störte mich sehr, und ich versuchte sie abzuschütteln. Sie ließ nicht los.

»Halt mich, halt mich!« bat sie mit flehendem Blick.

Sie wollte die Opferrolle spielen. Im Ritual ist jeder für sich selbst verantwortlich. Nur wenn es jemandem sehr schlechtgeht, sind immer die *fiscals* da, um Beistand zu leisten. Eine von ihnen bemerkte das Verhalten der Frau, nahm sie aus der Reihe und demonstrierte ihr den Wiegeschritt.

Wir tanzten noch etwa eine halbe Stunde, bis zur Pause. Mitternacht nahte. Ziemlich abrupt hörten die Musiker mit dem Spielen auf, und die Pause wurde verkündet. Sofort belegten die erschöpften Leute alle Sitzplätze. Uli gab mir einen Wink, ihm nach draußen zu folgen.

»Merkst du das Daime?« fragte er mich.

»Außer totaler Müdigkeit spüre ich bis jetzt noch nichts.«

Wir liefen zu einem kleinen Holzhäuschen. In der Nacht hatte es sich stark abgekühlt. Auf der Veranda ergatterten wir noch einen freien Platz und kuschelten uns erschöpft aneinander. Marcus aus Belo Horizonte grinste uns an.

»Wie alt bist du?« fragte er mich auf englisch.

Ich dachte, er wollte es wirklich wissen, und antwortete ihm entsprechend. Er lachte gackernd und meinte lapidar:

»Schau mich an, ich bin doppelt so alt wie du, aber total fit. Du mußt mehr Daime trinken.«

Gequält lächelte ich ihn an.

Später hörten wir, daß er sich heimlich aus dem Ritual geschlichen hatte, um ein Schläfchen im Anmeldungszimmer des Büros zu halten. Es gibt häufig Leute im Daime, die anderen immer ungefragt Ratschläge erteilen. Jeder möchte gerne groß erscheinen. Aber wie es in einem Lied heißt: »Strebe nicht nach Größe, wenn du keinen Edelmut besitzt.«[27] Das Daime holte Marcus weg vom Kokain, Heroin und dem Leben eines reichen Müßiggängers. Es hatte seinem Leben einen Sinn gegeben. Nun schien er das Tal des Eiferers zu durchschreiten.

Ich jedenfalls nahm mir seinen Rat zu Herzen. Die Pause tat wirklich sehr gut. Ringsherum verteilt standen kleine Grüppchen von Daimistas, die sich trotz der Dunkelheit der Nacht durch das Hellweiß der Uniform vom Untergrund abzeichneten. Eine friedvolle Atmosphäre lag in der Luft. Ich hoffte den Rest der Nacht einigermaßen gut zu überstehen. Etwa anderthalb Stunden später fanden sich mehr oder weniger alle zur zweiten Runde in der Kirche ein. Nach dem nächsten *despacho*[28] ging es weiter mit zwei Schritte rechts, zwei Schritte links usw. Im Gleichklang mit allen Wesen im Raum wogten wir wie Wellen hin und her. Die Müdigkeit verflog schnell, als die Wirkung des Daime überraschend einsetzte. Eine starke Energie begann sich in mir zu entfalten. Öffne dich und laß alles zu! wisperte eine innere Stimme. Mir wurde wärmer, ich begann Freude an meiner Bewegung zu empfinden. Da geschah es: die obere Kopfhälfte wurde durch eine unsichtbare Kraft aufgeklappt. Das Kronen-Chakra lag nun völlig offen. Eine unglaubliche Energie durchströmte mich vom Scheitel bis hinunter zum kleinen Zeh. Sie ließ den Körper erbeben, als sei er an ein Starkstromgerät angeschlossen worden. Die Wellen der Kraft ergossen sich in einem fort, so daß ich glaubte, im nächsten Moment zu zerbersten. Ich befand mich in einer Art Zustand des ekstatischen Taumels. Diese Kraft, diese Energie! – das ist nicht mehr auszuhalten, dachte ich.

In diesem intensiven Moment offenbarte sich mir folgende Erkenntnis: Gott ist eine unglaubliche, ungeheuerliche Kraft. Wer sich Gott öffnet, der darf an seiner Omnipotenz teilhaben. Zugleich fiel mir die letzte Zeile des »Vaterunsers« ein: »Deine Kraft und Herrlichkeit in Ewigkeit«. Die Worte durchdrangen mich durch und durch, während ich tanzte. Eine bekannte Daime-Strophe lautet: »Daime forca, daime amor« – »Gib mir Kraft und gib mir Liebe«. Wer darum bittet, dem wird gegeben. Die Kraft läßt alles zum Leben erstehen. Die Stunden flossen wie im Nu dahin, und der Sternenhimmel wich bald dem ersten Tagesschimmer.

Während ich noch unter dieser Krafteinwirkung tanzte, drehte ich mich unwillkürlich um. Simone saß in sich versunken auf der letzten Bank. Ihre offenen langen Haare umspielten das ausdrucksstarke Gesicht. Der Kopf lehnte an der Wand. Sie reist jetzt gerade, kam mir in den Sinn. Ich starrte sie direkt an. Der Gesichtsausdruck hatte sich vollkommen verändert. Ihre Augen zuckten, der Mund bebte. Da überkam mich eine mächtige Vision: ich erblickte uns als junge Inkafrauen. Am Rand eines Berges hoben wir die Hände zum Gebet. Zwei Schwestern inmitten von vielen anderen Frauen. Sie befand sich augenscheinlich im Zustand einer hohen Miration. Nach dem Ritual würde ich ihr von meiner Rückerinnerung erzählen.

Ein paar Hähne verkündeten die kommende Morgenstunde. Die ersten Sonnenstrahlen warfen ihr Licht durch die Fenster der Kirche. Die Müdigkeit war zwar verflogen, trotzdem sehnte ich das Ende herbei. Nach den letzten zehn Liedern hörten die Musiker auf zu spielen, der Padrinho sprach das Schlußgebet und dankte allen für die gute Arbeit. Es mochte wohl sechs Uhr morgens sein. Die Leute fielen sich in die Arme. Liebende suchten ihre Partner, Frauen ihre Kinder. Eine fröhliche Stimmung erfüllte die Kirche. Ich umarmte ein paar der umstehenden Frauen. Eine der »Aufpasserinnen« kam zu mir und sagte mir auf portugiesisch, daß ihr meine Augen gefielen. Das warme Kompliment erfreute mich. Dann bahnte ich mir einen Weg zu Uli, der erschöpft auf einer Bank saß. Ich streichelte ihn. Er hatte insgesamt eine anstrengende »Arbeit« gehabt. Simone lief auf mich zu. Sie strahlte.

»Ich muß dir etwas mitteilen«, meinte sie, »komm mit nach draußen.«

Was sie mir wohl zu sagen hatte? Wir begaben uns nach draußen und setzten uns auf die Steinstufen des nebenstehenden Kinderhäuschens.

»Also«, begann sie, »ich durfte heute Botschaften empfangen.« Sie sah mich etwas unsicher an, ob ich ihr wohl Vertrauen schenken würde. Ich nickte ihr wohlwollend zu.

»Unter anderem habe ich eine Botschaft für dich empfangen«, fuhr sie fort. »Wie du vielleicht nicht weißt, ist St. Luzia altes Indianerland. Früher lebten hier nur Indianer.« Sie stockte dabei, als sie sprach:

»Sie lebten friedlich, bis Fremde aus anderen Kontinenten kamen, um ihnen das Land zu nehmen.« Tränen stiegen in ihre Augen. »Wir wurden alle umgebracht oder vertrieben. Aber es ist unsere Aufgabe, denjenigen zu helfen, die dies taten. Uli und du, ihr sollt Menschen aus eurer Heimat hierherbringen, damit sie Daime kennenlernen. Ihr werdet Reisen leiten nach Südamerika zu heiligen Indianerplätzen, damit altes Unrecht begriffen werden kann.«

Bewegt umarmte ich Simone. Ihr Schmerz ging mir sehr nah. Ich fühlte, daß sie recht hatte. Als ich ihr davon erzählte, sie wiedererkannt zu haben, lächelte sie.

»Ja, wir sind Kinder des Kosmos.«

Auf dem Rückweg betrachtete ich nochmals die Umgebung. Üppige Wiesen überall, ein Paradies für Feen und Zwerge. Von dem satten Boden stieg der Frühnebel auf. Wie verträumt lief ich im Morgengrauen den schmalen Weg über die Brücke zurück. Uli schoß ein Foto von mir. Später in Deutschland glaubte er, darauf eine Indianerin aus einer längst vergangenen Zeit zu erkennen, die durch meine Augen blickte.

Meine erste Reise nach Brasilien näherte sich dem Ende. In den letzten Tagen suchten wir unsere neuen Bekannten auf.

»Was werdet ihr zu Hause tun?« fragte uns Daniella.

»Oh, wir schreiben alles auf«, erzählte ich ihr.

Daniella hatte Psychologie studiert. Ursprünglich wollte sie in diesem Beruf therapeutisch arbeiten. Nachdem sie allerdings Daime kennengelernt hatte, so erklärte sie lachend, wisse sie nicht mehr, was sie den Leuten noch zu sagen hätte. Das schamanische Getränk biete in ihren Augen die beste therapeutische Hilfe.

Wir bestiegen das Flugzeug nach Deutschland mit dem Gefühl einer baldigen Wiederkehr. Als ich während des Fluges eine Kassette mit Daime-Musik abspielte, stellte ich mir vor, alle Passagiere an Bord sängen mit. Eine vertraute Melodie klänge an, und alle würden im Chor einstimmen. Wir kamen aus einem sonnigen Land. Nun flogen wir wieder dem Winter entgegen.

Das Elixier der Liebe

Gestützt von meiner Mutter
und meinem Vater im Astral,
für immer will ich dort bleiben,
für immer will ich dort bleiben.

Meine Blume, meine Hoffnung,
meine Rose des Gartens,
für immer will ich bleiben,
mit meiner Mutter verbunden mit mir.

Ich lebe in diesem Haus,
in das meine Mutter mich schickte,
bin immer verbunden mit ihr
und gebe immer ihren Wert.

Ich mache einige Heilungen,
die meine Mutter mir verschrieb,
Heilungen funkelnder Edelsteine,
für immer bin ich hier.[29]

Nathalie, Österreich

Dunkelblaue Farbe überzog das Firmament. Sternenbesät breitete sich der Winterhimmel über uns aus. Wir starrten sofort wie magisch nach oben, als wir die Berghütte erreichten. Eine hellgelbe Kugel sauste aus dem All und verglühte in der Atmosphäre.
»Eine Sternschnuppe!« riefen wir wie aus einem Munde und sahen uns an.
Welch ein schönes Zeichen zum Empfang. Ich sah es als gutes

Omen für unser Vorhaben. Wir waren eigens in die Berge gefahren, um im Licht der Liane unsere gegenseitigen Erwartungshaltungen zu klären. In letzter Zeit hatte es Spannungen zwischen uns gegeben. Daime stößt eine tiefgreifende Transformation beim einzelnen an, die eine bestehende Beziehung erschüttern kann. In dem Maße, in dem sich die Individuen verändern, durchläuft auch die Beziehung zueinander starke Prozesse.

Mit dem Feuer im Kamin kam Leben und Wärme in die Wohnstube. Draußen lag meterhoher Schnee. Der befreundete Besitzer des Hauses sammelte jede Art von esoterischer Literatur. Es gab Lektüre über Prophezeiungen, Rosenkreuzer, Engelwesen, Kabbala u. a. Ich las ein wenig querbeet. Aber nichts konnte mein Interesse fesseln. Innerlich aufgewühlt ging ich bald zu Bett. Mir schwante, daß am nächsten Tag ein weiteres tiefes Erlebnis auf mich wartete.

Am darauffolgenden Morgen schien die Sonne. Ein kleiner Gipfelausflug zu den schneebehangenen Bergen sollte uns auf den Nachmittag einstimmen. Von der Hütte aus wanderten wir zu einem Aussichtspunkt, der einen Blick über die ganze Alpenkette bot. Herrliche Sonnenstrahlen und ein klarer Himmel ließen die Berggipfel erglühen.

Ich setzte mich in aller Stille hin, um die eindringliche Kraft der Gletschermasse aufzunehmen. Das brachte mich in eine ausgeglichenere Verfassung. Sodann schrieb ich in einem Tagebuch die Themen auf, an denen ich arbeiten wollte bzw. die ich zu transformieren wünschte.

Zurückgekehrt von dem Ausflug, bereiteten wir alles für das Ritual vor: ein Bild von Meister Sebastião, ein Kreuz, ein großer Bergkristall, ein Buddha und Kerzen dienten als »Werkzeuge«. Wir reinigten unsere Aura gegenseitig mit einem Räucherstäbchen. Uli goß das Daime in ein Glas und hielt es mir vor das Gesicht. Ehrfurchtsvoll nahm ich den ersten Schluck in

Empfang. Von neuem hatte ich Schwierigkeiten, es in einem Zug auszutrinken. Es handelte sich diesmal um ein zähflüssiges und bittersüßes Daime-Konzentrat, sogenanntes »Honig-Daime«.[30] Als der Saft die Kehle herunterrann, schüttelte sich mein Körper, von einem Schauer gepackt.

Die Arbeit sollte mit einer Konzentration beginnen. Ich richtete das Augenmerk ganz auf mein Innerstes. Alles ist Liebe, alles ist Licht, betete ich still vor mich hin. Eine Weile geschah gar nichts. Keine Bilder, keine besonderen Empfindungen. Mit einem Mal entdeckte ich etwas: Ein kleines Mädchen tauchte in meinem Geiste auf. Es mochte vielleicht vier oder fünf Jahre alt sein und trug dunkle, lang geflochtene Zöpfe. Das bin ja ich, schoß es mir durch den Kopf. Die kleine Nathalie, die sich im Haus ihrer Großeltern befand. Tränen rannen mir unvermittelt die Wangen hinunter. Noch einmal durchlebte ich die Trauer des kleinen Mädchens in derselben Intensität von damals. Es fühlte sich von den Großeltern nicht liebevoll angenommen, die ihre Abneigung gegenüber dem ausländischen Vater auf das Kind übertragen hatten. Die Ehe zerbrach schließlich, und seine Mutter kehrte mit zwei kleinen Kindern nach Deutschland zurück. Zu jener Zeit war ich ungefähr zwei Jahre alt. Ein Erlebnis hatte mich damals ganz besonders geprägt: Mein Großvater beschimpfte mich einst im Jähzorn als »Ausländerin«, und er »wolle mich nie wiedersehen«. Dann hatte er mich aus dem Haus gejagt.

Ich ließ die Trauer zu und schluchzte hemmungslos vor mich hin. Mein Wegbegleiter sang ein Lied, was sofort eine beruhigende Wirkung entfaltete. Erfährt nicht jeder von uns in seinem Leben eine Ablehnung durch andere, oftmals durch ihm besonders nahestehende Menschen? Ich begriff, daß das Verhaltensmuster, unbedingt geliebt und gemocht zu werden, aus dieser schmerzvollen Erfahrung resultierte. Das Schluchzen ebbte langsam ab. Du bist ein wunderbarer Mensch und brauchst nicht danach zu gieren, geliebt zu werden – dieser Gedanke blieb zurück und tröstete mich.

Als ich das nächste Lied mit einstimmte, setzte eine starke Kälte ein. Unwohlsein kam auf. Schnell legte ich mich auf den Boden, eingehüllt in eine Decke. Der Körper zitterte – wellenartige Schauer durchliefen ihn. Die Astralreise kündigte sich an.

Mein Bauch schwillt riesig an, wie eine Kugel. Ich befinde mich im hochschwangeren Zustand. Mehrere Wesen sind um mich herum versammelt. Sie streicheln mich und sprechen zu mir: VERTRAUE, es wird alles gut, du mußt vertrauen. Ich winde mich, habe Angst. Auf seltsame Weise beruhigt mich ihre Anwesenheit. Dann häute ich mich wie eine Larve: Die Wesen helfen mir bei einer Geburt. Ganz sachte und sanft streicheln sie den Bauch ab, und ich kann gebären. Siehst du, so einfach ist eine Geburt, sagen sie, es gibt keinen Grund, Angst davor zu haben. Im Gegenteil, es ist sehr schön. Ich genieße es. Immerfort streicheln sie sanft den Bauch. Eine von ihnen hält etwas in der Hand. Wie Glühbirnen in die Fassung, beginnen sie dieses Gebilde in meinen Unterleib hineinzudrehen, auf die rechte und die linke Seite. Es tut nicht weh. Sie implantieren mir neue Eierstöcke, denke ich. Danach gleite ich aus meinem Körper hinaus und sehe mich dort lieben. Lichtkugeln sausen an mir vorbei, ich fliege. Federleicht und mühelos. »Lerne zu vertrauen« – höre ich die hohen Geister rufen.

Manche Leute berichten von Operationen am Astralleib während der Heilungsarbeiten. Der Körper wird chirurgisch in Einzelteile zerlegt und anschließend wieder zusammengesetzt.[31]

Demgegenüber hatte ich einen astralen Gebärvorgang erlebt. Er diente der Auflösung meiner Urangst vor Schwangerschaft und Geburt, Angst vor den Schmerzen und der großen Verantwortung. Im Laufe meines Lebens hatte sich in mir eine tiefsitzende Abneigung entwickelt, ein eigenes Kind zu erziehen. Beeinflußt von negativen Glaubensvorstellungen, dachte ich, Kinder würden nur Streß und Arbeit bedeuten, zudem noch Geld kosten

1 Pablo Amaringo

1.1 Vision 3, Untertitel: Yagube und Rainha (Ayahuasca and Chacruna)
Dieses Bild zeigt die zwei Komponenten des Ayahuasca, wie sie vom Maler Pablo Amaringo in einer *Miration* wahrgenommen wurden. Die aufsteigende Schlange der Liane (die Kraft) und die absteigende Schlange der Blattpflanze (das Licht) durchdringen sich und erzeugen so den visionären Effekt. Die Ayahuasca-Trinker sind umgeben von spirituellen Geistwesen. Der Mann zur Rechten mit der Schlangenpfeife stellt den Wächter der Liane dar. Die Totenköpfe weisen auf die Gefahr hin, die mit einem respektlosen Gebrauch der heiligen Medizin verbunden ist.

1 Pablo Amaringo

1.2 Vision 27, Medizingeister, die sich auf einen Ayahuasca-Heiler niederlassen
Auf diesem Bild sehen wir einen Schamanen unter seinem Moskitonetz liegen, während erhabene Medizinmeister in einer Spirale zu ihm hinuntersteigen. Auf seinem Rücken sitzen ein alter König, Experte okkulter Wissenschaften, und zwei Prinzen. Zusammen übertragen sie eine mächtige Medizin. Zur Linken sieht man Patienten, die auf medizinischen Rat warten.

1.3 Vision 10, Inka-Vision

Die Teilnehmer des Ayahuasca-Rituals erscheinen auf diesem Bild als Inkas gekleidet. In einigen Amazonasregionen glauben die Eingeborenen, daß Schamanen über Ayahuasca mit dem Geist kommunizieren, der die Schätze und Geheimnisse des INKA bewacht, dem Vater und Schöpfer der Menschheit. Die große Schlange lehrt den Gebrauch verschiedener Medizinpflanzen. Dem Topf entsteigt die Ayahuasca-Liane. Im Hintergrund sehen wir eine Burg, wo geheime Rituale ausgeführt werden. Rechts entsteigt ein Paar dem Wasser. Sie kommen aus einer versunkenen Stadt und bringen goldene Objekte und Schlangen mit Zauberkräften mit sich. Den Angriff der schwarzen Schlange wehren sie mit hypnotischer Kraft ab. Drei Raumschiffe von Andromeda kehren von ihrem Besuch der Stadt zurück. Im Hintergrund zwei himmlische Wesen, die die Sonnenenergie zum Wohle der Erde kontrollieren.

1.4 Vision 43, Schamanenkampf
Ein schwarzmagischer Zauberer in der Form einer Fledermaus attackiert einen Ayahuasca-Heiler, der sich mittels seiner Lieder mit leuchtenden, kraftvollen Farbschwingungen verteidigt, die den Angreifer blenden. Sowohl der Zauberer als auch der Heiler rufen die unterschiedlichen Kräfte zur Unterstützung.

2.1 KOLIBRI
Symbol heilender Kräfte und Botschafter himmlischer Bereiche im Daime-Kult

2.2 Lichtarbeiter

3 Alex Grey

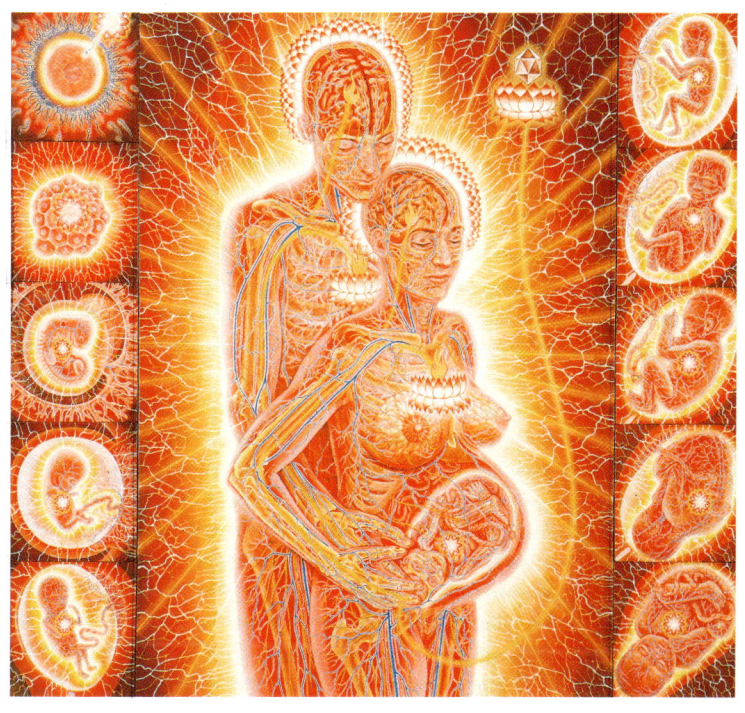

3.1 Schwangerschaft

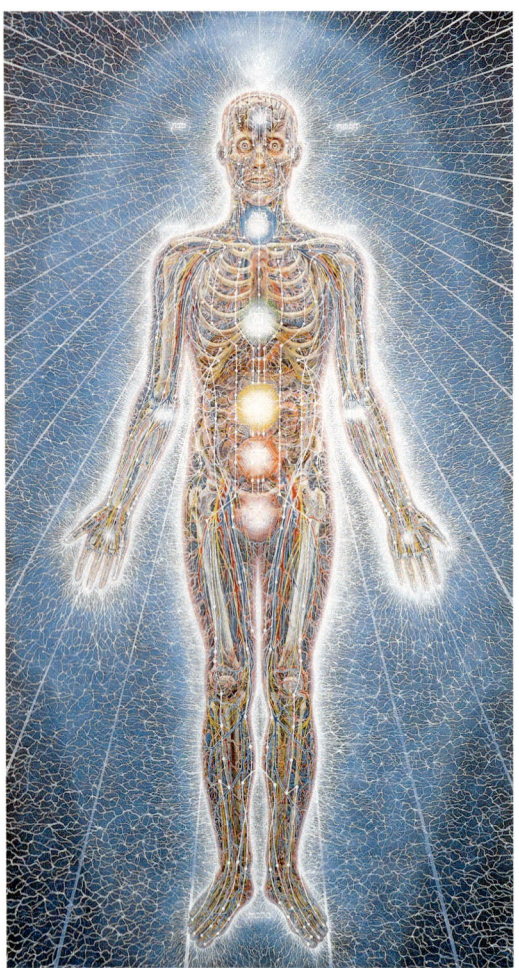

3.2 Psychisches Energiesystem
Das psychische Energiesystem, wie es im veränderten
Bewußtseinszustand wahrgenommen
werden kann.

3 Alex Grey

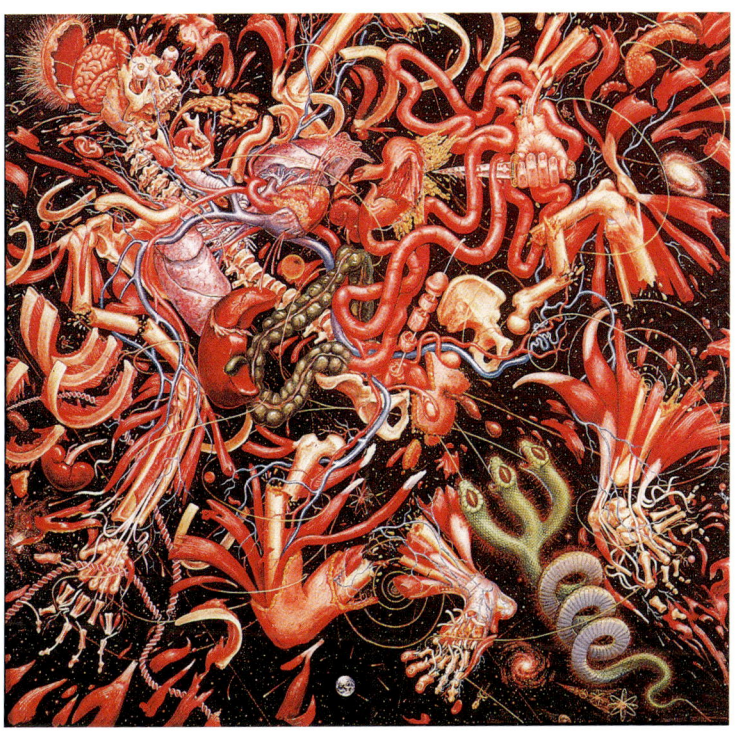

3.3 Reise des verwundeten Heilers
Die Zerstörung des alten Ichs

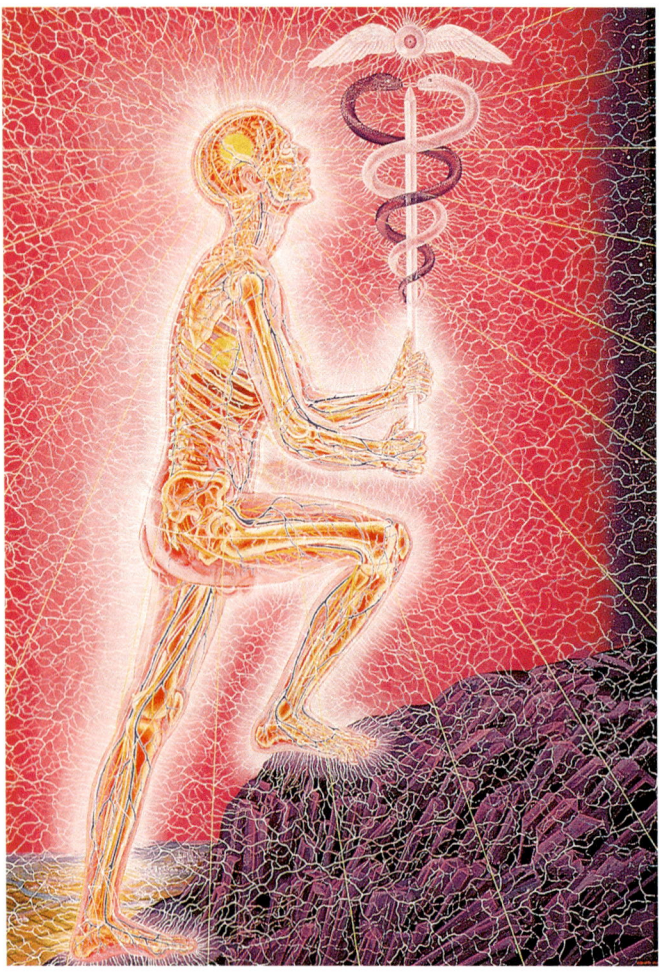

3.3 Reise des verwundeten Heilers
Die Wiederauferstehung des lichtgebadeten höheren Selbst

4.1 Feitio

Das Ritual der Herstellung des Daime. Reale und visionäre Elemente verbinden sich in dem Gemälde. Im Vordergrund wird die Liane mit Holzschlegeln zerschlagen, in den Töpfen kocht das Gemisch aus Fasern und Blättern. Die Königin des Waldes wacht über den Prozeß.

4.2 Garten Gottes
Das Erlebnis von ursprünglicher Natur in der *Miration*, gesehen vom Maler Ademir
Braga de Oliveira

und mich auf dem beruflichen Weg behindern. Vielen Frauen könnte geholfen werden, mit der Einstellung zur Mutterschaft besser zurechtzukommen. Mir fiel jene allererste Daime-Erfahrung ein, die nun fast drei Jahre zurücklag. In jener Nacht goß die Schutzgöttin ein Heilmittel in meinen Schoß, um die Gebärmutter auf Schwangerschaft und Geburt einzustimmen. Santo Daime rief unweigerlich meinen verdrängten Wunsch nach einem Kind ins Bewußtsein.

Ein englisches Daime-Lied klang durch den Raum, und ein Vers blieb in meinem Bewußtsein hängen: »A brand new start«. Genau das brauchte unsere angespannte Partnerschaft. Nach dem Ritual sprachen wir ausführlich über unsere Verbindung. Trotz der verletzten Gefühle auf beiden Seiten stellten wir fest, daß wir uns noch immer sehr liebten und zusammenbleiben wollten. Wir erachteten es jedoch für wichtig, der Freundschaft einen neuen Stellenwert zu geben.

Als wir am Nachmittag des nächsten Tages in die Heimat aufbrachen, schimmerte vor uns die Fahrbahn spiegelglatt in der Dämmerung. Mit äußerster Vorsicht mußten wir im Schneckentempo heimwärts kriechen, zumal das Auto abgefahrene Sommerreifen trug. Während wir derart konzentriert durch die nebelverhangene Schneelandschaft fuhren, empfand ich wieder jene unvergeßliche Vertrautheit zwischen uns, wie sie nur alte Seelengefährten kennen. Abrupt hielt Uli am Straßenrand an.

»Was ist los?« fragte ich erschrocken.

»Ich traue mich nicht, weiterzufahren«, grinste er.

Dann nahm er mich in seine Arme und gab mir einen langen Kuß.

Die Störche

Nathalie, Deutschland

Wir veranstalteten weitere Heilungsrituale mit Daime. Leute kamen zu uns, die von sich glaubten, sie seien schon sehr weit entwickelt. Manche waren bereits jahrelang Mitglieder esoterischer Zirkel und sehr belesen. Mir fiel auf, daß sich die erfrischenden Strahlen von Liebe und Mitgefühl hinter einem Berg von angestaubtem Wissen versteckten. Andere hatten bisher vor allem ihre spirituelle Eitelkeit gepflegt. Gerade diese Menschen machten Erfahrungen, die sie sehr aufrüttelten. Manchen fiel es so schwer, ihre Anschauungen über Bord zu werfen, daß sie dem Tee ihre emotionalen Schwierigkeiten in die Schuhe schoben.

Andererseits begegneten wir Menschen, die sich wundersam entfalteten. Schon nach ein oder zwei Wochenenden blühten sie wie Rosen auf. Die innere Schönheit wandelte sich nach außen und ließ sie jünger erscheinen. Auf geheimnisvolle Weise ließ das magische Getränk während des Rituals die Frauen weiblicher und die Männer männlicher wirken. Für viele brachte es Heilung im körperlichen und seelischen Bereich. Sie konnten eine positive Kraft feststellen, die durch die Freude und Ausgelassenheit nach solchen Arbeiten entstand.

Ich bemerkte, daß sich meine nächtliche Traumwelt zu verändern begann. Nach jedem Ritual träumte ich die darauffolgenden Nächte besonders intensiv. Offensichtlich stand es mit der Einnahme von Daime in engem Zusammenhang. Der Tee scheint die Kraft des Träumens zu beeinflussen. Die Träume wurden klarer und einprägsamer.

Die Traumwelt bedient sich einer ähnlichen Symbolsprache, wie es in der astralen Welt der Mirationen geschieht. Die Botschaften, die durch die Symbole übermittelt werden, helfen dem Empfänger, sie für seine jeweilige Lebenssituation zu deuten.[32]

Schon kurze Zeit später, nach dem fiktiven Geburtserlebnis in Österreich, konnte ich mich eines Morgens noch sehr deutlich an einen drolligen Traum kurz vor dem Aufwachen erinnern: Zwei große Störche liefen auf dem Bürgersteig eines bäuerlichen Dorfes aufeinander zu. Mein Freund und ich beobachteten dies aus dem Fenster eines Bauernhofes. Als sich die Störche trafen, küßten sie sich possierlich mit den Schnäbeln, als hätten sie menschliche Münder. Die Szene wirkte so komisch, daß ich schmunzelnd erwachte. Ich verspürte ein bis dahin ungekanntes Glücksgefühl über den tieferen Sinngehalt der Botschaft. In alten Volksmythen heißt es, daß der Storch die Kinder in die Familien brächte. Offensichtlich erinnerte sich mein Unterbewußtes an diese Legende, und just träumte ich auf diese Art und Weise davon. Warum projizierte mein Geist allerdings ausgerechnet die Geschichte vom Klapperstorch? Was hatte die sonderbare Träumerei zu bedeuten? Ich erschrak. Sollte mir hier Zukünftiges signalisiert werden? Hatte ich etwa eine ungelegene Schwangerschaft zu befürchten? Doch zugleich rief ich mir die spontane Freude der nächtlichen Begebenheit ins Gedächtnis und mahnte mich, sie nicht zu vergessen.

Wochen danach vergegenwärtigte ich mir jene freudvolle Stimmung, als es zu einer ungeplanten Empfängnis kam. Ich wurde schwanger. Der einstige Traum hatte also tatsächlich als Vorbote eines kommenden wichtigen Ereignisses gewirkt. Die durch Daime induzierten Mirationen und der Traum fügten sich wie ein Puzzlespiel Teil für Teil zusammen und formten die Realität meines gegenwärtigen Lebens. Schwangerschaft, Geburt und Mutterschaft – die urweiblichen Themen, die ich jahrelang gemieden hatte, tauchten nun auf die bewußte Bühne, um erfahren und realisiert zu werden. Wir würden ein Kind bekommen. Und wir freuten uns darauf!

Ein Sternlein wird geboren

Ulrich, Brasilien

Es war im Ritual am Dreikönigstag, als mich die bewegende Neuigkeit ereilte. Nicht per Post oder Telefon, sondern per Astral. Zuvor war ich den ganzen Tag durch die Berge gelaufen, um nach verschiedenen Irrwegen den Abstieg noch vor dem Dunkelwerden zu bewältigen: meine erste Bekanntschaft mit der Wildnis in Minas Gerais. Die Beine bluteten vom dornigen Gestrüpp, durch das mich Padrinho Eduardo auf der Suche nach einem Pfad geschleift hatte. Dabei sollte es eine gemütliche Wanderung werden. Anfangs fluchte ich noch inmitten dieser Tortur, bis die Erschöpfung mir den Atem nahm.

Zum Ritual kamen wir zu spät. Da ich nicht mehr stehen konnte, saß ich versteckt auf der Couch im abgetrennten Daime-Ausschankzimmerchen. Die Stimmen klangen fast ungedämpft durch die dünne Bretterwand. Erschöpft wie ich war, hatte ich dem Daime keine physischen Blockaden mehr entgegenzusetzen. Fast augenblicklich transportierte es mich in einen Raum mit Lichtwesen, die eine Art Besprechung abhielten. Keines der Wesen schien mich weiter zu beachten. Aufmerksam verfolgte ich ihre interessanten Ausführungen zum Ritual.

Nach einer Weile fixierten sie mich ohne Vorwarnung dermaßen durchdringend, daß ich mich mehr als nackt fühlte. Ihr Blick zog mich in ihren Bann. Ich konnte ihm nicht ausweichen. Sie lasen alles, was mir durch den Kopf ging. Nicht weit von hier auf einem schönen Hügel befand sich ein fast fertiggestelltes Haus. In einer Szene sah ich mich Nathalie über die Schwelle dieses Hauses tragen. Drinnen wartete ein Baby, ein Junge. Die Wesen gaben mir zu verstehen, dieses Haus als arrangierte Fügung zu betrachten.

Wie ein Telefongespräch nach Deutschland am nächsten Tag

klarstellte, war Nathalie tatsächlich schwanger. So schnell sich das Baby im Bauch entwickelte, wuchsen wir mit ihm zusammen. Nathalie wurde ebenfalls in einer Miration gesagt, daß sie einen Jungen erwartete. Im vierten Monat erhielt sie einen Namen für ihn, den er nur im Astralen tragen sollte. Mit fortschreitender Schwangerschaft zeigte mir das Daime das Energiefeld des Wesens, welches sich radial vom Bauch weg in den Raum ausdehnte. Anfangs stand es nur in loser Verbindung mit der physischen Welt, aber mit der Zeit zog sich das sphärische Bewußtsein kontinuierlich verdichtend im Embryo zusammen. Ich lernte über die Berührung der Bauchdecke meiner Frau das Bewußtsein in das Ungeborene auszudehnen. Diese Berührungen wurden von ihr als entspannend und heilend empfunden. Hinsichtlich der Geburtsvorbereitung gibt es einfache Übungen, die auf diesem Prinzip basieren und Schwangerschaft und Geburt wesentlich erleichtern.[33] Der Embryo suchte seinerseits aktiv den Kontakt, indem er sich zu meiner auf die Bauchdecke gelegten Hand hinbewegte. Schon im pränatalen Stadium entwickelte sich eine zärtliche Verbindung zwischen uns dreien. Die Verschmelzung mit dem Licht fand ihren Ausdruck in der Verschmelzung mit dem ungeborenen Bewußtsein.[34]

In Brasilien trinken auch die schwangeren Frauen Daime. Die Dosierung ist aber von vornherein geringer, da die Schwangerschaft eine gesteigerte Sensibilität mit sich bringt. Einige Frauen tanzen sogar bis kurz vor der Entbindung mit, setzen sich aber in der Regel entsprechend ihrer Verfassung an den Sternentisch in der Mitte des Raumes. Ich hörte sogar von einer spontanen komplikationslosen Geburt während eines Rituals. Von Belo Horizonte weiß ich, daß dort viele Daimistas unter Daime entbinden mit einem Arzt, der das befürwortet. Auch bei unserer Hausgeburt nahmen wir Daime, was sicherlich nicht der einzige Grund war, daß unser Wohnzimmer sich in einen glückstrahlenden Ort bewußter Inkarnierung verwandelte.

»Pressen!« rief mir die Hebamme zum wiederholten Male zu. »Feste Pressen!« Verzweifelt starrte ich in ihr unbewegtes Gesicht.

»Schau, jetzt kann man die Härchen schon erkennen«, ermunterte sie mich begeistert, während sie den Damm massierte.

Ich sah gar nichts. Mit hochrotem Kopf, Schweißperlen, die meinem nackten Körper unaufhörlich in kleinen Rinnsalen hinunterliefen, und Qualen im Unterleib, daß ich am liebsten losgeheult hätte, saß ich auf den gespreizten Schenkeln von Uli und bemühte mich, so gut es eben ging, mit jeder neuen Wehe zu pressen. Im Hintergrund lief sanfte Meditationsmusik. Es waren bestimmt 35 Grad im Raum. Bernadette hatte Stunden vorher den Kamin anwerfen lassen, und das an einem warmen Spätsommertag, aber das Baby braucht viel Wärme, wie sie meinte.

Inzwischen war ich wieder auf den Beinen, lief nervös hin und her. Oje, da kam sie wieder, die nächste Kontraktion kündigte sich an. Ich versuchte noch, mich innerlich darauf vorzubereiten, bevor es wieder losging: eine Welle von bohrenden Schmerzen schwappte über mich, riß mich mit sich fort und löste Sterbensgelüste in mir aus.

»Du mußt noch viel mehr pressen«, versicherte mir die Hebamme und reichte mir ein Glas Wasser zum Trinken.

Sie spürte, daß ich den Schmerz kontrollieren wollte, statt »mit ihm zu gehen«. Gequält warf ich einen Blick zum anwesenden Arzt, der seelenruhig auf unserem Sofa verharrte und mir nicht mal in die Augen blickte. Warum tut er denn nichts? fragte ich mich, er könnte das Baby vielleicht viel schneller herausreißen! Damals in seiner Praxis hatte er mir erklärt, daß er bei einer Hausgeburt eine passive Rolle einnehme, solange der Geburtsvorgang ohne Komplikationen verläuft. Trotzdem hoffte ich nun insgeheim, er würde einschreiten, um mich von den unsäglichen Schmerzen zu befreien.

Seit drei Stunden spielte sich die Szenerie nun schon so ab: Zwischen Uli, dem kleinen Gebärhocker der Hebamme und der Matratze wurde ich von den Geburtswehen rastlos hin und her getrieben. Auch Uli wurde zusehends nervöser, je mehr mein Mut zu sinken drohte. Fast ungeduldig schlug er vor, weiter mit der haptonomischen Geburtsstellung fortzufahren. Schließlich hatten wir uns monatelang darauf vorbereitet. Also kletterte ich wieder auf seinen Schoß. Er selbst saß aufrecht auf einem Stuhl, während ich mit meinem Rücken an seinem Bauch lehnte. Mit seinen warmen, vertrauten Händen umfaßte er meinen gewölbten Bauch. Unser beider Bewußtsein begann sich aufeinander einzuschwingen. Er spürte in mich und in das Kind hinein und ich ebenso in ihn. Auf diese Weise verschmolzen wir miteinander. Langsam spreizte er mit seinen Beinen meine Schenkel so weit wie möglich auseinander. Bernadette kniete vor mir, bereit zum Handeln. Ein stromartiges Ziepen, und da kam es erneut: Eine so unglaubliche Preßwehe trat ein, daß meine Stimme völlig unkontrolliert zu schreien begann, wie ich noch nie zuvor geschrien hatte. Gerade hörte ich Bernadette noch rufen: »Du schaffst es«, da brach im selben Augenblick das Köpfchen zwischen den Beinen hindurch. Innere Bilder stiegen hoch. Licht, viel viel Licht strahlte vor mir, während ich auf der physischen Ebene das Gefühl hatte, jemand werfe mir »eine Bombe in den Unterleib«. Braune, feucht-glitschige Härchen waren zu erkennen. Wie selbstverständlich schoß im nächsten Moment der ganze Körper in die empfangenden Hände der Hebamme, hinausbegleitet von den vertrauten Händen seines Vaters. Geburt, Sterben, Orgasmus, Ekstase. Erschöpft sank ich auf die Matratze und starrte wie benommen das feuchte Bündel an. Es war ein Junge, wie wir bereits wußten. Sie legten ihn auf meine Brust, und vor Glück und Erschöpfung weinte ich leise, den Säugling an mich geschmiegt. Fasziniert betrachtete ich das winzige Wesen, welches neun Monate das Leben mit mir im Bauch geteilt hatte. So sieht er also aus, wunderte ich mich. Er schrie gar nicht, wie ich das sonst von Filmen her kannte. Ebenso »geschafft« schlummerte er vor sich hin und duftete dabei so unglaublich gut. Ein höchst ätherischer Duft, der noch wochenlang in allen Räumen der Wohnung hing.[35]

Ulrich

Als er alle Anwesenden im Raum ruhig musterte, sah ich ihn noch mirierend und schwebend in den Welten neptunischer Transzendenz, aus denen er wohl kommen mochte. Wir tauften ihn Laurin Sebastian. Später erkannte ich unsere Geburtsstellung auf dem Foto einer Statue wieder, die den Geburtsvorgang bei den Mayas veranschaulicht. Die Frau sitzt auf dem Schoß des Mannes, während seine Hände den Bauch der Frau umfassen. Eine Hebamme kniet vor den beiden, um den Säugling aufzufangen.

Nachdem er sich an der süßen Muttermilch satt getrunken hatte, benetzte ich die Zunge des Babys der Tradition folgend mit einem Tröpfchen Daime.

»Woher kommst du?« fragte ich ihn singend, als er knapp drei Monate auf der Welt war. *Woher kommst du, ich möchte es wirklich gerne wissen, welche Erinnerungen du in dir trägst.* In seinen Augen blitzten grüne Sterne, die vom schwarzen Mittelpunkt in ein Dunkelblau strahlten. Während wir uns unverwandt anschauten, begann er mit einem Girren und Glucksen, Brummen und Juchzen zu erzählen. *Oih heu haïiekonischtiwa.* Wenn ich ihn richtig verstanden hatte, handelte es sich um einen fröhlichen Ort.

Mit 20 Monaten schleppte er einen leeren Kanister durch die Wohnung und rief lauthals: »Daime!« Ich reichte ihm ein Glas mit ein paar Tropfen, das er mit säuerlicher Miene leerte. »Stark!« kommentierte er auf portugiesisch. Laurin hielt mir mit schelmischem Grinsen fordernd das Glas entgegen: »Mais um« – Noch eins! Welcher Art mögen die Mirationen eines Kindes sein, fragte ich mich. Die meinen bereichert es auf jeden Fall.

Auf den großen Ritualen in Weiß, in denen die ganze Nacht oder den ganzen Tag getanzt wird, sind in Brasilien immer Kinder dabei. Im Mittelpunkt dieser großen Arbeiten stehen sowohl der persönliche Prozeß als auch das Einfügen in den zirkulierenden Fluß der Energie, um gemeinsam das übergeordnete göttliche Selbst zu channeln. In diesem Sinne gleichen diese Arbeiten großen Familienfesten mit sozialer Funktion. Der spontane Ausdruck der Kinder stört das Ritual nicht, weil, untermalt vom lauten Rasseln der Maracás[36], ununterbrochen gesungen und musiziert wird. Bisweilen wiegen die Eltern die Kinder im Schritt auf dem Arm. Sobald sie älter sind, fügen sie sich in eine der sechs Abteilungen des Salomonischen Sterns, nach dessen Geometrie Daime-Kirchen konstruiert sind.

Wenn ein Kleinkind mit solchen Ritualen aufwächst, wird das rhythmisch-musikalische Empfinden beachtlich gefördert. Kaum daß Laurin eine Maracá heben konnte, bewegte er sie erstaunlich gleichmäßig. Schon früh wiegt er beim Hören von Musik seinen kleinen Körper rhythmisch hin und her.

Viele Daime-Kinder in Brasilien wirken wachsam, entwickelt und haben einen klaren Blick. Das mag auch daran liegen, daß die Eltern bereits den Prozeß des Werdens mit anderen Augen sehen und betreuen. Wie es ein Daimista (angesichts der brasilianischen Bevölkerungsexplosion) scherzend ausdrückte: »Unsere Kinder – unsere Hoffnung.«

Manchmal läßt man in den Ritualen mit lautem Ausruf die

Kinder hochleben: »Viva as crianças!« Anfangs hatte ich Schwierigkeiten damit, dachte ich an die zügellose Vermehrung der mittellosen Bevölkerung in Brasilien. Ich sah in der Stadt namens »Schöner Horizont« Frauen mit einem Baby im Arm umringt von Kleinkindern auf abgasverseuchten Verkehrsinseln sitzen, eingezwängt von kriechenden Strömen röhrender Karossen, oder unter bunten Werbeplakaten im Müll wühlen. Das ist die Welt, in die Millionen ätherisch duftender Wesen, ausgestattet mit allem Potential, hineingeboren werden, um in chronischer Unterernährung dahinzusiechen.

Wieviel Licht könnten Kinder in die Welt bringen, wenn ihr natürliches Wesen sich entfalten dürfte. Als ein solches Beispiel lernte ich die achtjährige Laura kennen. Auch ohne Daime hatte sie natürlichen Zugang zur überirdischen Welt. Seit ein guter Freund der Familie gewaltsam getötet worden war, erhielt sie sporadisch »Besuch« von ihm. Wir saßen gemeinsam im Auto, als sie plötzlich zu weinen anfing und ich Zeuge folgenden Dialoges wurde.

»Vater, er war wieder da, aber ich habe solche Angst!«

»Hab keine Angst, er ist jetzt noch reiner und glücklicher, als du ihn zuvor gekannt hast. Sprich mit ihm!« beruhigte sie ihr Vater.

Laura schloß die Augen und verfiel in Schweigen. Nach einer Weile ließ sie vernehmen:

»Da war ein Wasserfall, den er mir gezeigt hat. Wir durchschritten ihn, und dahinter sah ich den Thron Gottes stehen, getaucht in Licht. Es war wunderschön.«

Später zeigte mir ihre Mutter ein Gedicht von Laura, dessen Übersetzung den Reim leider nicht wiedergibt.

> *Der Clown*
> Welch ein Gesicht mag es sein,
> das sich versteckt hinter dem Clown?

Kann es sein, daß er nie müde wird,
seine Späße zu machen?
Wie nimmt er sich nur den Platz,
um aufzubewahren all seinen Tanz?
Trägt er vielleicht einen versteckten Schrank
    in seiner Brust?
Kann es sein, daß er ein Leben führt,
immerfort in dieser Weise lachend?
Kann es sein, daß er manchmal
    auch eine bohrende Traurigkeit verspürt?

Laura, 8

Die 17jährige Nicole war zufällig beim Ritual dabei, weil ihre Eltern das dafür angemietete Seminarhaus leiteten. Sie machte sich sehr gut neben den Mädchen aus dem Regenwald und sang gleich mit auf portugiesisch. Hinterher erzählte sie einer staunenden Zuhörerschaft, daß sie ein Lied empfangen hatte.

»Mein Körper zitterte, und mir war ganz heiß. Eigentlich wollte ich schweigen, aber als alle mich so erwartungsvoll anschauten, dachte ich: Na gut, dann will ich es jetzt singen. Und dann kam es einfach aus mir heraus. Dabei verspürte ich unbeschreiblich viel Liebe. Sie ist das Tollste überhaupt. Sie kann alles verändern.«

»Na, dann viel Spaß. Dieser Zahn wird dir auch noch gezogen werden«, antwortete ein frustrierter junger Mann hämisch, der sich während des Rituals auf eine Toilette eingeschlossen hatte.

»Das glaube ich nicht. Als Buddhistin heißt meine Göttin Tara, die Mutter des Mitgefühls. In ihrer grünen Form multipliziert sie sich aus lauter Liebe einundzwanzigmal, um überall zu sein, wo sie benötigt wird. Wenn die Liebe erst einmal entzündet ist, strahlt sie immer weiter und weiter aus. Sie vermag alles, und es gibt keine Grenze für sie, wenn man nur daran glaubt.«

Zwischen Himmel und Erde

Wahrheit oder Projektion?

> Den Weg des Daime sehe ich als einen langen Korridor, von
> dem unzählige Türen abgehen. Hinter jeder Tür verbirgt sich
> eine Welt aus Illusion und Leiden. Wir lernen, diese Türen des
> Leidens zu vermeiden und statt dessen den Korridor bis zum
> Ende zu gehen. Dort hören alle Unterschiede auf, und die
> Wahrheit selbst zeigt sich.
>
> *Lucio Mortimer, Bürgermeister von Mapiá*[37]

Manchmal flößte mir das Leben als Daimista Furcht ein, da es
sich seitdem rapide zu verändern begann. Ich mußte lernen, die
äußere Entwicklung meinem inneren Tempo anzupassen. Der
spirituelle Weg verlangt großes Vertrauen in die Wahrheit der
im Astral empfangenen Botschaften. Hatte ich doch den Eindruck, mich auf unbekanntem Gebiet zu bewegen, von dem nur
ungenaue Karten existierten. Immer öfter stellten mich die
Lichtwesen vor schwerwiegende Entscheidungen. Unter allen
Umständen wollte ich meiner inneren Führung folgen. Das an
Sicherheit und Stabilität orientierte soziale Umfeld erwartete,
daß ich meine Pläne logisch begründete. Mir war zumute wie
einem Trickkünstler, der ohne doppelten Boden ein Kaninchen
aus einem leeren Hut hervorzuzaubern soll. Konnte ich es wagen?
Laut einer Legende hatte der Trunk bereits dem sagenumwobe-
nen König Salomo als Ratgeber beigestanden. Die beiden
pflanzlichen Zutaten entsprossen den Gräbern seiner Lieblings-
frau (angeblich soll er einen Harem von über 200 Frauen beses-
sen haben) und eines Freundes.[38] Trotzdem nagten Zweifel an

mir. Inzwischen wußte ich aus eigener Erfahrung und der anderer Daimistas, daß bei Prophezeiungen in der Miration Vorsicht angeraten ist. Womöglich handelt es sich um die Projektion eigener Wünsche, wenn es heißt: »Das Daime hat mir gesagt ...« oder »Ich habe im Daime gesehen ...« Richte ich meine Entscheidungen entsprechend diesen Voraussagen aus, mag ich zwar ihr tatsächliches Eintreffen unterstützen, aber der Wunsch des Ichs ist nicht unbedingt immer zum Besten für die eigene Entwicklung bzw. schwingt nicht im Einklang mit dem höheren Selbst.

Für mich war Zeit für eine Bestandsaufnahme. Hatte das Daime mich wirklich entwicklungsmäßig weitergebracht, d. h. eine bleibende, positive Spur im Bewußtsein hinterlassen, oder ging es nur um temporäre Einsichten, die das Alltagsbewußtsein kaum beeinflußten? Ich oszillierte zwischen der Dualität von Licht und Materie. Zum einen erlebte ich die Welt als Traum, der mein Selbst als träumenden Teil enthielt, ähnlich den Schöpferwesen der australischen Aborigines, die am Tag erschufen, was sie sich nachts zuvor erträumten. Andererseits fand ich mich geworfen in den Strom der Zeit, der Trägheit der Materie, deren Transformation nicht mit der des Bewußtseins Schritt hielt. Meine Absicht, Realität vollständig im Einklang mit der höchsten, göttlichen Vibration – wie ich sie im Daime erfuhr – zu erschaffen, erwies sich als zähes Unterfangen. Plötzlich tauchte Skepsis an der Umsetzbarkeit der Visionen auf. Entpuppte sich die Sphäre der Alltagsrealität wie auch die Welt des hohen Astrals gleichermaßen als eine Täuschung, gespeist aus unbewußten Glaubenssätzen, Hoffnungen und Ängsten? Zwar erahnte ich die verborgenen, unvorstellbaren Fähigkeiten des menschlichen Geistes, jedoch verbarrikadiert hinter einem Berg von eingefahrenen Gedankenmustern, die sich zu zäher physikalischer Realität verdichtet hatten. Eignete sich das Daime nicht nur zur Vermittlung tiefster, existentieller Einsichten, sondern auch als Hilfe zu deren Integration in die materielle Ebene?

Um weitere Aufklärung zur Natur der durch einen veränderten Bewußtseinszustand hervorgerufenen Visionen zu erhalten, suchte ich den Schriftsteller Alex Polari auf, der als enger Schüler von Sebastião und intellektuelle Leitfigur im Santo Daime bekannt ist.

Der Bus mühte sich stundenlang auf der steilen Schotterpiste, die sich kurvenreich durch die tropischen grünen Berge zog, um uns schließlich in der malerischen Ansiedlung Mauá am Rio Negro abzusetzen. In der Nähe leitete Alex Polari eine Daime-Kirche. Auf der Veranda unserer Pension saugten kobaltfarbene Kolibris unermüdlich Zuckerwasser aus Blütenattrappen, während der Fluß mit ungebändigter Kraft vorüberrauschte. Am Tag nach einem langen Ritual zog ich mich mit Alex in sein Schreibzimmer zurück, gemütlich gelegen im Turm seines Holzhauses. Auf den Regalen sah ich viele Bücher aus allen Bereichen der Esoterik, Kultur und Religion. Alex erklärte sich einverstanden, daß ich das Gespräch als Grundlage einer korrekten Übersetzung mitschnitt.

U. M.: Die Wahrnehmung von eigenständigen Entitäten ist eine verbreitete Erfahrung im Daime. Sind sie innen, außen oder beides zugleich?

A. P.: Das größte Charakteristikum der Daime-Arbeit ist die Möglichkeit, unsere Kapazität zu vervielfachen, mit dem spirituellen Universum als einem Ganzen in Einklang zu gelangen. Jeder interpretiert dies innerhalb der Konzepte seines Weltbildes.

Das Daime arbeitet auf zwei Ebenen. Zum ersten geht es um die Weiterentwicklung der Wahrnehmung des wahren, inneren Ichs, die Entdeckung der Göttlichkeit in einem selbst. Zum zweiten öffnet es die Fähigkeit, die uns darauf vorbereitet, die

Gegenwart spiritueller Wesen zu empfangen, anderer göttlicher Wesen, die den Kontakt mit uns suchen.

Die eine Sache ist also dieses Verständnis des inneren Ichs, was wir außer der Materie noch sind. Es ist die Entdeckung des göttlichen Wesens, das wir in uns tragen. Davon abgesehen gibt es viele Kräfte und Wesen im Universum, im Kosmos, auf der spirituellen Ebene, die nicht wir selbst sind, die aber auch Einklang und Kontakt suchen. Manchmal helfen sie uns in unserer eigenen Entwicklung. Also öffnet das Daime auch diesen Kanal, der in anderen Linien der Arbeit nicht als Intuition oder innere Wahrnehmung, sondern als Medialität bekannt ist.

Daime entwickelt in hohem Maße unsere Fähigkeit des Wahrnehmens dieses inneren Ichs und der zu erfolgenden Arbeit, die unserem inneren Tempel vorausgeht, den wir »aparelho« nennen. Er ist die Bedingung, diese Wesen zu empfangen in dem Sinne, daß sie über unseren materiellen Körper einen Kontakt auf der materiellen Ebene haben können.

Also gibt es zwei Möglichkeiten der Arbeit: Zum einen können wir die Göttlichkeit als einen uns innewohnenden Teil erfahren. Dann gibt es Momente, wo uns das Daime vor eine Arbeit stellt, um die Kohärenz aller spirituellen Phänomene erfahren zu können und auch die Gegenwart dieser Wesen. Dazu gehören nicht nur göttliche Wesen, sondern auch negative Wesen, Energiewesen, Gedankenwesen, Emotionswesen, Gefühlswesen usw., die an jedem Ort vorhanden sind. Während einer solchen Arbeit können wir diese Wesen klären, sie befreien, indem wir sie eine Aufgabe in unserer eigenen Materie durchmachen lassen.

U. M.: Denken Sie, daß unsere Emotionen auch Wesen sind, die man im normalen Zustand nicht wahrnimmt?

A. P.: Ja, Gedanken sind Wesen. Gute oder schlechte. Gute Gedanken sind z. B. Inspirationen und Anzeichen, man kann sie nennen, wie man will. Es gibt Gedanken, die uns leiten, gute

Taten zu vollführen, unseren Geschwistern zu helfen. Dann gibt es die anderen des Neides, der Eifersucht usw., die alle vermischt sind mit unserem eigenen wahren Ich. Daime-Arbeit besteht darin, unser wahres Ich von diesen Einflüssen zu trennen, was heißt, mit unseren Emotionen und Gedanken zu arbeiten.

U. M.: Kann es vorkommen, daß ein unvorteilhaftes Wesen in der Verkleidung eines »göttlichen« zu uns spricht?

A. P.: Die spirituelle Arbeit bringt eine Gewißheit mit sich, in der es keine Rätsel, keine Mystifizierung, keine Zweifel gibt, wenn es sich um ein wahrhaftiges Wesen handelt, das uns helfen will. Wenn diese Energie uns beeinflußt, bleibt kein Zweifel, keine Disharmonie, keine Verrücktheit, kein Streit, keine Krankheit, die alle negative Quellen darstellen, die erkannt und indoktriniert werden müssen, transformiert in eine Form, die auch einen positiven Sinn hat. Manchmal gelingt es dir, in einem erhöhten Bewußtseinszustand damit zu arbeiten, während es im Alltag nicht immer gelingt, diese negativen Quellen zu entdecken.

Ich glaube, in Wahrheit ist es so: Es gibt einen Beweis des eigenen Glaubens und der eigenen Fähigkeit während der Arbeit mit Daime, der darin besteht, genau das wahrzunehmen, was jedes Ding ist. Also ist der erste Zweifel an uns selbst, nennen wir es Illusion, Projektion oder Mystifizierung, ein Rätsel, das jeder selber entziffern muß. Es ist Teil der Arbeit, diese Fassade des Bewußtseins zu überwinden, die zweifelt und nicht weiß, was dies oder jenes ist, die nicht weiß, ob es der Effekt eines Halluzinogens auf unsere Neuronen ist, ein Alkaloid im Gehirn oder die wirkliche spirituelle Anwesenheit eines Wesens. Du bist es, der die Antwort finden muß. Es hängt ab von deinem Glauben, deiner Hingabe, deiner Fähigkeit, damit zu arbeiten, welche Antwort du erhältst. Es gibt verschiedene.

U. M.: Während einer Daime-Arbeit im Amazonas wurden

mir Szenarien der planetaren Entwicklung gezeigt, die mich sehr erschreckten. Demnach werden sich die sozialen und ökologischen Zustände auf diesem Planeten wesentlich verschlechtern. Wichtig sei, so lautete die Aussage der Vision, möglichst viele Menschen auf die Seite des Lichtes zu ziehen, da am Ende unserer Weltzeit eine große Schlacht im Astralen bevorstehe. Von dieser Schlacht ist auch in anderen Kulturen, wie z. B. bei den Hopiindianern, in der buddhistischen Shambala-Legende und in der Johannesoffenbarung, die Rede. Diese Schlacht ginge weit über unseren planetaren Kontext hinaus und hätte universelle Bedeutung.

A. P.: Ja, diese Schlacht wird sicher stattfinden.

U. M.: Viele halten diesen Gedanken für überdreht.

A. P.: Überdreht sind die, die denken, alles sei in Ordnung. Das Daime gibt uns ein spirituelles Band, das zutiefst mit dem Wald verbunden ist, mit der prophetischen Tradition von Völkern, die seit langem spirituell leben und die Gefahr ankündigen. In Wahrheit hat sich dies bereits in den verschiedenen Formen enthüllt. Man wartet auf die Apokalypse, das Ende der Welt, aber in der Menschheitsgeschichte passierte dies bereits zu den verschiedenen Zeitpunkten in unterschiedlichsten Ausprägungen. Niemand weiß, ob, wann und wie es eintreten wird, sowenig wie wir wissen, wie es zu dieser Zivilisation kam, in der wir jetzt leben.

Aber das Daime hat das Charakteristikum, daß es die Wahrnehmung von dem, der eine Antwort und Erklärung sucht für die planetare Disharmonie, auf ein äußerst subtiles Niveau hebt. Es warnt uns und kündigt eine sehr schwere, sehr ernste und sehr tiefe »Passage« an. Was Meister Irineu (der Gründer der Daime-Kirche) bereits in seinen Liedern realisierte: »Für den, der wachsam ist, der zuhört und der sieht in der Miration, für den ist es keine Paranoia und kein Delirium.«

Es wird eine große Transformation und Reinigung geben, auf

die die Menschen nicht vorbereitet sind. Es gibt nur wenige, die sich der Schwere dessen bewußt sind, was im Moment auf dieser Erde passiert, auf der wir uns materiell inkarniert haben.

U. M.: Wie reagiert das Volk der Daimistas auf diese Ankündigungen?

A. P.: Wir stoßen keinen Alarm aus, noch zeigen wir Besorgnis, Angst, Furcht und Schrecken, sondern was wir tun, ist folgendes: Wir begreifen das Licht der spirituellen Wahrheit, die durch das Daime enthüllt wird, und bereiten uns auf die Transformation vor. Wir wissen noch nicht, in welcher Form sie verlaufen wird, seien es Kriege, nukleare Katastrophen, Klimaänderungen, Rassenunruhen u. a., doch es wird einen maximalen Punkt der Spannung geben.

Die göttliche Kraft erhält das Leben auf diesem Planeten. Darin gründet sich die Festigkeit des Glaubens, daß alles nach ihrem Willen geschieht, an welchem Ort und unter welchen Bedingungen wir auch leben mögen.

U. M.: Eine Delegation von nordamerikanischen Indianern kam im Rahmen einer internationalen Friedensreise auch nach Deutschland. Einer der Sprecher erwähnte in seiner Rede, daß eine Zeit kommen werde, in der sich hochentwickelte Menschen an die Ufer des Amazonas zurückziehen werden.

A. P.: Das Daime wird die entwickeltsten und am meisten vorbereiteten Menschen in den Amazonas rufen, der vielleicht das letzte noch jungfräuliche Szenario auf diesem Planeten darstellt, mit der Fähigkeit, eine Alternative zu erzeugen in Form eines Volkes, das materiell und spirituell in der Lage ist, diese schwierige Überfahrt zu meistern.

U. M.: Während der Militärdiktatur setzten Sie sich als Guerillakämpfer für politische und soziale Veränderungen ein. Es gibt nun viele Gründe für die wachsende Misere in Brasilien. In Europa wird das Phänomen der Bevölkerungsexplosion in der verelendeten, analphabetischen Masse als eine Ursache angesehen, die das Führen eines würdevollen Lebens immer schwieriger macht. Sie sagten, daß das Volk der Daimistas zutiefst mit dem Wald verbunden sei. Als ein Beitrag zu seiner ökologischen Erhaltung mag es unumgänglich sein, ein Gleichgewicht zwischen Geburt und Tod anzustreben, was auf die verschiedenen Praktiken der Geburtenkontrolle hinausliefe. Im Amazonas konnte ich allerdings kaum beobachten, daß sich jemand dieser Zusammenhänge bewußt ist. Konservativ-katholische Moralvorstellungen erlebte ich dort noch als sehr lebendig. Ist das Überwinden solcher Dogmen nicht auch Teil des spirituellen Weges?

A. P.: Das Daime ist eine sehr alte, spirituelle Tradition, es hat uralte Wurzeln. Zur gleichen Zeit ist es aber auch eine sehr neue Lehre. Wie bei allen spirituellen Traditionen in der Entstehung, liegt ihre Weisheit in extremer Einfachheit. Sie geht aus von einem Volk, das im Urwald lebt, bestehend aus analphabetischen Kautschuksammlern mit großer spiritueller Erleuchtung, aber mit wenig Kontakt zur Außenwelt. So gibt es einerseits viele Dinge zu lehren, aber auch vieles zu empfangen.

Die Lehre entwickelt sich im Sinne des eigenen Namens, den sie von ihrem Gründer Raimundo Irineu erhielt: »Eklektisches Zentrum des fließenden, universellen Lichtes«, wobei »eklektisch« in etwa »übereinstimmend, gleichklingend« bedeutet. In den nächsten Jahren wird sich die Lehre nicht nur in Brasilien weiter ausbreiten, sondern auch im Ausland, so daß diese Übereinstimmung der Völker, Kulturen und Gedanken stattfinden wird im Sinne einer Suche nach einem Gleichgewicht, nach einer vollständigeren Sichtweise von Kultur, Umwelt, Ökologie und Geburtenregelung. Die Entwicklung dieser Punkte hängt sehr stark ab von ebendiesem Kontakt, dieser kulturellen Vermischung zwischen dem Volk im Amazonas und uns, die wir dort ankommen und Informationen und positive Dinge zur Verschmelzung bringen.

Ich danke Alex Polari für seine freundlichen und wohlformu-
lierten Worte. Sie gaben mir neue Anregungen, über die Verbindung zwischen mir und den Daimistas aus Brasilien nachzudenken. Ich nahm mir vor, mich für einen spirituellen Aus-
tausch zwischen den Kulturen einzusetzen.

Zwei Ereignisse überzeugten mich schließlich davon, daß die
veränderte Wahrnehmung der Miration weit über das eigene
innere, geschlossene Erleben hinausgeht. Das erste Vorkomm-
nis betraf einen gleichzeitigen Klartraum von meiner Frau und
mir. Mitten in der Nacht erwachte ich nach Atem ringend aus
einem erschütternden Traum, in dem Sebastião mit einem Wesen der Finsternis kämpfte. Allerdings war ich nicht Zuschauer,
sondern Ort des Geschehens, sozusagen das Schlachtfeld, aus
dem ich röchelnd erwachte. Nathalie schlug im gleichen Moment die Augen auf und rief:

»Sebastião war hier!«

Das gab mir den Rest. Beide verspürten wir einen stechenden
Schmerz im Brustbereich. Das Erlebnis setzte meine normale
Wahrnehmung außer Kraft, weil der Intellekt es nicht einzuordnen vermochte. Was mich am meisten schockierte, war die Tatsache, daß wir das gleiche zur gleichen Zeit geträumt hatten.
Das überstieg einfach meinen Verstand. Der Traum war plötzlich so wirklich wie das Normalbewußtsein.

Wir erzählten Alfredo davon. Sein Vater Sebastião hätte solche
Träume immer sehr ernst genommen, kommentierte er. Es ginge
weniger darum, sie durch Interpretationen zu zerpflücken, sondern sie wirken zu lassen. Vielleicht – so mutmaßte Alfredo –
stand es in Zusammenhang mit dem Baby, das Nathalie zu jener
Zeit erwartete.

Ein weiteres Mal passierte etwas Ähnliches. Zu zweit hatten wir
starkes Daime genommen. Nathalie erbrach sich vehement und
zitterte wie Espenlaub. Dann sprach sie über das Erlebte:

»Ich hatte eine Begegnung mit den Wächtern des Daime. Früher habe ich nicht verstanden, wenn du von ihnen sprachst. Jetzt weiß ich, daß sie die verschiedenen Ebenen, Räume und Korridore des Astralen und der anderen Dimensionen bewachen. Ihnen wurden bestimmte Kräfte in die Hände gelegt. Zum Beispiel bestimmen sie während eines Rituals, wer bricht, wer der Typ ist, der bricht, weil auch dies eine bestimmte Funktion im Astral hat. Sie sagten mir, daß ich das nie ganz überwinden werde, weil es mit meiner Medialität in engem Zusammenhang steht. Es bildet die physische Schranke, damit meine Sicherungsbirnen nicht durchbrennen. Ich würde sonst völlig aus dem Körper herausgleiten und nicht mehr zurückkommen. Das Übergeben schleudert mich auf die körperliche Ebene zurück und bewahrt mich davor, zu sterben.

Prinzipiell ist das Wissen unerschöpflich. Es gibt unendlich viel zu erfahren. Ich erhalte tiefgründige Unterweisungen auch über geheime Bereiche, doch es existiert für mich eine unsichtbare Schranke. Ich bin ein Wesen, das nicht allzuoft Daime nehmen sollte, da ich die Fülle an Informationen sonst nicht verarbeiten kann. Im Augenblick soll ich dir Wichtiges hinsichtlich deiner Funktion im Daime mitteilen. Zugleich lernte ich mehr darüber, wie Medialität funktioniert.«

Nachdem Nathalie die für mich bestimmte Nachricht weitergegeben hatte, befragte ich sie zu dem Thema der Medialität:

»Verstehst du Medialität im Sinne von Prophezeiung?«

»Nur zum Teil. Sie umfaßt viele Phänomene der Übertragung: Dinge, Ereignisse von der Vergangenheit bis in die Zukunft, auch Geschehen, die parallel an anderen Orten ablaufen, an denen man selbst physisch nicht weilt. Es gibt allerhand Techniken, um Voraussagen zu empfangen. Ich muß mich dazu in einem meditativen Grundzustand befinden, bevor mich Botschaften aus heiterem Himmel ereilen. Interessanterweise tragen Medi-tation und Medi-alität die gleichen Präfixe. Wenn sich die außerhalb der fünf Sinne liegenden Botschaften ankündigen, habe ich manchmal das Gefühl, mein Gesicht würde ganz ›rund‹ werden. Als würde es erglühen und als würden alle ›Schleier und Verdunklungen‹ von unsichtbarer Hand weggezogen, so daß Stirn, Augen und Wangen ganz klar und ›rein‹ sind. Erst dann kann ich in den ›Raum der Gewahrsamkeit‹ blicken. Damit meine ich einen Raum von Leere und Konzentration.

Anschließend beginnt der mediale Empfang. Ganze Wörter und Bilder tauchen auf, anfangs noch ohne jeden Zusammenhang. Während ich noch über eine mögliche Bedeutung rätsele, verdichten sie sich zusehends. Der Aufbau der Botschaft gleicht einem Puzzle, welches Teil für Teil zusammengelegt wird, bis sich dem Betrachter mit einem Mal das ganze Bild offenbart. Ich habe stets das Gefühl, daß mir eine höhere, unsichtbare Kraft das Puzzle in die Hände gibt.«

»Du sagtest, daß man nie alles wissen kann. Gibt es dann die vielzitierte Allwissenheit eines Buddhas gar nicht?«

»Vollständiges Bewußtsein dieser Unendlichkeit entspricht vielleicht der Allwissenheit.«

»Etwa fünf Minuten vor deinem Erlebnis hatte ich mich zu dir gesetzt, um nach einer Antwort für dein Brechen zu forschen. Ich überlegte, wen ich dazu befragen könnte. Da fielen mir die Wächter des Daime ein. Dann passierte aber nichts weiter bei mir, und nun höre ich von dir, daß sie dich persönlich aufgesucht haben.«

»Ja, und noch etwas haben sie mir erzählt: Ich soll dir ausrichten, daß es wahr ist, was du in der Miration erfährst. Sie sagten, wenn ich dir dies mitteile, wird es als gültiger Beweis von dir anerkannt werden.«

Ich war baff. Wir waren beide Teil der gleichen Erscheinung, in der eine astrale Intelligenz mit uns kommunizierte. Die Wächter existierten also nicht nur als persönliche Schöpfungen. Deshalb schenkte ich dem Glauben, was sie Nathalie über ein bestimmtes zukünftiges Ereignis erzählt hatten. Nach all den Wundern, die ich bisher erleben durfte, hielt ich Vertrauen für angebracht. Wer ohne eine feste Gewißheit, die einige Gottvertrauen nennen, in diese Bereiche reist, verliert leicht den Boden unter den Füßen, weil er womöglich sehr viel sieht, ohne es zu verstehen. Wenn hinter der Wahrnehmung aller relativen Realität nur Glaubenssätze stehen, was bleibt dann noch, woran man glauben kann? Es wird das wahr, worauf man sich konzentriert. Ein jeder muß für sich seine eigene Wahrheit erkennen und sie leben.

Die andere Seite

Eines Nachts wurden vier Rabbiner von einem Engel besucht, der sie aufweckte und auf seinen Schwingen in die Siebente Kammer des Siebenten Himmels trug. Dort erblickten die vier das Heilige Rad von Ezechiel mit den eigenen Augen.

Auf dem Rückweg zur Erde jedoch verlor der erste Rabbiner bereits seinen Verstand, denn sein Geist war dermaßen von dem göttlichen Glanz geblendet worden, daß er fortan nur noch brabbelnd durch die Lande irrte. Der zweite Rabbiner zeigte sich unbeeindruckt und verleugnete ganz einfach, was er im Siebenten Himmel gesehen hatte. Er winkte nur ab und sagte: »Ach was, das haben wir doch bloß geträumt!« Der dritte Rabbiner wurde fanatisch. Er hielt bald überall Vorträge über Sinn und Bedeutung seines Erlebnisses und stritt sich mit den anderen Gelehrten. Aber der vierte Rabbiner wurde zum Dichter. Er setzte sich an das Fenster seiner Kammer und verfaßte ein Danklied nach dem anderen über die Tauben im Kirschbaum, die kleine Tochter in der Wiege und alle Sterne in der Nacht. Er als einziger konnte sein Glück ertragen.

Aus »Die Wolfsfrau«

Brasilien, ein Jahr später

Harmonie, Liebe, Wahrheit und Gerechtigkeit ... So lauten die
spirituellen Leitsätze des Santo Daime. Angesichts von Verunglimpfung und internen Streitereien alles blanke Theorie?

Ein heißer Sommer lag hinter uns, die Tage wurden langsam
kürzer und der Himmel immer blauer. Wir blickten zurück auf
ein langes Santo-Daime-Sommerfestival in Santa Luzia, der
drittgrößten Daime-Kirche Brasiliens im bergigen Südosten des
riesigen Landes. Festival, das hieß: Eine Arbeit folgte der nächsten. Die Gemüter kochten. Emotionsgeladene Streitereien und
heftige Diskussionen waren an der Tagesordnung. Ein mächtiger Schub Energie hatte die Gemeinschaft geschüttelt, der erst
einmal verdaut werden wollte.
»Caramba, die Leute trinken Daime, sind kurz erleuchtet und
machen hinterher alles wieder falsch«, entrüstete sich Raimundo, als er mich besuchte.
Er folgte Padrinho Sebastião seit seinem zwölften Lebensjahr.
Auf meiner ersten Amazonasreise hatte ich ihn kennengelernt,
als ich noch kaum Portugiesisch sprach. Damals studierte er die
Aufschrift meines Mückenschutzmittels. Mit dem Lesen haper-
te es etwas, so daß wir den Text gemeinsam durchgingen. Die
Situation mutete komisch an, weil ich besser Portugiesisch las
als er, allerdings ohne die Bedeutung zu verstehen.
Nun hatte ich ihn in den grünen Hügeln von Minas Gerais
wiedergetroffen. Ab und an übten wir gemeinsam einige Lieder
auf unseren Instrumenten. In letzter Zeit erschien mir der meist
fröhlich plaudernde Raimundo immer nachdenklicher. Wir dis-
kutierten, ob möglicherweise über das Ziel hinausgeschossen
wurde, wenn Fardados ausdrücklich in den Statuten des Vereins
aufgefordert waren, an allen offiziellen Ritualen teilzunehmen –
angesichts des stattlichen Angebots an nächtelangen Ritualen

nicht nur eine körperliche Höchstleistung. Geradezu bewun-
dernswert fand ich die zusätzliche, stundenlange Anstrengung
der Anreise, die viele auf sich nahmen, um das abgelegene Zentrum per Bus und zu Fuß zu erreichen, da sie kein Auto besaßen.
»Viele schaffen es tatsächlich, zu jeder Arbeit wieder dabeizusein. Kaum daß sie sich von der letzten körperlich erholt haben,
geht's schon zur nächsten«, wunderte ich mich.
»Das ist möglich durch die Energie des Daime. Ob es sinnvoll
ist, kann ich nicht beurteilen«, entgegnete Raimundo.
»Für mich birgt bereits ein langes Ritual eine Unmenge an Informationen, für deren Wiedergewinnung und Verarbeitung ich
Zeit und Ruhe brauche«, gab ich zu bedenken.
»Sebastião sprach davon, daß es nicht darum gehe, viel Daime
zu trinken, sondern ein gutes Leben zu führen.«
»Es gibt da eine Abschrift einer alten Tonbandaufnahme von
ihm«, erinnerte ich mich. »Während eines Rituals sprach angeblich Johannes der Täufer durch ihn. Ein kleiner Teil seiner
Rede handelt von unserer Thematik. Vielleicht finde ich es
wieder!« Ich zog ein Buch aus dem Regal und blätterte zu der
markierten Stelle:

Aber wer nicht versteht, meine Brüder, dann – glaube ich –,
weil er nicht will. Weil, so sagte der wahrhaftige Christus – ihr
könnt es in der Schrift suchen, wo ihr wollt: ›Wenn ihr euch
übergebt, dann macht es nicht wie die Hunde, die zurückkehren und es wieder aufessen.‹ Und genau das geschieht hier.
Was ihr heute ausbrecht, ist das gleiche wie gestern. Genau das
gleiche. Wenn ihr zu einer spirituellen Sitzung kommt, dann,
um euer Höheres Ich zu empfangen und gut gereinigt wieder
zu gehen. Aber das geschieht hier nicht! ...[39]

»Es braucht wirklich seine Zeit, die Intensität der Erfahrungen
zu integrieren«, kommentierte ich. Mir fiel eine Bemerkung

zum vielverwendeten Schlagwort »Integration« ein, die ich einmal gelesen hatte.

»Das, was ich mit Daime erlebe, in den Alltag zu integrieren gleicht dem Versuch, den Ozean in ein Waschbecken zu integrieren.« Wir schmunzelten. Der Alltag war wohl nicht dazu da, den ganzen Kosmos zu integrieren.

»Wie, glaubst du, wird es weitergehen?« fragte ich Raimundo.

»Möglich, daß das Daime nach einer Phase der Ausbreitung schließlich nur noch im Amazonas zu finden sein wird. Der Meinung jedenfalls war der Alte. Vielleicht ist der Tag nicht mehr fern«, antwortete er mit einem Schulterzucken.

Ich hoffte, es gab noch andere Wege. Es wäre doch zu schade, wenn diese gewaltige Kraft sich wieder zurückziehen würde. Denn hieße das nicht, daß die Zeit noch nicht reif ist? Aber die Zeit ist mehr als reif.

Für mich liegt ein Unterschied darin, ob das Daime als Werkzeug auf dem Weg oder als Weg an sich gesehen wird. Viele tun so, als werde man erst mit Daime zum Menschen, weil sie ihre erste »Erleuchtungserfahrung« damit machten. Sich dann nur noch als alleinseligmachendes Mittel darauf zu versteifen erschwert den weiteren Prozeß und blockiert Energien. Integriert in eine weitsichtige Weltsicht, tappt man weniger leicht in Glaubensfallen. Eine zusätzliche spirituelle Disziplin in Verbindung mit dem Daime ist anzuraten, denn im Ritual arbeitet die Miration mit uns, anschließend aber ist es an uns, mit der Miration zu arbeiten.

Etwa ein Jahr später, im Januar 1996, sah Padrinho Alfredo – Präsident von CEFLURIS[40] – sich veranlaßt, in einer internen Rede auf eine mittlerweile problematische Situation hinzuweisen:

Also, meine Brüder, wo, bitte, ist, was ihr begriffen habt? ... Ein Mitglied von CEFLURIS soll nicht übertrieben Daime trinken, sondern nur im Rahmen der Notwendigkeit und des Kalenders ... Alle, die Mitglied sein wollen an diesem spirituellen Tisch, müssen nur im Guten fließen ... Lüge dient uns nicht ... jedes Medium an diesem Tisch ist aufgefordert, im Alltag zu arbeiten, um nicht zu verleugnen, um nicht auf die Nase zu fallen ... Das Santo Daime, der Sr. Juramidam ändert nichts für niemanden. Ein jeder ändert sich mit seinen Mischungen, und wer viel vermischt, kann sich verwickeln mit der Last seiner eigenen Sünden, mit seinen Drogen oder mit welcher Sache auch immer ... Weil auch ich CEFLURIS bin, das ich repräsentiere, schäme ich mich, ein Volk zu haben, das nicht total auf der Höhe ist, die die Zeit erfordert ... Ich rate allen von CEFLURIS, dem Eklektischen Zentrum des Fließenden Universellen Lichtes, daß niemand Zuflucht suche in Lügen oder Faulheit und daß kein Bruder schlecht rede über den anderen und alle wohltätig sind. Dies, weil Sebastião Mota gesagt hat, daß die, die Christus ans Kreuz gebracht haben, seine eigenen Apostel waren, weil sie manchmal nicht wußten, das Brot zwischen sich auszuteilen, und sich entzweiten ...

Padrinho Alfredo brauchte sich nicht zu wundern über die Entwicklung. *Daime* heißt »*Gib mir*«. Das Paradigma lautet, es jedem zu geben, der danach verlangt. Unter der Bedingung, daß er sich an die Spielregeln hält. Damit in Einklang herrschte die Annahme, daß das Daime ungefähr alles heilt, wenn man es nur will. Bei Psychotikern hatte ich inzwischen meine Zweifel, da diese Menschen von der gegebenen Struktur oft nicht aufgefangen werden können. Eine Vor- und Nachbereitung der Rituale oder eine begleitende Betreuung gibt es nicht. Manchmal brechen gewaltige Dinge auf. Besonders in den Megastädten mit ihrer naturfernen Lebensweise können im Verlauf der Transformation auftretende Krisen nicht immer bewältigt werden. Geprägt von einer einfachen, puritanischen Einstellung, war

Mapiá auf die Ausbreitung der heiligen Medizin in die moderne Welt kaum vorbereitet. Im Amazonas erlebte ich eine japanische Gruppe in vorbildlicher Ritualtracht vor 300 Amazonas-Caboclos japanische Hinos singen. Ich malte mir aus, wie sie die Kamera und Trommel – beide von gewaltigem Ausmaß – den ganzen Weg dorthin geschleppt hatten. Das moderne Zeitalter führt Kulturen und spirituelle Glaubensströmungen zusammen, aber Abgründe klaffen zwischen den Wertsystemen. Nachdem der ehrwürdige Meister Sebastião gestorben war, gewann vielleicht deshalb eine Gruppe städtischer Daimistas aus Rio großen Einfluß auf seinen Nachfolger, seinen Sohn. Alte Weggefährten des Meisters schienen hingegen an Einfluß zu verlieren.

Ursprünglich gab es in Mapiá faktisch kein Privateigentum. Es wurde gemeinsam gesät und geerntet. Solange die Gemeinde klein blieb und alle gleich wenig besaßen, lief das System recht gut. Mit zunehmender Ausbreitung des Tees flossen Geld und Material nach Mapiá zurück. Aus verschiedenen Gründen strömten immer mehr Menschen aus dem umliegenden Wald in den Ort. Mit dessen Anwachsen funktionierte das kommunistische System nicht mehr. Inzwischen gibt es einen Laden, eine Weberei und eine Art Restaurant. Für die Feldarbeit erhält jeder Bewohner einen Anteil an der Ernte, die Herstellung des Daime wird bezahlt.

Im Ort gibt es eine Schule, aber viele Eltern sehen noch keine Vorteile in den Künsten, die dort gelehrt werden. Die Söhne lernen von ihrem Vater das Nötigste zum Überleben wie zum Beispiel die Wartung des Bootsmotors und das Pflanzen von Reis und Maniok. Für die Eltern ist die Arbeitskraft der Kinder existentiell wichtiger als Lesen und Schreiben.

Mit dem Einsickern moderner Lebensanschauungen in die einfache Abgeschiedenheit des Regenwaldes kam eine neue Bewährungsprobe. Als ich 1991 zum erstenmal Mapiá besuchte, waren internationale Besucher wie ich noch eine gerngesehene Rarität. Inzwischen halten sich zu bestimmten Zeiten im Jahr sehr viele Ausländer in Mapiá auf. Sie tragen Kameras, Fotoapparate, Walkmen, Markenturnschuhe, funktionierende Regencapes, wasserdichte Taschenlampen etc. Das erweckt Neid.

Bei meinem zweiten Aufenthalt in Mapiá drang ich tiefer in die mystische Schönheit des Regenwaldes, erlebte ihn als Ansammlung von mächtigen Kathedralen, die eine Unzahl von sichtbaren und unsichtbaren Wesen beherbergen. Inzwischen sprach ich besser Portugiesisch und unterhielt mich eingehender mit den Menschen. Das Daime war mir vertraut, so daß mehr Aufmerksamkeit für andere Dinge blieb. Der Blick unter die Oberfläche führte dazu, daß ich Abstand nahm von einer idealisierten Vorstellung der »Hauptstadt von Juramidam«, des »Himmels von Mapiá«.[41]

Santo Daime wird häufig als eine Bewegung des *Neuen Zeitalters* bezeichnet. Daran besteht für mich kein Zweifel, denn *»ich nehme dieses Getränk, das unglaubliche Macht hat, es uns allen zeigt hier mitten in der Wahrheit«*.[42] Der Kult selbst trägt alle Kennzeichen einer messianischen Bewegung, wie Vera Fróes, selbst Mitglied, in ihrem Standardwerk behauptet: »Der Messias ist Padrinho Sebastião, der Lösungen gibt und neue Wege aufzeigt, gelenkt nicht durch menschliche Bestimmungen, sondern durch göttliche Aufträge ... Im allgemeinen besitzen alle messianischen Bewegungen eine hierarchische Organisation, an deren Spitze der Führer steht; darunter gibt es eine Gruppe von Aposteln oder Schülern; die Basis der Pyramide nehmen die Adepten ein (Pereira de Queiroz) ... Die messianische Hoffnung ist charakterisiert durch den Glauben, daß Meister Irineu die zweite Wiederkunft Jesu Christi auf Erden ist, und Padrinho Sebastião repräsentiert Johannes den Täufer, der das von Gott erwählte Volk zur heiligen Erde führen wird, dem Neuen Jerusalem.«[43]

Ich bezweifle, daß Messianismus und hierarchische Organisationsform der Schwingung und den Anforderungen des Neuen Zeitalters entsprechen. Geprägt vom starren Katholizismus und einer autoritären Gesellschaftsstruktur, ist das Volk der Daimistas mit dem Samen der damit verbundenen Probleme geimpft, allen voran des Dramas der Macht. Die Mutterorganisation im Amazonas bemüht sich, die Fäden in der Hand zu halten. Ein Rundbrief verkündete: »... da ist kein Platz mehr für Improvisation ... und vor allem nicht für die Nichterfüllung unserer Regeln, Normen und Prinzipien ...«[44]

Wer Mapiá als ganzheitliche Alternative zur zersplitterten, isolierenden Zivilisation in Erwägung zieht, muß sich auf klassische Rollenverteilung einstellen. Das Betätigungsfeld der Frau erstreckt sich im wesentlichen auf den Haushalt und die Kinder, der Mann arbeitet auf dem Feld. Wie fast überall in ganz Brasilien ist der Anteil der alleinerziehenden Frauen relativ hoch. Aufklärung über Empfängnisverhütung fehlt. Ich erlebte, daß eine Brasilianerin von Einheimischen auf ihr »unmoralisches« Verhalten angesprochen wurde, weil sie mit einem verheirateten Mann spazierenging, dazu noch in Jeans und nicht im Rock. Schockierend gar, wenn Besucher gemischtgeschlechtlich im Fluß baden gehen. Die meisten Frauen unterstützen die alte Struktur freiwillig und interpretieren sie darüber hinaus als Teil des Kultes. In der Öffentlichkeit sah ich die Menschen fast nie Zärtlichkeiten austauschen. Während einer Arbeit der Konzentration hörte ich den für die Dorfdisziplin und Sittenmoral verantwortlichen Padrinho kreischend lamentieren, daß seine Order für Männer, keine kurzen Hosen mehr zu tragen, immer noch nicht befolgt werde. Er glaubte wohl, so sexuelle Übergriffe in der Gemeinde lösen zu können.

Nicht ungewöhnlich ist die Behauptung eines Brasilianers, daß nur Männer Rituale leiten dürfen, weil dies vom Astral so bestimmt sei. Als Begründung führte er an, daß die von Frauen geführten Punkte im Wachstum stagnieren würden. Seine fadenscheinige Argumentation diente freilich mehr als Beweis für eine rückständige Denkweise.

Hin und wieder bringen sich echte Amazonen ein. Ein weibliches Mitglied der *União do Vegetal* beabsichtigte, während des mehrtägigen Zubereitungsrituals beim Kochen des Ayahuasca mitzuhelfen. Ihr Ansinnen wurde abgeblockt mit dem Vorwand, die Arbeit sei zu schwer für eine Frau. Fortgesetzte Beharrlichkeit förderte die Begründung zutage, daß die Doktrin nur Männer für diese Tätigkeit zulasse. Sie nahm den Schlag mit der astralen Vorsehungskeule jedoch nicht hin, sondern brachte die Angelegenheit einem ranghohen Meister der Union vor. Der mußte eingestehen, daß solch eine Regel nicht existierte. Erst dann wurde ihr gestattet, »Männerarbeit« am Kochtopf zu verrichten.

Vanja, eine brasilianische Heilerin aus dem Süden Brasiliens, lebte etwa zwei Jahre in Mapiá. In ihrem Haus wurden viele internationale Besucher untergebracht. Als Vanja sich bemühte, den euphorisierten »Daime-Touristen« auch die alltägliche Wirklichkeit mit ihren sozialen Ungerechtigkeiten näherzubringen, erhielt sie von der Gemeinde eine Rüge, was sie veranlaßte, Mapiá als Wahlheimat aufzugeben.

Eine Aussage im Editorial des Bulletins[45] von CEFLURIS weckt jedoch Hoffnung: »Mit dem Verstreichen der Zeit, die uns erschüttert, werden wir unsere ›alten Konzepte‹ verlassen und uns der nötigen Transformationen bewußt werden, damit wir eine neue Zeit leben. Neue Welt, neues Volk, neues System, in Kontakt mit der Harmonie, der Liebe, der Wahrheit und Gerechtigkeit.«

Auch in Brasilien verbreitet sich wie überall in der Welt das neue Bewußtsein, zaghaft noch, aber unaufhaltsam. Immer mehr Daimistas äußern sich kritisch zu inflexiblen Strukturen und starren Regeln. Im Ritual verteilt sich diese Information über den telepathischen Ring an alle, deren Antennen offen für höhere Frequenzen sind. »Höre viel und rede wenig«, heißt es weise in einem Hino von Sebastião. Der Leiter einer großen Daime-Kirche mußte nach langen Auseinandersetzungen von seinem »lebenslangen« Posten zurücktreten, weil er der Forderung nach demokratischer Mitbestimmung nicht nachkam.

Als ich während eines Rituals dichtgedrängt bei feuchten 40 °C im *Haus der Heilung* schwitzte, sah ich in einer Vision eine futuristische Stadt in klimatisierten Glaskuppeln erstehen, ausgestattet mit sich selbst erhaltenden solaren Energiesystemen, friedvoll eingebettet in Gottes grünen Garten. Und jeder wurde bedacht gemäß seinen Verdiensten, denn Karma ist unfehlbar und sehr tiefgründig. Ich sah das Neue Jerusalem, die gerechte Stadt des Heiligen Geistes, die Arche Noahs im dritten Jahrtausend. Derweil auf dem Weg dorthin, vergesse ich nicht, daß auch die Wege des Daime unergründlich sind.

Die wesentlichen Elemente der Santo-Daime-Rituale empfing der Meister Irineu aus dem Astral. In Detailfragen wird das Ritual von Zeit zu Zeit aktualisiert. Ansonsten legen die Erben aus dem Regenwald großen Wert darauf, den Ablauf unverändert zu erhalten. Als Hüter der Tradition ist dies bei allen Einflüssen, denen Mapiá inzwischen unterliegt, in ihren Augen eine notwendige Aufgabe, damit die Rituale nicht verwässern. Daraus sollte allerdings keine Blindheit gegenüber aktuellen Bedürfnissen der Menschen, ihrer Zeit und Kultur resultieren. Nicht umsonst lautet eine brasilianische Redewendung: Ein Ritualist kommt nie in den Himmel.

Drei Jahre zuvor hatte Alex Polari in unserem Gespräch von einer Suche nach einem Gleichgewicht zwischen den Kulturen gesprochen, einer vollständigeren Angelegenheit, deren Entwicklung sehr stark vom Kontakt, von einer kulturellen Vermischung abhänge. Es gehe darum, positive Dinge zur Verschmelzung zu bringen.[46] Genau das wollte ich tun. Ich strebte eine Verbindung von authentischer Überlieferung mit dem freiheitlichen Geist des Wassermannzeitalters an. Konkret begann ich im ersten Schritt, eine Arbeit mit dem Emotionalkörper zu entwickeln. In den klassischen Ritualen wird vor allem der religiöse Aspekt gewichtet, während die über den Körper erfahrbaren Prozesse ausgeklammert bleiben.

Mittlerweile gründete sich in Deutschland ein gemeinnütziger Verein, der sich durch meine Arbeit bedroht fühlte und sie zu verhindern suchte. Einzelne dem Kontrolldrama verhaftete Vertreter verhängten Urteile, ohne daß ich jemals persönlich um eine Stellungnahme gebeten wurde. Diese »Sektenfraktion« gebärdete sich »päpstlicher als der Papst«. Manch einer fühlte sich an die Zeugen Jehovas erinnert, die einen psychedelischen Tee trinken. Bei einzelnen Leuten gewann ich den Eindruck, daß sie sich in vergangenen Existenzen der Inquisition verpflichtet hatten.

In Brasilien suchte mich ein Österreicher auf, der sich als Repräsentant von CEFLURIS in Deutschland vorstellte. Ich kannte den Mann kaum. Im Stile eines Vernehmungsbeamten fragte er mich, ob ich »linientreu« sei. Abgesehen davon, daß es keine geraden Linien gibt, weil das Universum krumm ist, fand ich den Ausdruck »linientreu« einfach schlimm. Daß Neulinge in ihrer Euphorie ihre Anschauung als der Weisheit letzten Schluß sehen und anderen aufs Auge drücken wollen, ist ein bekanntes Phänomen in jeder spirituellen Organisation. Bedenklich wird das allerdings, wenn solche Leute tatsächlich als Repräsentanten des Santo Daime eingesetzt werden. War ich zu blauäugig gewesen? Hatte ich es in Wirklichkeit mit einer Organisation zu tun, in der spirituelles Wachstum weniger gefragt war als Fügsamkeit und »Linientreue«?

Im Prinzip sah ich alle Antworten in den Liedern enthalten. In einem heißt es: »Folge immer deinem Weg, lasse wen auch immer reden, empfange du dein kristallenes Licht, stärke und gestalte dich auf deinem Platz.«[47] Folge deiner eigenen Intuition und niemandem sonst. Dies sei ein Rat an alle diejenigen, die sich von Fanatikern verwirren lassen.

Begegnung mit der Dunkelheit

… Da sah ich, daß die Weisheit die Torheit übertraf wie das Licht die Finsternis; daß beim Weisen seine Augen im Haupt stehen, aber die Narren in der Finsternis gehen; und merkte doch, daß es einem gehet wie dem andern. Da dachte ich in meinem Herzen: Weil es denn mir gehet wie dem Narren, warum hab ich denn nach Weisheit gestanden? Da dachte ich in meinem Herzen, daß solches auch eitel sei.

König Salomo, Altes Testament

Eine neue Welle der Verunglimpfung rollte über die Daimistas – diesmal auch aus internationalen Gewässern. Die Ausbreitung des Tees war den mißtrauischen Augen staatlicher Behörden in Europa und Japan nicht entgangen. Mit Beschlagnahmungen und Hausdurchsuchungen versuchten sie, die Organisatoren der Rituale einzuschüchtern.

Über die Legalisierung des Santo Daime in den sechziger Jahren kam mir in Brasilien folgende Geschichte zu Ohren: Als die Polizei während der Militärdiktatur nach Cinco Mille anrollte, beeilte sich ein jeder voller Angst, das Daime zu verstecken. Nur Padrinho Sebastião blieb mit einer Flasche in der Hand sitzen und erklärte mit fester Stimme: »Ich werde das Daime vor niemandem verstecken!« Seine Unerschütterlichkeit führte schließlich dazu, daß selbst hohe Militärs und Regierungsbeamte die Rituale besuchten und legalisierten.

Stand es in Zusammenhang mit der schnellen, mittlerweile

auch internationalen Ausbreitung des Tees, daß nach einer langen Periode freundlicher Duldung neuerdings in Zeitungen und Fernsehen schwerwiegende Vorwürfe gegen die Daimistas erhoben wurden?

Ich vermutete, daß die Probleme im Außen mit den inneren Schwierigkeiten der Organisation in Verbindung standen. Bestimmte Kräfte suchten die Entwicklung von freiem Bewußtsein zu torpedieren. Ich beschloß, das Daime selbst zu diesem Komplex zu befragen.

Es war Mitternacht, als ich von unserem Haus aus auf das im Tal gelegene Dach der Kirche von *Céu do Monte* in Santa Luzia hinunterblickte.[48] Von der architektonischen Bauweise glich das flache, sechseckige Gebäude einem gelandeten Raumschiff. Das Licht aus den Fensteröffnungen erschien mir wie die Strahlung seiner Triebwerke, die die tropisch warme Nacht erleuchtete. Das Ritual tobte in vollem Gange. Wegen einer heftigen Grippe, die während der Arbeit voll ausgebrochen war, blieb ich nach der Pause im Haus.

Der Mond schien durch das offene Fenster meines Zimmers. Mit dem Klang der Stimmen aus der Kirche stieg auch die Miration in mir empor. Ich hörte eine Gitarre und den Synthesizer sehr laut heraus, sogar einen hier weilenden Freund aus Deutschland erkannte ich auf der Trommel spielend.

Der Tee gab meinem fiebergeschüttelten Körper mit seinen schmerzenden Gliedern allen Komfort. Vor lauter Glück klapperte ich mit den Zähnen. Badend in wohltuenden Lichtwellen, erkundigte ich mich bei dem allesspendenden *Gib mir*, was denn das *Wesen der Dunkelheit* sei. Fast augenblicklich fand ich mich in ein mir unbekanntes Raummuster katapultiert. Weit und breit nichts als gähnende Schwärze. Indes in der Ferne strömte ein Objekt wie glühende Kohle in der Finsternis ein schwarzes, kaltes Licht aus, um mich hypnotisierend in sich hineinzusaugen. Kühle, berechnende Intelligenz, von der eine geradezu betäubende Anziehung ausging.

Ich konnte nichts tun. Wehrlos trieb ich wie ein angeschlagenes Raumschiff im Orbit eines Planeten. Unverankert im schwerelosen Zustand, gab es nichts, woran ich mich festhalten konnte. Anfangs noch langsam gleitend, raste ich zusehends meinem Ende entgegen.

Das wabernde Wesen absorbierte mit Hilfe seines Strahlungsfeldes meine Identität. Gefühle unendlicher Einsamkeit, unerlösten In-sich-Gefangenseins und absoluter Bewegungslosigkeit durchdrangen mich zunehmend. Ich weinte und stieß einen langen Schrei aus. Mit Wucht zog mich unversehens eine Kraft in sichere Entfernung, gerade rechtzeitig, bevor die dunkle Kraft mich verschluckte. Meine Lehrer und Freunde im Licht umgaben mich tröstend. Sie unterrichteten mich.

»Es ist größer als du. Wer sich nur dem Lichte zuwendet und dabei vergißt, seine dunkle Seite zu erleuchten, wird vom Wesen der Dunkelheit durch die Hintertür überrascht.«

Jetzt verstand ich das Lied von Irineu, in dem es heißt:

> Die Dunkelheit, sie ist so schrecklich,
> daß niemand was erblicken kann.
> Du gibst mir das heilige Licht,
> damit ich navigieren kann.[49]

Mit schonungsloser Strenge wurde mir präsentiert, wonach ich gefragt hatte, auch wenn es schwer verdaulich war. Hätte ich es nur vorher geahnt … sich in den Schrecken der Finsternis zu begeben wie zu anderen Zeiten ins Licht … gerne hätte ich darauf verzichtet. Von einem Moment zum anderen verblaßte mein Glaubenssatz von einer übergeordneten Einheit zu bloßer Theorie. Gut und Böse ließen sich nicht einen, auch wenn ich es noch so sehr wünschte. Den Teufel als nichtexistent oder gar als Teil von Gott zu sehen erschien mir plötzlich arg naiv, geradezu eingefädelt, um von seinen finsteren Machenschaften abzulenken. Ein weiteres Mal wurde mir die zunehmende Polarisierung auf dem Planeten drastisch vor Augen geführt. Der einzige Weg zu ihrer Überwindung bestand in Liebe und Mitgefühl, denn nur meine Tränen konnten den Schmerz der Trennung lindern. Doch bedurfte es der Liebe einer großen Zahl von Menschen, sich bewußt der angstvollen Dunkelheit zu stellen, um die Polarisierung aufzuheben. Eine Einzelperson konnte in diesem Stadium nicht viel ausrichten.

Über Padrinho Sebastião wird folgende Anekdote mit einem schwarzmagischen Zauberer erzählt, der eines Tages in Cinco Mille, dem ersten Daime-Zentrum von Sebastião, auftauchte. Der Zauberer erklärte, daß er dem »König der Finsternis« als *aparelho* zur Verfügung stehe. Dieser habe ihm aufgetragen, dem Santo Daime insofern auf den Zahn zu fühlen, ob das Gerede von dem Licht etwas tauge. Denn wenn das Daime die ihm nachgesagte Macht habe, könne gegen eine Prüfung ja nichts einzuwenden sein. Somit ersuchte er um Erlaubnis, für unbestimmte Zeit im Dorf wohnen und arbeiten zu dürfen. Sebastião befragte das Daime und erhielt die Antwort, den Mann für ein halbes Jahr aufzunehmen. Jener nahm sich daraufhin geschickt der wunden Punkte der Bewohner an und rührte viel Trübes an die Oberfläche. Er machte sich die verdrängten, negativen Seiten der Leute zunutze, um Intrigen und Zwietracht zu säen. Seinerseits weigerte er sich hartnäckig, an einem Daime-Ritual teilzunehmen. Vertrauend auf die Botschaft des Daime, soll Sebastião gelassen zugesehen haben, wie sich Unfriede im Dorfe ausbreitete.

Kurz vor Ablauf der Frist bat der Zauberer im Namen seines finsteren Meisters dann doch um einen Schluck Daime. Die Zeit für die letzte Schlacht sei gekommen, meinte er. Sebastião, schon vor dem Daime ein bekannter Heiler und Medium, reichte ihm ein großes Glas. Bereits nach einer Weile rief der Schwarzmagier aus, nun genügend gesehen zu haben, und lief auf und davon. Später hörte man, er sei tags darauf gestorben. Das Wesen der Finsternis jedoch war auf Sebastião übergesprungen, um ihn zu unterwerfen! Er wurde schwer krank. Über Wochen entspann sich ein unerbittlicher Kampf zwischen der Identität von Sebastião und dem »König der Finsternis«. Der alte Mann kämpfte um sein Leben. Ein neues Gefühl von Gemeinsamkeit entstand in der Kommune, als man Sebastião am Rande des Todes ringen sah. Zu guter Letzt gelang es ihm nicht nur, das mächtige Wesen zu besiegen, sondern sogar als Schützer der Doktrin zu gewinnen.[50] Das funktioniert nach dem Prinzip der Transformation. Musterbeispiel dafür ist die Vorgehensweise des Buddhismus in Tibet gewesen. Viele der zornigen Gottheiten auf den Thankas oder im tibetischen Totenbuch sind ehemalige Götter des vorbuddhistischen Bön-Schamanismus. Sie wurden nicht ausgerottet, sondern durch Unterwerfung in den Dienst der Erleuchtung gestellt. Ihre zornigen Gesichter sollen den Betrachter inspirieren, sich mit der grundlegenden Energie seiner eigenen Aggressivität und Angst auseinanderzusetzen, damit sie sich von destruktiv zu kreativ wandelt.[51]

Negativität kann transformiert werden, d. h., ihrer innewohnenden Energie kann eine andere Richtung gegeben werden. Wir gelangen nur aus eigener Anstrengung in die Freiheit zum Licht. Dagegen ist es bequemer, in angelernten Mustern unbewußt zu verharren. Was aber, wenn jemand sich gar nicht mit dieser Absicht trägt, sondern seine persönliche Macht über andere auszuweiten sucht, indem er dem Wesen der Dunkelheit auf halbem Wege entgegenkommt und ihm die Tür zu seinem Haus öffnet? Denn gemäß dem Prinzip der Resonanz ziehen wir medial die Energien an, die mit unserer Schwingung kohärent sind.

In der Vergangenheit hatte ich die verbreitete Vorstellung geteilt, daß die Rituale mit Zeit und Geduld alle Krankheiten und
Verdunklungen beseitigen werden. Zweifel kamen mir zum erstenmal bei der Betrachtung von Bildern des peruanischen
Ayahuasca-Malers Pablo Amaringo, in denen immer wieder das
Motiv eines bedrohlichen Kampfes zwischen weißen und
schwarzen Zauberern auftauchte, die die Kraft des Ayahuasca
für ihre jeweiligen Zwecke des Heilens oder Tötens einsetz-
ten.[F6] Der Maler selbst stellte nach zwanzig Jahren seine Tätigkeit als Heiler mit Ayahuasca ein, weil er sich gedrängt fühlte,
einen ihn im Astral attackierenden »Feind« mittels magischer
Pfeile zu töten, um selbst keinen Schaden zu nehmen.

Seinerzeit konnte ich die Zweifel noch besänftigen in der Annahme, daß das spezifische Daime-Ritual eine schwarzmagische
Benutzung an sich unterbinde. Inzwischen hatte ich selbst unter Schmerzen lernen müssen, »mentalen« Angriffen standzu-
halten. Der Tee öffnet zweifelsohne das Tor zu übernatürlichen
Kräften. Insbesondere multipliziert er die Kraft der Gedanken
und ihre Ausstrahlung. Entsprechend der eigenen Schwingung
können Wesenheiten aus dem niederen Astral angezogen werden. Ist dieses Tor durch den rituellen Kontext tatsächlich gegen unbefugten Zutritt geschützt?

Die Ursache des Mißbrauches übernatürlicher Kräfte im schamanischen Kontext wurde von einem Schüler des Huichol-
Schamanen Don Jose Matsuwa in dieser Weise beschrieben:
»Du mußt begreifen, es existiert Neid zwischen den Schamanen. Wenn du durch das Nieríka (Durchgang zum Jenseits)
schauen, gut singen oder heilen kannst, versuchen sie, deine
Fähigkeiten psychisch zu überdecken. Alle Schamanen haben
die Kraft, so etwas zu tun, und mißbrauchen manchmal ihre Fähigkeiten in dieser Weise … es ist wirklich traurig, daß so viele
Schamanen sich der Hexerei zuwenden.«[52]

Auf meiner zweiten Reise nach Mapiá lernte ich in Rio Branco

Sandra kennen, die dort die bekannte Ayahuasca-Bewegung *Barcinha*[53] leitet. In einem französischen Video über afrobrasilianische Kulte hatte ich sie kommentieren gehört:

»Das Daime führt dich entweder in die Hölle oder in den Himmel. Es hängt nur ab von deiner Motivation. Schwarze Magie ist in Brasilien sehr verbreitet.«

Sandra räumte sogar die Möglichkeit ein, jemandem per Astral Krankheiten zu schicken und ihn im Extremfall sogar zu töten. Ein anwesender Daimista machte die ironische Bemerkung, daß er früher Angst vor Menschen hatte, die kein Daime tranken, inzwischen aber mehr die fürchte, die es taten.

Für die Heiler in Peru ist der Schutz im Astral vor den Angriffen schwarzer Zauberer von herausragender Bedeutung. In ihrer Weltsicht diagnostizieren sie viele Krankheiten als magische Pfeile, die Zauberer auf ihre Opfer abgeschossen haben. Für mich stand fest: Wer wenig an seiner Negativität arbeitet, läuft Gefahr, zum Fahrzeug für Wesen zu werden, die sich von Negativität und Unklarheit ernähren. *Wie oben, so unten; Gleiches zieht Gleiches an.* Auch das Astral ist dualistisch. Es wimmelt dort von Energien unterschiedlichster Ausrichtung. Um in die nichtduale Ebene vorzustoßen, müssen wir diesen »Vorgarten« durchqueren. Dann entfaltet sich die unermeßliche Freude und Schönheit der dahinter liegenden Dimensionen.

Der Himmelswagen

Um Schutz und Beistand im Astral zu erhalten, rufen viele Hinos religiöse Figuren wie die Jungfrau Maria oder den heiligen Michael an. Maria bitten sie um ihren behütenden Mantel. Zu einer Gelegenheit wollte ich mehr über diesen Mantel erfahren, weil ich spürte, wie mich jemand im Ritual unablässig mit aggressiver Energie bombardierte. Während der Rituale ist man für »empathische Schwingungen« so sensibilisiert, daß man sie geradezu körperlich erspürt. In diesem Fall kannte ich zwar den Grund der Aggression, aber nicht immer ist ein solcher leicht nachzuvollziehen. Auf den Ritualen treffen sich Menschen, deren Verbindungen viele Leben zurückreichen können. Plötzlich spülen Emotionen an die Oberfläche und agieren sich aus.

Ich wollte mich davon aber nicht aus der Mitte bringen lassen, sondern unbehelligt meine Arbeit tun. Mir fiel jene Episode von Buddha ein, wie er kurz vor seiner Erleuchtung unter dem Bodhibaum in tiefer Kontemplation saß. Von Dämonen heftig attackiert, verharrte er ungerührt im meditativen Gleichgewicht, so daß sich ihre Pfeile beim Eintritt in seine Aura in duftende Blumen verwandelten, die auf ihn niederregneten. Ein schönes Bild für die Transformation von Negativität durch *firmeza*.[54]

Ich äußerte den Wunsch nach einem schützenden Gefährt auf meiner Reise und bat um Instruktionen. Es verging nur wenig Zeit, bis eine heftige Miration mich zum Hinsetzen bewog. Die Kraft stieg hoch bis zur Stirn. Dort im dritten Auge öffnete sich eine andersgeartete Welt, die flach war im eigentlichen Sinne des Wortes – nämlich zweidimensional. Eine Gruppe von Geistführern befand sich oben hinter meinem Kopf, von wo aus sie mich betreuten.

Ich sollte eine Lektion in Geometrie erhalten. Von meinen biologischen Studien her wußte ich um eine postulierte Verbindung zwischen der Zirbeldrüse, also dem dritten Auge, und geometrischer Wahrnehmung.[55] Die Bewohner der 2-D-Welt sahen aus wie bunte Dreiecke, die sich durch fiepende Laute verständigten. Trotz des trockenen Themas wirkte die Szene sehr putzig, das Fiepsen und Flimmern brachte mich zum Schmunzeln. Die Wesen erzählten mir von ihrer Evolution. Sie waren aus einem Punkt entstanden, der sich durch das Hinzukommen eines weiteren Punktes zu einer Linie ausdehnte. Ein dritter Punkt genügte dann, um die kleinste in der zweiten Dimension abgeschlossene Struktur zu bilden: das Dreieck. Während sie zu mir sprachen, bogen sie eines ihrer Winkelenden zu mir her, gewissermaßen in die dritte Dimension hinein. Ihre Flächen schillerten in den verschiedensten Farben.

Das Dreieck, so erklärten sie, sei das Grundelement der Schöpfung, aus dem heraus sich alle anderen geometrischen Formen bilden. Sie demonstrierten mir ihre Fähigkeit des »Ausklappens«, um in die dritte Dimension zu gelangen: Dazu projizierten sie einen Punkt außerhalb der dreieckigen Ebene und zogen Linien von jedem ihrer Eckpunkte. Es entstand ein Tetraeder, eine dreidimensionale Pyramide, zusammengesetzt aus vier dreieckigen Flächen.

Anders betrachtet: Die einfachste Möglichkeit der Ausdehnung der zweidimensionalen Form in die dritte Dimension besteht darin, das Dreieck an einem Punkt seiner Fläche in die dritte Dimension zu ziehen. Existenz definiert sich durch eine intakte Grenzfläche zur Außenwelt. Das Tetraeder ist damit die einfachste dreidimensionale Form.

In meiner Stirn rotierte nun ein kleines Tetraeder. Meine Schädeldecke war offen. Ich sah die Zirbeldrüse als den Mittelpunkt eines Springbrunnens, aus dem eine Fontäne farbigen Lichts nach oben schnellte und sich wieder in den Schädel ergoß. Die Wesen fuhren fort in ihrer Erläuterung:

»Kommen wir nun zu deinem Anliegen einer schützenden Struktur. Die grundsätzliche Aussage lautet: Aus einem Dreieck kannst du durch Hinzufügen weiterer Punkte jedes beliebige Objekt projizieren.«

In diesem Moment schüttelte mich jemand am Arm und fragte: »Alles in Ordnung?«

Es war einer der Musiker, der von draußen hereinkam. Mir verschlug es glatt die Sprache. Denn eine der Grundregeln im Daime lautet, andere nicht aus der Miration zu rütteln. Spätestens jetzt wußte ich, warum.

»Mit mir schon«, grummelte ich zurück, den aufsteigenden Zorn besänftigend.

Ich wollte es nicht persönlich nehmen, es hatte wohl seinen Sinn. Womöglich funkten bestimmte Kräfte dazwischen, damit mir keine weiteren Informationen zuteil wurden. Dagegen wollte ich mich ja gerade schützen. Oder ich sollte den Rest selbst herausfinden. Auf jeden Fall gelang es mir im Moment nicht, wieder den Anschluß zu finden. Wer vom Himmel auf die Erde fällt, muß wohl den Weg zurück wieder zu Fuß gehen.

Also stand ich auf, um mich erneut in die Reihe der Tanzenden einzugliedern. Was mochte noch fehlen an Information? Konnte ich es aus dem bereits Gehörten selber schlußfolgern? Ich konzentrierte mich auf das Tetraeder im dritten Auge. Offenbar geschah die geometrische Entfaltung von jenem Chakra aus. Ich projizierte ein Dreieck in den Raum vor mir und ergänzte weitere Punkte und Linien. Wie von selbst entstand eine kristalline Gitterstruktur um mich herum, in deren Mitte ich mich befand. Diese Struktur wirkte wie eine halbdurchlässige Membran. Nichts Schlechtes konnte eindringen. Mehr noch – der Schutz bestand in beiden Richtungen: Eigene negative Projektionen wurden augenblicklich auf mich zurückgeworfen. So blieb mir nur die Wahl, meinen »Hausmüll« selbst zu recyceln, anstatt ihn in die Umwelt zu kippen. Auf diese Weise ließ sich vermeiden, Außenkarma zu schaffen, welches früher oder später mit größerer Wucht zurückkam. Der schützende Mantel der Mutter Maria erwachte zum Leben als eine mentale geometrische Projektion.

Nach einer Weile des Experimentierens mit verschiedenen Strukturen dehnte ich das Gitternetz über den gesamten Flügel des Raumes aus, in dem ich mich bewegte. Jeder der Tanzenden nahm jeweils einen Gitterpunkt auf der mittleren Ebene eines unsichtbaren Kristalls ein. Auf der unteren Ebene sah ich Wesen aus der Unterwelt, auf der oberen Ebene Engel tanzen. Aber nicht alle Gitterpunkte waren besetzt. Ich hatte das Gefühl, daß sich diese Gruppenstruktur im Prinzip dazu eignete, in »Teamwork« in höhere Dimensionen überzuwechseln, vorausgesetzt, alle Punkte im Gitter wurden bewußt ausgefüllt. In der Zukunft sah ich eine transpersonale Gruppe, die in telepathischer Resonanz ein derartiges astrales Raumschiff erschaffen und steuern konnte. Ich visierte die Möglichkeit eines solchen Verfahrens an. Doch vorerst sammelte ich noch mit einem individuellen Gefährt meine Erfahrungen.

Mirationen entpuppen sich mitunter als Fortsetzungsromane. Bestimmte Themen werden im Astral angestoßen, denen später weitere Informationen folgen. Oft fängt es mit einem Hinweis an, einem Rätsel, das seine Auflösung erst nach und nach erfährt. Unzusammenhängende Fäden verbinden sich plötzlich zu einem geordneten Muster wie Puzzlesteine zu einem Bild. Um dies am Beispiel des Tetraeders zu verdeutlichen, muß ich etwas ausholen, zurück- und vorwärtsgehen in der Zeit.

Es lag schon gut ein Jahr zurück, als mir am Tag nach einem Ritual immer wieder ein Name durchgegeben wurde: *Ezechiel.* Ich vernahm ihn als Stimme in mir, wiederholt und klar formuliert. Der Klang löste eine Empfindung aus. *Ezechiel ...* entstammte der Name meiner Erinnerung? Hatte ich ihn schon einmal gehört oder gelesen? Ein Freund tippte auf das Alte Testament. Volltreffer – dort gibt es einen Propheten namens Hesekiel, auch genannt Ezechiel. Er schildert seine Begegnung mit dem »himmlischen Thronwagen«. Die recht technische Beschreibung in der Bibel läßt eher auf die Begegnung mit einem UFO als mit Gott schließen. Wobei da heutzutage in den UFO-Heilslehren kaum ein Unterschied gemacht wird. Es flog mit Getöse, hatte Räder wie Türkise, Felgen voller Augen, vier erzene Triebwerke, die spontane Richtungsänderungen erlaubten, und eine kristallene Kuppel mit einer Besatzung in kupfernen Anzügen. Was ihm von den Wesen aufgetragen ward zu prophezeien, bezog sich im wesentlichen auf kriegerische Aktionen des »Herrn« gegen »gottlose« Könige und Pharaonen, Jerusalems Zerstörung und eine genaue Anleitung zum Wiederaufbau des »Neuen Jerusalem« inklusive des gesellschaftlich-steuerlichen Systems. Auch das Dorf Mapiá, die Zentrale der Daime-Kirche, nennt sich das »Neue Jerusalem«.

Zu dieser Zeit schenkte mir ein Brasilianer ein Büchlein mit Briefen von *Saint Germain*, dem legendären Meisteralchimisten des 18. Jahrhunderts. Neben vielem Wunderbaren wird ihm die Fähigkeit mentaler Projektion von Edelsteinen zugeschrieben, also die Erschaffung von Materie aus dem Geistigen. Voltaire hatte ihn als »einen Mann bezeichnet, der niemals stirbt und alles weiß«.[56] In Verbindung stehend mit maßgeblichen Größen aus Politik, Kultur und Wissenschaft, ist sein Wirken über mehr als ein Jahrhundert dokumentiert. Als einer der aufgestiegenen Meister der weißen Bruderschaft betreut er den Übergang ins Wassermannzeitalter. Dazu gehört auch die Aufgabe, bei individuellen Schwierigkeiten im Prozeß der Transformation beizustehen. Ihm sind die Farbe Violett und der Amethyst zugeordnet, die mit dem dritten Auge korrespondieren. In besagtem Büchlein erklärt Saint Germain, daß er zusammen mit dem Erzengel *Ezechiel* einen *Tempel des violetten Lichts* im Astral eingerichtet habe, den der Suchende im Traum oder mittels anderer Astralreisen erreichen kann, um dort Rat und Hilfe zu erhalten.

Die von Saint Germain übermittelte zentrale Praxis ist das Rufen der violetten Flamme, der *chama violeta*.

> I AM the light of the heart
> shining in the darkness of being
> and changing all into the golden treasury.

I AM projecting my love
out into the world
to erase all errors
and to break down all barriers.

I AM the power of Infinite Love
amplifying Itself
until It is victorious
world without end![57]

Plötzlich floß die Farbe Violett durch die *corrente*.[58] Gleich auf zwei Ritualen wurde die violette Flamme angerufen. Einmal durch ein gechanneltes Hino einer Hare-Krishna-Anhängerin, das andere Mal im Rahmen eines Geburtstagsrituals als Gebet gesprochen. Dies war insofern ungewöhnlich, weil die Rituale normalerweise festgelegt ablaufen. Etwa zur gleichen Zeit erreichte mich ein Fax aus Deutschland, unterzeichnet mit dem Gruß: Möge dich Saint Germain beschützen. Welche Fügung! Wollte mich jemand von der Existenz des Meisters im Astral überzeugen?

Wir begannen mit der »Sieben-Tage-Praxis« von Saint Germain: Sie fußt auf der Abstraktion, daß Gott in sieben Tagen die Welt erschaffen hat, eine Zahl, die nicht zufällig gewählt ist und sich auf eine konkrete Geometrie der Schöpfung bezieht. Sieben Tage lang zur gleichen Tageszeit wendet sich der Praktizierende mit einem Herzenswunsch an Gott, das eigene Hohe Selbst und alle aufgestiegenen Meister. Je intensiver die mit dem Wunsch verbundene Emotion und Hingabe ist, um so stärker wirkt sich das auf die Energie und den Ausgang des Rituals aus. Die einzelne Sitzung wird geschlossen mit den Worten: *Möge **Dein** Wille geschehen*. Dadurch wird der eigene Wunsch mit einer höheren Bestimmung verknüpft. Sich auf diese Weise einen BMW materialisieren zu wollen wird wahrscheinlich zu

Enttäuschung führen. Am siebten Tag wird das Ritual geschlossen mit den Sätzen: *Es ist vollbracht! Es werde Licht!* Nunmehr hat der Bittende ein vollständig geschnürtes Päckchen ins Astral geschickt, um dessen Inhalt sich höhere Mächte kümmern werden. Im weiteren verläßt man sich vertrauensvoll auf den Lauf des Tao. In unserem Fall wendete sich bald nach der Sieben-Tage-Praxis eine kritische Angelegenheit in die gewünschte Richtung.

Sowohl Santo Daime als auch die Linie Saint Germains haben das gleiche Ansinnen: die Erweckung des Christus-Bewußtseins, auch Hohes Selbst oder Höherer Mentalkörper genannt. Der Aufstieg, die Himmelfahrt, ist der Prozeß, durch den die Seele sich zuerst mit dem Christus-Bewußtsein vereint und dann mit der lebendigen Gegenwart des ICH BIN, DER ICH BIN: Gottes, des Körpers der ersten Ursache, der Vollkommenheit auf Erden, des strahlenden Körpers unserer Buddhanatur. Durch Saint Germain wird das Daime in den weiter gefaßten Kontext universeller Lichtarbeit gestellt und sein gnostischer Aspekt betont.

> ICH BIN das Licht des Herzens,
> leuchtend in der Finsternis des Seins
> und alles verwandelnd in die goldene Schatzkammer
> des Geistes Christi.
>
> ICH BIN und sende meine Liebe
> hinaus in die Welt,
> um alle Irrtümer zu tilgen
> und alle Schranken niederzureißen.
>
> ICH BIN die Kraft Unendlicher Liebe,
> die sich ausdehnt,
> bis Sie siegreich ist,
> in der Welt ohne Ende!

Die »Ezechiel-Connection« spann sich noch weiter. Wieder zurück in Deutschland, hörte ich von der *Merkaba*, dem Sterntetraeder, dem dreidimensionalen Stern Salomos, zusammengesetzt aus zwei verschachtelten Tetraedern. Es gibt Hinweise aus der vergleichenden Astronomie, daß alle Himmelskörper ihre Form und Energie aus der Drehbewegung eines höherdimensionalen Sterntetraeders beziehen. Auch soll alles Leben von einem Sterntetraeder umgeben sein. Vielleicht entspricht das dem morphogenetischen Feld, das der bekannte englische Biologe *Rupert Sheldrake* postuliert. Das Gehörte schloß sowohl nahtlos an meinen Ausflug in die 2-D-Welt an als auch an den Ezechiel des Alten Testaments. Denn das hebräische Wort *Merkaba* heißt übersetzt »himmlischer Thronwagen« und bezieht sich ausdrücklich auf das von Ezechiel geschilderte »Raumschiff«. Mit ihm soll bereits Henoch – Hermes Trismegistos – durch die sieben Palastpforten des Astrals hinauf in den Siebenten Himmel gestiegen sein.

Während meine Freunde einen einwöchigen Videoworkshop über die Merkaba und ihre Aktivierung besuchten, setzte ich meine Studien zu diesem Thema »live on stage« in Brasilien fort. Inzwischen hatte ich genügend Kontrolle über das Ayahuasca, daß ich willentlich in bestimmte Thematiken einsteigen konnte. Ich wollte herausfinden, ob es sich bei der Merkaba um mehr als eine willkürliche Visualisation handelte und aus welcher Bewußtseinsebene sie stammte.

Nachdem ich mit Hilfe von Atmung, Visualisation und einigen Mudras[59] die Energielinien des Sterntetraeders stabilisiert hatte, bat ich mein Höheres Selbst um die Erlaubnis, das mentale Konstrukt in Drehung zu versetzen. Daraufhin begannen die beiden ineinandergeschachtelten Tetraederpyramiden gegenläufig zu rotieren, erst langsam, dann immer schneller, bis sich ihre Konturen verwischten und schließlich unsichtbar wurden. Als Folge dieser Hochfrequenzrotation bildete sich ein energetischer Schirm in Form einer Kugel, die den Sterntetraeder umgab. Ein weiteres Phänomen erwies sich als noch interessanter: Ausgehend von der Mitte des Objektes, erstrahlte senkrecht zur Drehebene ein elektromagnetisches Feld in Form einer feuerroten Unendlichkeitsschleife, der Lemniskate ∞. Das Rot ging mit zunehmender Geschwindigkeit in Violett über.

Dies alles geschah, während ich mich im Daime-Trancetanzschritt bewegte. Nach rechts, nach links, nach rechts, nach links – bis hinein in die Unendlichkeit. Ungezählte Nächte im Tanzritual lagen hinter mir, ohne daß ich die Bewegung vorher jemals verstanden hatte. Tatsächlich beschreibt sie eine liegende *Acht* und kein lineares Hin und Her. Wieder einmal wurde mir klar, daß Anweisungen aus dem Astral einen tieferen Sinn machen, der nicht immer sofort ersichtlich ist. Der Tranceschritt sollte ja nun nicht gerade zu Gelenk- und Haltungsschäden führen. Wenn ich mich nun auf die ∞ konzentrierte, empfand ich augenblicklich eine große Harmonie in meiner Bewegung. Dadurch kam kein abrupter Richtungswechsel zustande, und somit verlor der Schritt seine Ecken und Kanten. Physischer und astraler Aspekt meines Seins synchronisierten sich. In dieser Weise baute sich der »Himmelswagen« auf, startbereit im Leerlauf zum Bereisen höherer Dimensionen. Ein neuer Abschnitt meiner astralen Reisen konnte beginnen.

Später in Deutschland tauschte ich diese Erfahrungen mit den Freunden aus, die den Video-Workshop besucht hatten. Zu meiner Verblüffung berichteten sie von dem gleichen Phänomen der Lemniskate und des elektromagnetischen Feldes, erzeugt durch gegenläufige Rotation. Dies galt mir als Beweis, daß ich mich mit meinen empirischen Untersuchungen im Astral auf dem richtigen Weg befand. Bereits der berühmte Architekt Buckminster Fuller, Erfinder der geodätischen Dome, entdeckte den Zusammenhang zwischen dem Tetraeder und den Winkelabständen in der DNS-Spirale.[60]

In jüngeren Versuchen wurde eine Spirale in ein Tetraeder gesetzt. Licht, das durch das so präparierte Tetraeder fällt, wirft je nach Einfallswinkel Schatten in Form der verschiedenen Alphabete.[61] Offenbar handelt es sich beim Tetraeder um eine metaphysische Urstruktur des Universums.

Inkas und Außerirdische

Viele Ayahuasceiros sind der Auffassung, daß sich das Wissen um die Zubereitung des Tees mittels einer göttlichen Eingebung zuerst im Volk der Inkas verankerte. Moderne geschichtliche Forschung datiert die Verwendung des Trankes allerdings einige tausend Jahre zurück. Für den rituellen Gebrauch durch die Inkas gibt es viele Indizien. Noch heute lebt im Amazonas ein zurückgezogener Indianerstamm, der mit Inkasymbolen bestickte Gewänder trägt und in dessen Ayahuascaliedern die heilige Inkastadt Cusco besungen wird.[62] Padrinho Sebastião schickte einen Gefolgsmann zu diesem Stamm, damit er dort lerne, wie man unabhängig im Urwald überlebt.

Selbst wenn ein Volk physisch vollständig ausgelöscht wird, hinterläßt seine profunde Verbindung mit dem Ayahuasca untilgbare Spuren im Astral. Dort ruht ein noch weitgehend unentdecktes Vermächtnis, das in keinen Büchern der Welt zu finden ist. Immer wieder erzählen Leute von Erinnerungen an die Inkakultur, die in Mirationen auftauchen. Während einer Daime-Arbeit erlebte ich mich selbst als teilnehmenden Zeugen eines ihrer Rituale. Einen Lichtball über meinem Kopf visualisierend, fand ich mich unvermittelt in einer Gruppe von festlich gekleideten Inkas, die in einem steinernen Gemäuer saßen.

»Tiahú«, flüsterte eine Stimme mir zu. »Tiahú, Tiahú«, fuhr sie fort.

»Wer ist Tiahú?« fragte ich.

»Tiahú – das bist du!« antwortete sie.

Bisher kannte ich das Gefühl, daß eine fremde Präsenz in der Miration durch meine Augen schaute. Jetzt kam mir die Eingebung, daß es sich dabei um Astralreisende aus anderen Zeiten und Räumen handelte, möglicherweise um uns selbst aus der Zukunft. Denn jetzt war ich der »Fremde«, der durch die Augen von Tiahú schaute. Der Inka stellte mir seinen Wahrnehmungsapparat zur Verfügung, bei gleichzeitiger Anwesenheit seiner eigenen Persönlichkeit. Dadurch diente mein Wissen dem Inka als Information aus der Zukunft, während er mich an einem untergegangenen Ritual teilnehmen ließ. Die steinerne Schlichtheit des Raumes stand in krassem Gegensatz zu den Kleidern und Stühlen, auf denen wir saßen. Sie leuchteten in purem Gold, an den Seiten kunstvoll verziert. Meine Aufmerksamkeit konzentrierte sich aber vor allem auf die inneren Vorgänge, die sich abspielten.

Der kleine Kreis setzte sich aus hohen Priestern zusammen, die während einer internen Sitzung Ayahuasca zu sich nahmen. Alle waren geeint in der Absicht, gemeinsam etwas Bestimmtes zu bewirken. Jeder der Anwesenden strahlte Erhabenheit und Wahrhaftigkeit aus. Ein starker telepathischer Ring gleichschwingender Frequenz zirkulierte zwischen uns.[63] Was dann passierte, zeigte mir auf wunderbare Weise, wie subtile geistige Energie, mit grober Materie in Wechselwirkung treten kann.

Die Sonne stand zu dieser Zeit etwa senkrecht über dem Gebäude. Ihr Licht fiel durch eine runde Öffnung im Dach der Kuppel, wo es von einem großen Kristall in zwölf Strahlen gebrochen wurde. Sie flossen durch die Fontanelle in die Anwesenden und aktivierten alle Energiezentren, bevor sie sich in den goldenen Stühlen anreicherten. Die Energie des Sonnenlichts verband sich mit Bewußtseinsenergie und Gold.

Nachdem wir diesen Prozeß in höchster Konzentration einige Zeit fortgesetzt hatten, hoben sich die schweren Goldthrone vom Boden ab und levitierten harmonisch schwingend in der Luft. Wir drehten uns eine Zeitlang langsam und wohlkoordiniert im Kreis, immer in Verbindung mit der Sonne. Das Licht wirkte als Energiequelle für den Antigravitationseffekt, während unsere Absicht die Stühle steuerte. Es existierte eine unmittelbare Verbindung zwischen dem Willen und der Ausführung der Bewegung. Die Atome unserer Körper entzogen sich mitsamt den Stühlen der Naturgewohnheit der Schwerkraft, indem das Bewußtsein ein simultanes Ausgleichsfeld generierte. Ich ahnte, daß sich interstellare Raumschiffe einer ähnlichen Technik bedienen. Sie bewegen sie auf schnellsten Zickzackkursen hin und her, ohne daß die Insassen den geringsten Druck verspüren, weil alle Beschleunigungskräfte infolge von Kursänderungen augenblicklich ausgeglichen werden.

Viele Ayahuasceiros sind der Ansicht, daß die vergangenen südamerikanischen Zivilisationen Kontakt mit Außerirdischen hatten. Auch heute wird in Brasilien sehr häufig von UFO-Sichtungen berichtet. 1996 brachten die Tageszeitungen des Landes auf ihren Titelseiten Phantomzeichnungen von Außerirdischen, die aufgrund von Augenzeugenberichten angefertigt worden waren. An verschiedenen Orten in Brasilien wurden ein und dieselben Wesen gesichtet. Begegnungen mit Wesen aus dem Weltall in der Miration sind geradezu typische Erfahrungen.[64] Sie kommunizieren mit der jeweiligen Person und geben Informationen weiter, so wie es Nathalie in Belo Horizonte widerfuhr.

Vielleicht existiert Ayahuasca auf vielen Planeten als eine Art interplanetarisches Kommunikationssystem. Ich kann mir vorstellen, daß hinter dem Ayahuasca ein Entwicklungsprogramm steckt – mit einer geistigen Kapazität vergleichbar der solaren Kernfusion der physischen Ebene. Unterentwickelten Planeten soll geholfen werden, sich bis zu dem Grad zu entwickeln, der sie zu friedlichen Begegnungen mit anderen, hochstehenden Zivilisationen im Kosmos befähigt. Erst dann werden sie von dem enormen technischen und spirituellen Wissen einer galaktischen Allianz profitieren, ohne eine Gefahr für die Gemeinschaft darzustellen. Das Daime bereitet uns vor auf den Antritt unserer Reise als Schöpfergötter.

Schon als Kleinkind hegte ich eine überwältigende Sehnsucht nach den Sternen, die sich bis heute erhalten hat. Nicht selten lag ich nachts stundenlang wach auf dem Rücken unter dem leuchtenden Band der Milchstraße. Traf sich mein Blick zwischen den Sternen mit einem anderen, der wie ich in die unerreichbare Weite des Alls reiste? Unerreichbar? Der Gedanke deprimierte mich damals. Ich fühlte mich wie auf einer vergessenen Insel. Jahre später suchte ich die Quelle dieses Gefühls in meiner Kindheit, bei meinen Eltern und in einem Mangel an Verständnis. Doch während sich meine Persönlichkeit wandelte, blieb das Gefühl des kosmischen Alleinseins stets ein konstanter Faktor. Es läßt sich am besten mit dem eines Außerirdischen vergleichen, im Exil auf einem weit von seiner Heimat entfernten Planeten. Ich lernte, damit zu leben, und akzeptierte es als Teil meiner erdgebundenen Arbeit.

Im Daime fand ich plötzlich einen »Treibstoff«, der das Problem der Unerreichbarkeit überwand. Der Astralkörper ist über jede Entfernung erhaben, weil er außerhalb der Begrenzung von Raum und Zeit agiert. Während eines Rituals beschleunigte sich der Stuhl, auf dem ich saß, mit enormer Geschwindigkeit vom Erdmittelpunkt weg in den Weltraum. Ich fühlte den Beschleunigungsdruck zunehmend stärker, bis ich kurz vor der Schmerzgrenze in ein vibrationsfreies Nullschwerkraftfeld überwechselte. Das entspricht dem Moment, in dem sich das Gewahrsein aus dem Körper herauslöst, ein Vorgang, der mit der Zeit immer sanfter vonstatten geht.

Ich wurde katapultiert an eine Schnittstelle zwischen zwei ineinandergeschachtelten Universen mit unterschiedlichen Raum-Zeit-Gefügen. Es handelte sich um ein Tor zwischen zwei Dimensionen in Sichtweite der Erde, die ich noch als kleine Kugel erkannte. Am Rand dieses Raum-Zeit-Bruches schwebte ich gleich einem Astronauten an meinem langen, leuchtenden Lebensfaden und schaute hinaus auf die andere Seite. Dort spürte ich die Anwesenheit von Intelligenz, sah aber keine Körper. Nach einer telepathischen Kontaktaufnahme zeigten sie sich mir in menschlicher Form. Sie lebten nicht mehr auf einem Planeten, sondern als Wächter im Weltraum und waren zuständig für diese Pforte.

Sie boten mir an, Fragen zu meiner persönlichen Zukunft zu beantworten. Dazu waren sie in der Lage, so sagten sie, infolge des zeitlichen Gefälles zwischen unseren Universen. Ich war mir ziemlich sicher, daß sie das konnten. Ein Teil in mir brannte darauf, bestimmte Informationen zu erhalten. Die erste Frage formulierte sich bereits, als eine Stimme mich warnte. Mein Freund, sprach sie, hier handelt es sich um eine Prüfung. Erstaunt hielt ich inne, um in die Situation hineinzuspüren. Wollte ich wirklich meine Zukunft erfahren? Lieber nicht – Zukunft war für die Zukunft bestimmt, entschied ich mich. Ich hatte mein Leben zu leben, ob ich es bereits kannte oder nicht. Mit dieser Einsicht ging ein Gefühl von Erleichterung einher, als sei eine Last – die der Zukunft? – von mir abgefallen.

Schließlich bat ich die Außerirdischen, mir ihr wahres Gesicht zu zeigen. Darauf wollten sie sich nicht einlassen. Das wäre zuviel für meinen Verstand, ich könnte womöglich irre daran werden. Einleuchtend klang mir das nicht, bei allem, was ich schon gesehen hatte. Nun gut – sie hatten eine bemerkenswerte Technologie und außergewöhnliche mentale Fähigkeiten. Nach langem Hin und Her ließen sich die Unbekannten darauf ein, mich ihre Sprache hören zu lassen, die sich aus langgezogenen, walähnlichen, erschreckend tiefen Frequenzen zusammensetzte.

166

Ich fand nicht heraus, warum eigentlich sie das Tor bewachten. Um was für ein Tor genau handelte es sich? Sollten die Wächter verhindern, daß jemand unkontrolliert von dieser Dimension in die dahinter liegende eintreten konnte? Aus Neugier fragte ich, ob sie mich auf die andere Seite ließen. Sie verneinten das mit dem Hinweis, daß meine Form in ihrem Universum keinen Bestand hätte. Wäre ich allerdings bereit zu sterben, sei es mir möglich, in ihrer Form auf der anderen Seite wiederaufzutauchen. Mir schauderte bei dem Gedanken, mich zu dieser fremdartigen Existenz zu gesellen. Meine Liebe zu menschlicher Berührung und Emotion ließ mich dort eine unerträgliche Einsamkeit ahnen. Sinnend schaute ich auf den feinschimmernden Lichtfaden zurück, der mich mit meinem Körper auf der Erde verband. In ihm zu leben, zu lernen, zu lieben und zu lehren war meine Bestimmung.

Etwa ein Jahr später spitzte ich die Ohren, als Eduarda, eine befreundete Daimista in Brasilien, über die PES, *Percepção extrasensual*, außersinnliche Wahrnehmung (ASW), dozierte, während sie konzentriert mit Kreide an einem Yantra[65] malte, einem Kreis um einen Sechsstern, aus dessen Mittelpunkt eine Spirale nach außen führte und andere geometrische, sich periodisch wiederholende Muster nach außen strebend im Verlauf durchschnitt.

»Ein Yantra ist eine Möglichkeit, etwas Außersinnliches ohne Worte auszudrücken. Unsere fünf Sinne sind begrenzt, weil sie an den Körper gebunden sind. Wenn wir etwas darüber Hinausgehendes wahrnehmen wollen, müssen wir andere Sinne benutzen. Während ich das Yantra male, trete ich in den Zustand der außersinnlichen Wahrnehmung. Das Übergangstor ist das dritte Auge. Wenn wir lernen, es zu öffnen und anzuwenden, können wir vollständig andere Welten und Universen wahrnehmen.«

Ich fühlte mich an die *Merkaba* erinnert. Während sie sprach, schweifte meine Erinnerung zurück nach Irland. Dort hatte ich meine erste Miration von einer Welt hinter dem dritten Auge. Die irische Landschaft erschien hinter meinen geschlossenen Augenlidern. In der Ferne lange Bergkämme, deren karge Hänge schroff in grüne Täler fallen. Triefendrote Fuchsienhecken. Nacktes Felsgestein, gesäumt von lila Ginster. Heckenumsäumte Wiesen mit ausdrucksvollen Bäumen. Ein Seepferdchen blickt auf den Druiden gegenüber, dessen Mütze im Wind wiegt. Lauschige Bachblütenlandschaften. Die Bäche rinnen von den Bergen, vereinen sich hier und dort, ihr verhaltenes Murmeln und Plätschern schwillt an zu Rauschen, Rinnsale werden zu kleinen Wasserfällen, die sich in klare Becken ergießen. Zu kalt für ein Bad. Eine lebendige Erinnerung ließ das vergangene Ereignis leuchtend wieder auferstehen:

Der erste Sonnentag! Das bleierne Grau des Meeres hatte sich in strahlendes Blau verwandelt, und die Fuchsien glühten wie Feuer an den Straßenrändern. Hoch am Himmel trieben Wolken, deren Schattenteppiche übers Land glitten. Ich hatte einen Ort der Kraft gefunden, um Daime zu trinken. Ein kleiner Wasserfall, Steine, windgebeutelte Feenbäume …

Die Farbe Lila, als ich die Augen schließe. Das selbstgebastelte, windschiefe Holzkreuz sehe ich als Bild von mir, wie ich durchs Leben gleite. Gestützt auf dieses Kreuz, reise ich durch die Welten der Miration. Auf meinen Kopf visualisiere ich meinen verstorbenen tibetischen Meister. Steige hinauf, sagt er, konzentriere dich nur auf die Stirn, auf das verborgene Auge. Laß dich nicht davon abhalten. Unerschütterlich verharre ich im kühlen Wind, um Stock für Stock die Treppe des Zentralkanals hinaufzusteigen. Mein Ziel, das Stirnchakra, habe ich fest anvisiert. Die Suche nach dem geheimen Siegel leitet mich. Geheim ist es, weil es mit Worten nicht gebrochen werden kann. Eine violette Spirale windet sich in der

Mitte der Stirn. Dort öffnet sich ein sehr enger Kanal, schwierig zu meistern.

Am Ende gelange ich in ein prächtiges Reich aus reinem, farbigem Laserlicht. Alles ist aus völlig transparenten, kohärent schwingendem Licht aufgebaut, seien es Blumen, wogende Landschaften, grüne Bäume. Es gibt unendlich viel zu sehen. Ich finde mich zwischen einigen *Bancos*[66], die auf etwas in der Ferne deuten. Zwei Bewohner des Reiches, mit langgezogenen Hinterköpfen und gekleidet in weite Gewänder, kommen auf mich zu. Sind sie die Wächter dieses Reiches? Ich fühle mich wie ein kleiner Junge, der sich heimlich durch die Hintertür in das Zimmer der Großen geschlichen hat und nun zur Rede gestellt wird. Tatsächlich sprechen sie mich direkt an.

»Wie kommst du hierher?«

»Ich bin auf der Suche nach Heilung für mich und andere. Mein Motiv ist ungetrübt.«

»Wer sitzt dort auf deinem höchsten Punkt?«

»Mein Meister, der mich führte. Er mahnt mich, meine Demut nicht zu verlieren. Auch dann nicht, wenn ich diese hohen Reiche schaue.«

»Es ist gut, sieh dich um und nimm mit, was du benötigst«, erwiderten sie freundlich, aber bestimmt, »du hast nur wenig Zeit.«

Dann verschwanden sie schnell. Wächter zeigen sich in der Regel ziemlich unnahbar. Während ich noch fasziniert um mich schaue, kommt auf einer roten Welle eine grüne Schlange durch die Luft geritten. Sie trägt in sich heilende Qualitäten. Schnell lasse ich sie in meine Tasche gleiten. Ich will noch weiter wandern, als mich auf der irdischen Ebene Mücken heftig attackieren. Eine dunkle Regenwolke entleert ihre Last. Meine Aufmerksamkeit rutscht in die physische Ebene, und das wunderbare Reich schließt sich hinter mir.

Ich blinzelte mit den Augen, doch nicht in irisches Grün blickten sie, sondern auf palmengesäumte brasilianische Hügelkuppen, während Eduarda mit ihren Ausführungen fortfuhr.

»Es gibt eine Konföderation der sieben Planeten, die sich zum Teil auch außerhalb unserer Galaxis befinden. Sie arbeiten nur für das Ziel, eine Änderung unserer Dimension hin zur vierten und fünften zu bewirken. Durch das Santo Daime gehen wir durch die Tore zu diesen Planeten. Viele hier sind von dort, erinnern sich aber noch nicht. Wichtige Kontakte werden sich ereignen, die den Verlauf der Schicksale ändern, weil sie andere an ihre Herkunft erinnern. Transmutiere Karma, gib Erkenntnisse weiter, kanalisiere Energie, um das dritte Auge zu öffnen, werde der Struktur des Astralkörpers bewußt, erlange totales Bewußtsein, daß wir ein Tor für andere sind, ein Tor zu höheren Dimensionen. Dort herrschen andere Frequenzen, die wir verstehen lernen. Deshalb lieben wir uns, verbinden uns, um ein Tor des Verstehens zu bilden. Hier und in der Welt wirst du diese Menschen treffen.«

Erneut spürte ich, daß mein Zuhause in den Sternen lag. Eines Tages wollte ich nicht nur mit meinem Bewußtsein, sondern auch mit meinem Körper dorthin reisen. In Irland wurde mir eine violette Spirale als Kommunikationsstruktur in die Stirn implantiert. In Brasilien entdeckte ich das dritte Auge als Zentrum schöpferischer Geometrie. Von dort aus entfaltet sich das Universum, zu dessen Nahtstellen ich reise.

In Tibet gibt es die Lehre des *Dzogchen*, deren Wurzel in die prähistorische Zeit zurückreicht. In alten Quellen heißt es, daß diese Lehre in dreizehn Sternensystemen existierte.[67] Die Praxis des *direkten Überquerens* soll es erlauben, in voller Lebensblüte die Nachtodvisionen zu schauen. Dann – so heißt es – blickt man in das *Reich der Lichtheit*, die geheime Bezeichnung für das dritte Auge, das Weisheitsauge, welches jenseits schaut. Im tibetischen Totenbuch sind die Visionen symbolhaft beschrieben, mit denen der Mensch nach seinem Tod konfrontiert werden kann. Erkennt er sie als Schöpfungen seines Geistes, erlangt er Befreiung aus dem Kreislauf der Wiedergeburten. Dann steht ihm frei, zu einem glückseligen Platz ohne Sorgen zu gehen, z. B. zu »Amitabhas Reich Sukhavati in der westlichen Richtung«, um sich dort weiterzubilden.

Um die Entität der Erleuchtung zu manifestieren, arbeitet *direktes Überqueren* mit dem kreativen Klaren-Licht-Aspekt von Sein. Das klare Licht residiert im Herzen und ist verbunden mit den Augen. Die Augen senden dieses innere Licht. Wir projizieren das innere Licht nach außen, nicht nur mental, sondern physikalisch als Wellenteilchen, symbolisiert durch das Horusauge. Wer die Vision dieses Lichtes vollständig entwickelt, erleuchtet nicht nur sein Bewußtsein, sondern kann sogar seinen physischen Körper zum unsterblichen »Regenbogenkörper« transformieren – so sagen jedenfalls die alten Meister. Die Übertragung dieser Praxis wird restriktiv gehandhabt. Der Meister will sich sicher sein, daß der Schüler bereits vorwiegend in der Nichtdualität von Geist und Materie lebt.

Auch das Daime führt uns an die Schwelle des Kommens und Gehens, oft genug ohne Vorwarnung. Es ist, als ständen wir auf einem hohen Turm, ohne genau zu wissen, was nach dem Absprung auf uns wartet. Einige springen aus Angst nicht und bewegen sich schlotternd am Abgrund. Andere springen unvorbereitet und vergessen die Landung.

Traumpfade

Mein Leben definiert sich selbst,
und so auch das deine.
Überlassen wir die Priester ihren Himmeln und Höllen
und überantworten wir die Wissenschaftler

ihrem sterbenden Universum
mit seinen zufällig entstandenen Sternen.
Wagen wir es, ein jeder für sich,
unseres Traumes Pforten zu öffnen
und die nichtamtlichen Grenzübergänge zu erforschen,
wo wir beginnen.

Jane Roberts, Juli 1979

Seit meiner frühen Kindheit trage ich eine tiefe Verbundenheit mit der Natur im Herzen. Auf dem Land groß geworden, erforschte ich die Gegend nach idyllischen Plätzen, die mir einen Sinn von Schönheit und Harmonie vermittelten. Wann immer ich konnte, suchte ich sie auf zum Reflektieren, Meditieren, Lesen, um meinen Gefühlen freien Lauf zu lassen oder mich einfach vom sanften Rauschen der Bäume in einen erfrischenden Schlaf tragen zu lassen. Die Natur ist die natürlichste aller Religionen. Daime sensibilisiert die Wahrnehmung für ihre Schönheit und vermag ein tiefes Einheitsgefühl zu schenken.[F7]

Für mich ist es immer eine kostbare Erfahrung, Ayahuasca in ursprünglicher Natur zu nehmen. Wenn Wasser, Luft, Erde und Feuer in ihrer reinen Form vorhanden sind, klingen sie mit den feinstofflichen Empfindungen in uns zusammen, was zu Gesundung und geistiger Klarheit führt. An Kraftorten, wo besondere Energieströme vorherrschen, helfen mir die dort lebenden immateriellen Wesenheiten, meine ureigene Wahrheit zu finden, unbeeinflußt von künstlichen Strukturen. Die zunehmende Verschmutzung des Planeten spiegelt die Verdunkelung des Bewußtseins, die sich über das Gold unseres wahren Kerns gelegt hat.

In einem Lied von Padrinho Alfredo heißt es:

Ich bin verbunden mit der Natur,
die sich mir offenbart.
Das, was sie mir mitteilt,
ist das Beste, was es gibt,
zu lieben und Gutes zu wollen.

Ich werde folgen
mit Freude und Liebe,
was immer Gott will,
hier auf der Erde
oder wo sonst.

Ich fixiere den Heiligen Stern,
dessen Licht mich erleuchtete.
Dieser Stern ist göttlich,
ist der Morgenstern,
Führer unseres Herrn.

Ich stärke mich in diesem Stern,
dem orientalischen Stern.
Mit Seiner Klarheit
gibt er mir Frieden durch die Natur
und universelle Liebe.[68]

Für meine erste Ayahuasca-Erfahrung in der Natur suchte ich einen abseits gelegenen Ort in den Alpen auf: im Wald, bewachsen mit wilden Orchideen und umspült von murmelndem Bergwasser bester Qualität. Nach dem Feuerholzsammeln nahm ich mit Einbruch der Nacht den ersten Becher Daime zu mir. Wasser und Wind spielten die Melodien, die die Miration induzierten, begleiteten und durchdrangen. Die Sterne funkelten mit ungeheurer Intensität. Ich spürte die guten Wesen, die am klaren Wasser wohnten und einen schützenden Kreis zogen. Das Feuer in Gang zu halten entpuppte sich als die wesentliche Aufgabe, der ich zwischen den Wogen des Ayahuasca nachkam.

Spät in der Nacht ging der Mond hinter den Bergen auf. Die Umrisse der Bäume bildeten die wogende Kulisse für himmlische Erscheinungen. Willig ließ ich den Zauber des Ortes seinen Einfluß ausüben. Ich hörte mich eine Formel murmeln, die als Beschwörung und Befehl zugleich ein Wesen aus den Wunderwelten zur Erfüllung lockte.

> Wir kommen von den Sternen
> und singen leise das Mantra,
> daß nur unsere Ohren es hören.
> Om tare tutare ture soha –
> Om tare tutare ture soha.

> Wir kommen von den Sternen
> und sind nicht viele hier,
> die aus dem Herzen lehren.
> Om tare tutare ture soha –
> Om tare tutare ture soha.

> Heile, heile deine Kinder,
> Tara, Mutter des Mitgefühls.
> Om tare tutare ture soha –
> Om tare tutare ture soha.[69]

In dieser Nacht verwischte sich die klare Linie zwischen Himmel und Erde. Mond und Sterne waren Zeugen einer Durchdringung der beiden in mir, die sich in Zukunft stärken sollte. Handlungsanweisungen nahmen Einfluß auf den Verlauf meines Lebens, Einsichten wurden gewiß und hatten die Kraft, Änderungen zu bewirken.

Auf meiner allerersten Ayahuasca-Reise mit der *União do Vegetal* hatte der alte Mann in der Miration etwas verwundert festgestellt, daß aus dem Ayahuasca eine Kirche gemacht worden war. Als ich Jahre später in der Sierra Nevada wanderte, kam mir sein Ausruf wieder in den Sinn. Ich ließ mich nieder in einem Felsenkreis, umgeben von den uralten Sequoiabäumen. Nur noch wenige dieser alten Bäume siedeln auf der Erde. In Verbindung mit ihrer Umgebung strahlten sie eine enorme Kraft und Schönheit aus. Wahrheit und Liebe des großen Geistes sprachen aus ihnen. Im Garten der Königin allen Lebens erfuhr ich die Natur als Schöpfung und Kirche zugleich.

Seitdem folge ich oft dem Ruf der brasilianischen Bergwildnis, um tiefer in das archaische Bewußtsein vorzudringen. Wenn ich nach längerer Abwesenheit dorthin zurückkehre, empfinde ich mich weniger als Teil der Natur, sondern eher als Eindringling eines anderen Systems in einen fernen, nur von Tieren und Pflanzen besiedelten Planeten. Eine schier unendliche Landschaft, deren Gebirgszüge ein Meer formen, goldgelbe Gräser, die sich im Wind wiegen. Dann nehme ich zuerst ein Bad im silbrigen Quellwasser eines Wasserfalls, um den Geruch der Zivilisation abzuwaschen, den Mücken und Stechfliegen besonders lieben. So betrete ich den Garten der Königin.

Bei der ersten Wanderung mit Ayahuasca legte ich mich auf den Boden, als die Welle der Miration kam. Ein intensiver Kontakt mit dem Geist der Ureinwohner ergab sich. Ich *pirschte* nunmehr mit allen Sinnen auf einer anderen Raum-Zeit-Schiene. Kein Laut, kein Hauch entgingen meiner Wahrnehmung, und ich verstand, warum Indianer mit Ayahuasca jagen gehen. Spontan sang ich Lieder eines alten Volkes der Sonne. Im Ayahuasca lebt der Jaguar, vollendeter Ausdruck von Kraft, gepaart mit Wachsamkeit. Er liebt das mondbeschienene Gelände, den Wind in der Stille. Nichts bleibt ihm unentdeckt. Er symbolisiert absolute Freiheit. Im Medizinrad der Inkas herrscht der Jaguar über den Westen, wo die Angst vor dem Tod auf Überwindung wartet.

Gegenüber »Stadtschamanen« kann sich der Geist der Natur bereits durch eine Topfpflanze äußern. Meine Wohnungspflanzen oder der nächste Baum erwiesen sich oft genug als Quellen von Trost und Energie. In der Betrachtung der Details öffnen sich wunderbare Welten. Doch die kraftvollsten schamanischen Erfahrungen sammelte ich in der *Serra do Cipó*, einer weitgehend menschenleeren Bergwildnis in Minas Gerais. Dort herrschen Naturwesen als Mittler transformativer Kräfte. Schamanen, die in der Stadt leben, müssen sich ab und zu in abgelegene Orte der Natur zurückziehen – nicht als Flucht, sondern um der eigenen Stimme zu lauschen und ihre Vision zu stärken.

Bei einer Gelegenheit stieg ich für einige Tage mit Angelika und Rainer, zwei Besuchern aus Deutschland, zu einer abgelegenen Hochebene in der Serra hinauf. Von drei Seiten ist die etwa fünf Kilometer lange Ebene von Bergen umschlossen. An dem einen Ende ergießt sich ein Wasserfall und speist einen Fluß, der am anderen Ende in beeindruckenden Stufen ein paar hundert Meter die Felsen hinabstürzt. Viele kleinere Wasserläufe untermalen die Stille im Tal mit ihrem unaufhörlichen Plätschern und bilden sakral anmutende Trink- und Badebecken. In der zweiten Nacht nahmen wir Daime und ließen den unvergleichbaren Sternenhimmel der südlichen Hemisphäre auf uns wirken. Das Kreuz des Südens stand über uns, die Andromeda-Galaxie schimmerte neben dem Band der Milchstraße. Wir warteten auf den Aufgang des Skorpions, dessen gewundener Sternenschwanz sich gemächlich über die nahe Bergsilhouette schob.

In diesem Moment spürte ich eine Bewegung in meinem Nacken. Ich wischte mit der Hand darüber. Etwas fiel an den Rand des Lagerfeuers. Es war ein mittelgroßer Skorpion, der wie ich vor Schreck für einen Moment bewegungslos verharrte, bevor er blitzschnell im Gras verschwand.

»Was war denn das?« rief Angelika erschrocken. »Das sah doch aus wie ein Skorpion!«

»Stimmt – da saß mir ein Skorpion im Nacken!« stotterte ich. Nach einer Weile des stillen Wunderns platzte Angelika plötzlich heraus:

»Mensch, du hast so eine Menge Kraft im Nacken, laß sie doch mal raus!«

Ihr Kommentar wirkte wie der hellsichtige Hinweis einer an mich adressierten Botschaft. Der Skorpion gilt als Symbol für Transformation. Ich trat durch ein Tor auf die andere Seite meines Selbst. Dort sah ich meine Schatten, Schwächen, Fehler und Ängste, gegen die ich bis zu diesem Tag ankämpfte. Doch je mehr ich gegen sie ankämpfte, um so mehr gewannen sie die Oberhand. Jetzt konnte ich sie in einem anderen Licht sehen. Ihrem Wesen nach bestanden sie aus reiner Energie, die ich ebensogut als Kraftquelle nutzen konnte. Es war nun an der Zeit für mich, diese Kraft zu erschließen.

Zum Verständnis
des Santo-Daime-Kultes

> Die größte Schwierigkeit ist, daß wir leugnen, solch eine gött-
> liche Präsenz zu sein ... auf der Erde wie auch im Himmel.
> Wir sind dort, so müssen wir auch hier sein. Die Frauen sind
> die Gegenwart der allmächtigen Jungfrau, und wir Männer
> sind das Angesicht von Christus. Jeder, der dort oben voll-
> kommen ist, sollte auch hier auf der Erde vollkommen sein.
> Alle sollten sich respektieren und Gott in allem sehen, weil
> alle die gleiche Anwesenheit sind.[70]

Zur Geschichte

Santo Daime wurde in den zwanziger Jahren durch Raimundo
Irineu Serra initiiert. Der im Zeichen des Schützen geborene
Schwarze (1892–1971) stammte aus dem armen, verwüsteten
Nordosten Brasiliens. 1912 siedelte der mit seinen zwei Metern
unter den eher kleinwüchsigen Brasilianern herausragende
Hüne zusammen mit einer Welle von Arbeitssuchenden in den
Bundesstaat Acre über, um als »seringueiro« (Kautschuksamm-
ler) im Amazonas sein Brot zu verdienen.
Sechs Jahre arbeitete er auf Gummiplantagen nahe der Grenze
zu Peru, wo er auf Indianer traf, die Ayahuasca verwendeten. Er
lernte die beiden Brüder Antonio und André Costa kennen, die
ihrerseits durch den peruanischen Schamanen Don Cresencio
Pizango in das Ayahuasca eingeweiht worden waren und eine
Kirche gegründet hatten, die sie »Circulo de Regeneração e Fé«
(CRF – Zirkel der Regenerierung und Zuversicht) nannten.[71]
Noch heute tragen die Frauen auf ihrer blauen Ritualkleidung
das Emblem CRF, vielfach gedeutet als Kürzel für *Commando da
Rainha da Floresta* (Kommando der Königin des Waldes).

Es wird erzählt, daß Irineu eines Nachts, als er im Wald auf dem Boden lag, mit Ayahuasca eine Vision hatte, die den Lauf seines Lebens entscheidend veränderte. »Der Mond sei ihm sehr nahe gekommen«, und darin erblickte er eine Göttin auf einem Thron sitzend.[72] Telepathisch übermittelte sie ihm, daß ihm etwas gezeigt werde, was vor ihm noch nie jemand gesehen hatte. Ihm würde eine Welt in seine Hände gelegt, die er zu leiten hätte. Zuvor sollte er auf Visionssuche acht Tage lang tief in den Regenwald hineindringen, nur Ayahuasca trinken und ungesalzenen Maniok essen. Am vierten Tag seiner Suche überkamen Irineu mehrere Mirationen einer Frau, die sich ihm als »Unsere Jungfrau der Empfängnis«, die Königin des Waldes, vorstellte. Ihm wurde aufgetragen, einen Kult zu gründen, in dessen Mittelpunkt die rituelle Einnahme des Ayahuasca-Tees stünde. Er sollte den Tee »Daime« nennen, was sich auf die Anrufung »Dá-me amor, luz e força« (Gib mir Liebe, Licht und Kraft) bezieht. Die Liane als eine Komponente des Tees stellte den solaren, maskulinen, die Blattpflanze den femininen Aspekt dar, symbolisiert durch »Unsere Jungfrau der Empfängnis« oder die Königin des Waldes.

1930 ging Irineu nach Rio Branco, der Hauptstadt von Acre, wo eine kleine Gruppe von Adepten sich um ihn sammelte. 1945 gründete er seine eigene Ayahuasca-Kirche, die er *Centro de Iluminacão Christã Luz Universal* (CICLU) taufte, bis heute bekannt als *Alto Santo*. In jener Zeit begann er Hymnen zu empfangen, die während des Rituals gesungen wurden. Bis dahin kannte er nur einige Verse, die er mit dem Mund flötete oder intonierte. Luiz Mendes, einer seiner ersten Gefolgsleute, beschreibt folgenden Dialog zwischen Irineu und der Königin des Waldes:[73]

»Du wirst aufhören mit dieser Angelegenheit des Flötens und Intonierens und wirst singen.«

»Aber ich kann nicht singen.«

»Du wirst es lernen.«

»Aber wie werde ich singen?«

»Ich lehre es dich.«

»Es ist sehr schwer.«

»Ist es nicht. Es geht nur darum, den Mund zu öffnen.«

Er öffnete den Mund, und sie sang. »Gott erlöse dich! Weißer Mond.« Ab da begann er zu empfangen. Mit den ersten drei Liedern sangen sie bereits die ganze Nacht, indem sie sie wiederholten.

Bis zum Zeitpunkt seines Todes hatte Irineu 132 Hymnen aus dem Astral empfangen, die die Grundlage der Santo-Daime-Doktrin bilden und als drittes Testament angesehen werden. Obwohl beeinflußt von dem spirituellen Wissen vieler Epochen und Kulturen – z. B. der Inkas, Indianer, afro-brasilianischer Kulte usw. –, steht die zentrale Lehre Jesu Christi im Vordergrund:

> In den Buchstaben der Hinos wie auch in allen Ritualen liegt die Betonung immer auf den christlichen Werten wie Liebe und Demut, die als alltägliche Süße betrachtet werden, als essentielle Voraussetzung für den Erhalt irgendeiner Art von Heilung. Anstatt Zauberei zu entwickeln, ist die daimistische Einstellung, das zu lieben, was uns Schlechtes will. Anstatt seine Kräfte und Abenteuer im Astral hochzuleben, sollte der Nachfolger von Irineu begreifen, demütig zu sein, sich »auf seinem Platz zu benehmen«. Die Kraft des Daime sollte niemals dazu verwendet werden, Schlechtes zu tun, oder zum rein persönlichen Vergnügen.[74]

Einer von Irineus Anhängern, ebenfalls ein »seringueiro«, war Sebastião Mota de Melo. Medial begabt, arbeitete er als bekannter Heiler im spiritistischen Umfeld. 1965 kam er auf der Suche nach Heilung von einem Leberleiden nach Alto Santo. In seinem ersten Santo-Daime-Zeremoniell erlebte er, wie sich seine Seele vom Körper löste. Er beobachtete ein Ärzteteam von Geistwesen im Astral, die seinen Körper heilten, indem sie ihn »restaurierten«, d. h. das Fleisch vom Skelett abtrennten und neu zusammensetzten. Anschließend genas er von seiner Krankheit und wurde zum Anhänger von Mestre Irineu.

Obschon er durch Irineu als sein Nachfolger autorisiert war, kam es nach dessen Tod zu internen Meinungsverschiedenheiten, die Mota veranlaßten, eine eigene spirituelle Gemeinschaft auf Colonia 5000 nahe Rio Branco zu gründen. Den Prinzipien Irineus folgend, glaubte Mota, daß sich das Harmonie- und Einheitsgefühl, welches die Daime-Rituale hervorbrachte, am besten vertiefen ließe, indem die *Daimistas* gemeinsam lebten und arbeiteten. Da Landspekulanten und Viehzüchter den Regenwald immer mehr zerstörten und es damit für die ansässigen Kautschuksammler immer schwieriger wurde zu überleben, sahen sich Padrinho Sebastião und seine Leute gezwungen, ihre Kolonie landwirtschaftlich aufzubauen.

In den achtziger Jahren, parallel zur Ausbreitung des Daime-Kultes in den Metropolen Brasiliens, gefolgt von repressiven Maßnahmen seitens der Regierung, empfing Sebastião eine Reihe von Visionen, in welchen der Regenwald ihn rief, mit seiner Kolonie weg von den Städten wieder in den Amazonas zurückzukehren, um dort ihre Lehre in Frieden zu praktizieren. Wie ein moderner Moses führte Sebastião seine Leute in den Wald, wo sie sich am *Rio de Ouro* niederließen. Nach drei Jahren intensiver Aufbauarbeit kam ein Großgrundbesitzer mit einem Stück Papier, das ihn als den Besitzer des gefundenen Landes auswies. Als Entschädigung gab ihnen die Regierung Mapiá, wo sie unverdrossen von vorne anfingen. Sie litten an Malaria und Lebensmittelknappheit. Horden von Ameisen und anderes

Ungeziefer plünderten die Plantagen. Sie hielten durch. Wer mag sich ihre Gefühle ausmalen, als sich nach weiteren drei Jahren herausstellte, daß das Papier eine Fälschung war. Sie blieben dort in Mapiá, nannten es »den Himmel von Mapiá« und »Neues Jerusalem«, heute das Zuhause von etwa 700 Menschen, deren Zahl laufend zunimmt.

Unter der Leitung von Padrinho Sebastião wuchs die Santo-Daime-Doktrin zu einer nationalen Bruderschaft von spirituell Suchenden. Am 20. Januar 1990 starb Sebastião an Herzversagen, verursacht durch einen heimtückischen tropischen Erreger. Er hinterließ zwölf von ihm autorisierte Kirchen in Brasilien und eine ständig wachsende Zahl Daimistas außerhalb des Landes. Sein letztes Lied besingt seine vollständige Verschmelzung mit der Natur:

> Ich bin der Sonnenschein,
> ich bin der Mondenschein,
> ich gebe Glanz den Sternen,
> weil alle mich begleiten.
>
> Ich bin der Schein im Meer,
> ich lebe im Wind,
> ich scheine im Wald,
> weil er mich erhält.[75]

Seine Nachfolge übernahm Sebastiãos Sohn Alfredo Gregório de Melo, geboren am 7. Januar 1949, heute Präsident von CE-FLURIS, der Dachorganisation der Daimistas.

Aktuell befinden sich die Daime-Kirchen in einer Transformation. Nach dem Tod von Sebastião setzte eine Phase starker Ausbreitung vor allem im Ausland ein. Parallel dazu verliert die Organisation nun im eigenen Land an Ansehen. Ihr wird von Mitgliedern vorgeworfen, sich als alleinige Erben von Mestre

Irineu aufzuspielen und Daime zu kommerzialisieren. Man sieht nicht mehr ein, warum in einer Gemeinschaft, in der angeblich alle gleich sind, viele für wenige bezahlen sollen. Willkürliche Beschlüsse »von oben« werden in Frage gestellt, und einige angeschlossene Zentren streben nach selbständiger Verwaltung und Unabhängigkeit. Dies wird realisiert durch den Eigenanbau von Yagube und Rainha, die in den meisten Regionen Brasiliens gedeihen.

Darüber hinaus gibt es Gruppen, die spirituell anders mit dem Daime umgehen, aber auch auf Mestre Irineu und Sebastião zurückgehen. Als Beispiel sei die »Fundação Matutu« genannt, eine private Umweltstiftung im bergigen Süden von Minas Gerais, die sich als Hüter des Waldes versteht und neue Wege zum Zusammenleben im Einklang mit der Natur erprobt. Der Name Matutu, den die Gegend von den Ureinwohnern erhielt, heißt übersetzt etwa »Häuptling der Zauberer/Schamanen«. Die dort lebenden Kinder erhalten in der eigenen Schule eine ökologische Erziehung.

Mit dem Naturschutzgedanken tritt die Stiftung an die Öffentlichkeit. Sie versucht konkret, Primärwald im Südosten Brasiliens durch Kauf vor der sonst unausweichlichen Brandrodung zu schützen. Neben der Stiftung hat die Gruppe ein rein internes »Centro Espiritual Dos Estudos Ayahuasca« gegründet. Es gibt keine Uniformen, und Daime wird nicht an starren Kalendertagen genommen, sondern z. B. zur Harmonisierung der Gruppe oder bei aktuellen Problemen. Im Unterschied zu Mapiá finanziert sich das Dorf nicht über das Daime. Weil kein Interesse an Expansion und Kommerzialisierung besteht, ist es für Außenstehende nicht so ohne weiteres möglich, an einem seiner Rituale teilzunehmen.

Die vier Säulen

Die religiösen Prinzipien im Santo Daime – Harmonie, Liebe, Wahrheit und Gerechtigkeit – entstammen der kabbalistischen Tradition des *Circulo Esotérico da Comunhão do Pensamento*, wo Irineu Mitglied war. Später schloß er sich ebenfalls dem Orden der Rosenkreuzer an.[76] Inwieweit sich das mit dem im Santo Daime verbreiteten Mythos des »einfachen Mannes aus dem Wald, der weder lesen noch schreiben konnte«, verträgt, sei dahingestellt. Sehr wahrscheinlich ließ Mestre Irineu sein dort erworbenes esoterisches Wissen in die von ihm gegründete Bewegung einfließen, man denke beispielsweise auch an den Stern Davids, ein zentrales Symbol des Santo Daime, welches bei den Rosenkreuzern ebenfalls eine wichtige Rolle spielt. Anhand eines zentralen Textes, der während der Heilungsrituale verlesen wird, läßt sich der Zusammenhang der Philosophie des Daime mit der esoterischen Wissenschaft des Abendlandes aufzeigen. Sein Titel lautet: Die Weihung des Zimmers.

Im Inneren des unendlichen Kreises der göttlichen Präsenz, die mich vollständig umgibt, bekräftige ich:

– Es gibt nur eine Anwesenheit hier: Es ist die der *Harmonie*, die alle Herzen vor Glück und Freude vibrieren läßt. Wer hier eintreten will, wird die Schwingungen der göttlichen Harmonie spüren.
– Es gibt nur eine Anwesenheit hier: Es ist die der *Liebe*. Gott und die Liebe, die alle Wesen mit der Empfindung der Einheit umfaßt. Dieser Raum ist gefüllt mit der Gegenwart der Liebe. In der Liebe lebe, bewege und existiere ich. Wer hier eintreten will, wird die reine und heilige Gegenwart der Liebe spüren.
– Es gibt nur eine Anwesenheit hier: Es ist die der *Wahrheit*. Alles, was hier existiert, alles, von dem hier gesprochen, alles,

was gedacht wird, ist der Ausdruck der Wahrheit. Wer hier eintreten will, wird die Gegenwart der *Wahrheit* spüren.

– Es gibt nur eine Anwesenheit hier: Es ist die der *Gerechtigkeit*. Die Gerechtigkeit regiert diesen Raum; alle Handlungen, die hier vollzogen werden, sind gelenkt und inspiriert durch die Gerechtigkeit. Wer hier eintreten will, wird die Gegenwart der Gerechtigkeit spüren.

– Es gibt nur eine Anwesenheit hier: Es ist die von GOTT, dem GUTEN. Nichts Schlechtes kann hier eintreten. Es gibt nichts Schlechtes in Gott. Gott, das Gute, hält sich hier auf. Wer hier eintreten will, wird die göttliche Präsenz des LEBENS und der GESUNDHEIT spüren.

– Es gibt nur eine Anwesenheit hier: Es ist die von GOTT, dem LEBEN. Gott ist die Essenz des Lebens aller Wesen, ist die Gesundheit von Körper und Geist. Wer hier eintreten will, wird die göttliche Präsenz des Lebens und der Gesundheit spüren.

– Es gibt nur eine Anwesenheit hier: Es ist die von GOTT, dem WOHLSTAND. Gott ist Wohlstand, weil er alles wachsen und gedeihen läßt. Gott drückt sich im Gedeihen von allem aus, was in seinem Namen unternommen wird. Wer hier eintreten will, wird die Gegenwart des WOHLSTANDES und des ÜBERFLUSSES spüren.

Durch das esoterische Symbol der göttlichen Flügel befinde ich mich in harmonischer Schwingung mit den universalen Strömungen der Weisheit, der Macht und der Freude. Die Anwesenheit der göttlichen Weisheit manifestiert sich hier. Die Anwesenheit der göttlichen Freude wird zutiefst von allen empfunden, die hier in sie dringen.

In der vollkommenen Kommunikation zwischen meinem niederen Ich und meinem höheren Ich, das Gott in mir ist, weihe ich dieses Zimmer dem perfekten Ausdruck aller göttlichen Qualitäten, die in mir und in allen Wesen sind.

Die Schwingungen meiner Gedanken sind Kräfte von Gott in mir, die von hier ausstrahlen zu allen Wesen und so diesen Ort zu einem Zentrum der AUSSENDUNG und des EMPFANGENS alles dessen machen, was GUT, FROH und GEDEIHLICH ist.

Die am deutlichsten hervortretenden Elemente des Santo Daime-Kultes sind augenscheinlich christlicher Natur. Tatsächlich reichen sie aber weiter zurück, in die vorchristliche Esoterik.

Ritual der Konzentration

> Denke nicht, daß an nichts zu denken auch ›das, was ist, wie es ist‹ ist.
> Kultiviere nicht den Zustand eines Erwachten; wirf Gottheiten über Bord; laß ab von allen Bereichen geistiger Betriebsamkeit …
> Nimm nicht teil an verwirrenden Praktiken wie Ritualen.
> Dies ist totale Vollständigkeit, das Herz davon, wie alles wirklich ist. Aber darin ist nichts, was auch immer.
> Also bis du eine Kontemplation erlangt hast, die fähig ist, in alle Aktivitäten einzutreten, solltest du alles »Tun« ablehnen.[77]

Grundlegender Bestandteil von Santo-Daime-Ritualen ist die Konzentration. Zwei bis drei Stunden Schweigen zwischen zwei Musikphasen sollen Gelegenheit geben, sich ohne Ablenkung der inneren Erfahrung zuzuwenden. Konzentration, Kontemplation und Meditation werden oft als Synonyme verwendet, bezeichnen aber je nach Tradition und Verständnis verschiedene Vorgänge.

Jedem erfolgreichen Unterfangen liegt Konzentration zugrunde. Manche, die von sich behaupten, bereits große Erfolge in der Meditation aufweisen zu können, haben nur einen Glauben genährt. Sie wollten sich selbst niederzwingen, in unbequemen

Haltungen ausharren, bestimmte oder gar alle Gedanken abstellen, andere dafür ansammeln – und schaffen es doch nie, denn sie folgen einer Vorstellung *über* Meditation. Ein im esoterischen Journalismus erfolgreich arbeitender Mann überwand seine Bedenken und entschied sich, einer Einladung zur Kraftpflanzen-Zeremonie zu folgen. Bis dahin hatte er nur selten meditiert, weil er Meditation als anstrengend und kompliziert betrachtete. Das Daime zeigte ihm, daß Meditation EINFACH IST. Ihr essentieller Punkt ist nicht vom Intellekt bestimmt.

Sie ist nicht *mühselig*, sondern *glückselig*. Un(kon)zentriertheit ist es, die uns erschöpft. Meditation ist ein Seinszustand, eine Einstellung *zu* den Gedanken und Gefühlen, die kommen und dies immer tun werden. Von Natur aus sind wir frei von Paranoia. Ayahuasca hat die Kraft, uns vollständig in die Sicht selbstexistenter, nichterfundener Weisheit einzuführen. Es ist relativ leicht, eine Erleuchtungserfahrung zu machen, schwieriger ist es, erleuchtet zu bleiben. Mit Konzentration fängt alles an. Sie ist aber nur eine Methode, nicht das Endziel.

Bereits die äußere Stille bereitet Schwierigkeiten. Zuerst ist es langweilig. Wenn dann etwas passiert, sich die Kraft langsam bemerkbar macht, wird's brenzlig, geht das Gewackel auf dem Stuhl los. Ist die Energie kaum mehr auszuhalten, beginnt ein nervöser Bewegungsdrang, unruhiges Kratzen an Kopf und Beinen, manche fühlen sich unwohl und beengt auf ihrem Platz. Unmotivierte Bewegungen binden jedoch die Aufmerksamkeit an den Körper und verbrauchen die Energie des Aufstiegs. Nach Möglichkeit sollte man sich in eine Position bringen, die ausdauernde Regungslosigkeit erlaubt. Es ist nicht die Rede von äußerer Rigidität, die zu schmerzhaften Verspannungen führt. Vielmehr ist der Körper auf Entspannung ausgerichtet, damit er als Quelle der Ablenkung ausscheidet. Der Atem fließt, sich selbst überlassen, ein und aus. Es genügt, das Herz zu öffnen für den Fluß der Wahrnehmung, der unsere Wirklichkeit konstituiert.

Die Bewegungslosigkeit entspricht dem tranceartigen Daime-Tanz insofern, da es sich bei beiden um ein gleichförmiges, regelmäßiges Phänomen handelt. Anfangs mögen Schmerzen und andere unbequeme Empfindungen auftauchen, denen wir aber nicht folgen. Der Gleichmut gegenüber körperlichen Empfindungen bedeutet keineswegs Mißachtung. Der Körper ist eine Quelle von Verlangen, Schmerz und Vergnügen, deren Impulse unentwegt den Geist durchströmen – ob man sich darauf einläßt oder nicht. Gleichmut ist Zu- und Loslassen im selben Moment. Das fördert Ursprünglichkeit zutage.

Dann kann tiefe innere Stille einkehren, Voraussetzung zur Entfaltung des inneren Herz-Lichtes. Von dort öffnet sich der Zugang zum »Goldenen Raum«[78], wo lichte Wesen heilen und lehren. In diesem Raum des einfachen, klaren Soseins, angefüllt mit unglaublichem Glanz, verliert sich die Macht der Ablenkung. Damit einher geht ein feinentwickelter Sinn für Perfektion und Harmonie, wie er göttlichen Wesen eigen ist. Der Begriff vom »Goldenen Raum« ist kein spezieller Begriff aus dem Daime-Kult, sondern entstammt der brasilianischen Poesie. Bereits der bekannte Musiker *João Gilberto* besang ihn als den Ort, »wo die Liebe sich ausruht«.

Auf der anderen Seite des Spektrums entladen sich die verschiedensten groben Ausdrucksmöglichkeiten des physischen Körpers. Vorhin noch Würgen in der Hölle, jetzt im goldenen Glanz. Wichtige Vereinbarung ist, anderen nicht unnötig ihre Aufmerksamkeit zu stehlen, sei es durch bohrende Blicke, Gähnen oder lautstarke Geräusche. Einmal erlebte ich, wie sich jemand daran freute, was für ein Clown er doch sei. Zwischen seinen Witzen formulierte er jedoch bewußt, sich aus Angst vor dem Sterben so zu produzieren.

Wir geben Raum für das, was tatsächlich passiert. *Akzeptiere, was auch immer kommt.*[79] Bleibe gelassen. Erlaube der Kraft, die weit über unser Verständnis hinausgeht, zu heilen und zu erleuchten. Weniger wir arbeiten mit dem Daime als es mit uns. *Vertraue, vertraue der Macht, vertraue dem Wissen, vertraue der Kraft, wo sie auch ist ...*[80] Das Daime holt uns dort ab, wo wir stehen, und wenn wir uns bereits woanders wähnten, transportiert es uns wieder zurück.

Bisweilen brechen unergründliche Bilderfluten hervor. Es ist nicht reizlos, sie zu ergründen, aber viel Zeit kann dabei verlorengehen. Als wären wir mit dem Fahrstuhl auf dem Weg zum Penthouse unterwegs, stiegen dann aber schon in der zweiten Etage aus. Jedes Stockwerk entspricht einer Schicht im Astral und bietet genug Unterhaltung für ein ganzes Leben. Allerdings gibt es dort manchmal karmisch etwas abzuschließen oder zu lernen, bevor wir höher steigen können. Wichtig ist, sich nicht zu verlieren oder das Stockwerk mit dem Himmel oder der Hölle zu verwechseln. Die Erscheinungen, die unser kreativer Geist erzeugt, sind grenzenlos und illusionär zugleich, da sie keine eigenständige Existenz besitzen. Es ist wichtig, die Konzentration immer wieder auf den Punkt zu bringen. Der portugiesische Begriff *firmeza* weist auf eine unerschütterliche Haltung, in der Gedanken nicht in der Lage sind zu stören.

Einmal erlebte ich, wie auf einem Ritual die falsche Auslegung des Terminus »Hier und Jetzt« zu Komplikationen führte. Die Teilnehmer bestanden aus einer geschlossenen Gruppe, deren Leiter seinen Leuten vor dem Ritual einschärfte, »immer präsent zu bleiben, d. h. den Bildern nicht zu folgen, den Körper nicht zu verlassen, sondern immer im ›Hier und Jetzt‹ zu bleiben«. Nachdem eine Frau über lange Zeit in Weinkrämpfen festhing, befragte ich sie nach ihrem Problem. Unter Schluchzen brachte sie hervor, daß sie gegen den Drang kämpfte, den Körper zu verlassen.

»Warum kämpfst du?« fragte ich sie.

»Aber ich muß doch hierbleiben!« stammelte sie verzweifelt.

Nachdem ich ihr versichert hatte, daß nichts Unangenehmes passieren konnte, forderte ich sie auf, einfach der Kraft zu folgen. Dann ging sie dorthin, wo Gott sie haben wollte, und machte innerhalb von wenigen Minuten einen glücklichen Eindruck im »Hier und Jetzt«.

Eine andere Frau aus der Gruppe rang mit dem gleichen Mißverständnis. Aus dem Himmel hatte sich ihr eine einladende Hand entgegengestreckt. Sie lehnte die Gelegenheit zu einer möglicherweise transzendentalen Erfahrung ab und verbrachte den Rest der Zeit in stillem Widerstand gegen den Fluß der Energie.

Die beiden Fälle demonstrieren, wie Realität aufgrund von Glaubenssätzen erschaffen wird. Der Leiter der Gruppe glaubte, das Daime bereits zu kennen, fürchtete aber, sich der Kraft zu überlassen.

Statt dessen übertrug er seinen unbewußten Abwehrmechanismus auf die Gruppe. Präsent zu sein heißt nicht, in vorhandenen Vorstellungen zu verharren oder im Körper zu bleiben, sondern mit dem Gewahrsein im Gepäck zu reisen, wohin uns die Kraft auch trägt. Ein schneller Weg zum Licht gründet sich deshalb auf Demut, weil sie Angst und konzeptuelle Barrieren überwindet.

Während der Konzentrationsarbeit werden manchmal die *Anweisungen des Esoterischen Zirkels* vorgelesen. Sie entstammen der kabbalistischen Überlieferung des Zirkels, dem Irineu vor der Gründung der Daime-Kirche angehörte. Zentrales Element der Anweisung ist »Der Schlüssel zur Harmonie«, der als Gebet ins Daime-Ritual übernommen wurde. Es folgt eine auszugsweise Übersetzung des Textes:

Der ideale Zustand für die Praxis der mentalen Kommunikation ist jener, in dem der Körper sich in völliger Entspannung befindet, denn dann verfügt der Geist über die perfekte Freiheit von Handlung.

Dies ist ein Zustand völliger Abstraktion, in dem das Individuum den Phänomenen, die sich *innerhalb und außerhalb von ihm* abspielen, *nicht die geringste Aufmerksamkeit schenkt*.

Setze dich bequem hin. Entspanne Geist und Körper, schließe die Augen und verbleibe für einige Minuten vollkommen ruhig.

Lasse deinen Körper von selbst weich werden, ohne eine Anstrengung zu unternehmen.

Komme so in den Zustand von Ruhe und absolutem Frieden.

Rezitiere dann in Harmonie, Liebe, Wahrheit und Gerechtigkeit den Schlüssel der Harmonie.

Schlüssel der Harmonie

Ich wünsche *Harmonie, Liebe, Wahrheit und Gerechtigkeit* allen meinen Brüdern des Esoterischen Zirkels der gedanklichen Kommunion.

Mit der vereinten Kraft der stillen, schweigenden Schwingungen unserer Gedanken sind wir stark, gesund und glücklich, auf diese Weise ein Bindeglied der universalen Brüderschaft formend.

Ich bin zufrieden und in Frieden mit dem ganzen Universum und wünsche allen Wesen, daß sich ihre innersten Wünsche erfüllen.

Dem unsichtbaren Vater sage ich Dank, daß er begründet hat die Harmonie, Liebe, Wahrheit und Gerechtigkeit zwischen all seinen Kindern. So sei es.

Erklärungen

Die Worte, die unseren Schlüssel der Harmonie konstituieren, sollten mehr mit dem Herzen als mit der Intelligenz gesprochen werden, weil nur dieses die Realität dieser Affirmationen *fühlen* kann.

Unerschütterliche Zuversicht und absolutes Vertrauen, die nur aus dem Herzen kommen können, sollten den Initianden in seiner täglichen Konzentration führen.

Im Menschen existieren zwei Zentren der Energie: eines der Konzentration und ein anderes der Ausdehnung.

Das Gehirn, mentales Zentrum der Ausdehnung, strahlt Gedanken oder Kräfte in alle Richtungen, ist damit für sich allein unfähig, sich nur auf eine Sache allein zu konzentrieren und so zu realisieren, was anvisiert wurde.

Das Organ, das die Energien des Organismus zentralisiert und dirigiert, ist das Herz. Es kanalisiert unsere Gedanken und fixiert sie auf das begehrte Ziel, bis es erreicht ist.

Das ist der Grund, warum es für den Initianden unumgänglich ist, die gesprochenen Worte zu *fühlen*.

Der glückliche Mensch und derjenige mit absoluten Resultaten folgt sieben unerläßlichen Regeln, um im Leben zu triumphieren, die er entweder durch Studium oder durch Intuition verstanden hat. Sie lauten:

1. Bewahre die Ruhe
2. Sei froh
3. Liebe den Nächsten
4. Habe Zuversicht
5. Bete immer
6. Denke die Wahrheit
7. Lebe im Geist

(Anmerkung: Diese sieben Punkte werden im Originaltext ausführlich erläutert.)

Alle, die Resultate im Leben erlangen, was auch immer ihr anvisiertes Objekt ist, wenden *unbewußt* einige dieser Gesetze an und realisieren so ihr privates Ziel, ohne, im allgemeinen, zu größerem Glück zu gelangen. Nur die Anwendung aller zusammen kann wahres Glücklichsein bewirken sowie unerschöpflichen Überfluß und kontinuierlichen Fortschritt.

Gemäß deinem Vertrauen in diese Lehren und Praktiken, werden die täglichen Erfolge deine Anstrengungen krönen.

Wenn die Nächte sternenbedeckt sind, kontempliere den unendlichen Raum, meditiere über die Harmonie des Universums und lasse zur gleichen Zeit deine Gedanken vibrieren mit dem Wunsch nach Frieden, Gesundheit und Glück für alle deine Geschwister verstreut in der ganzen Welt.

In dieser Stunde werden sich die unsichtbaren Schwingungen deiner Gedanken in die Höhe erheben, auf der Suche nach mentalen Wellen der gleichen Schwingung, sich mit ihnen zu einer Kraft verbinden, deren Macht zu deinem und dem Wohle deiner Brüder und Schwestern enorm sein wird.

So ein Moment ist geeignet, eine gerechte Bitte zu formulieren.

Auch aus dem oben zitierten Text geht die Anlehnung der spirituellen Inhalte des Santo Daime an die europäischen Schulen der Mystik hervor.

Die Magie des Klanges

Ich komme aus dem Wald mit meinem Gesang der Liebe. Ich singe mit Freude zu meiner Mutter, die mich schickte. Sie schickte mich, heilige Lehren zu bringen. Auch alle meine Geschwister, die kommen, tragen diese Lehre für die, die sie verdienen.[81]

Alle esoterischen und schamanischen Gruppierungen, die mit Ayahuasca arbeiten, benutzen in ihren Ritualen den Klang. Die Mirationen werden dadurch strukturiert und gefärbt. Auf den großen »weißen« Daime-Ritualen, so benannt wegen der weißen Uniform der Männer, werden zum Daime-Trancetanz Liederbücher mit bis zu 160 Liedern durchgesungen. Die Lieder wurden in der Regel unter Einfluß von Ayahuasca empfangen und klingen deshalb mit der Frequenz der Miration, für die sie als Trägerwelle wirken, zusammen. Die Musik bringt den *aparelho* zum Vibrieren wie ein leeres Bambusrohr. Das inspiriert höhere Wesen, ihre Liebe und Kraft durch die Menschen strömen zu lassen.

Bisweilen inkarnieren sich spezifische Entitäten in den Körpertempeln und brillieren mittels unserer menschlichen Sinne. Ein schönes Ritual wird belohnt durch eine Versammlung lichter Wesen. *Wir bereiten das Haus, wir machen es leer, wir heben die Stimme und rufen sie her.* Der Klang schafft Verbindung zur reinen, egolosen Energie der Gottheit. Die Energie zirkuliert im Kreis und wird gereinigt. So wie ein Mantra den Fluß der Wahrnehmung in Gang hält, treibt der Klang der Töne das Ritual vorwärts nach oben in die Akasha[82], erzeugt er den Raum für edlen Besuch, in dessen Gegenwart sich profunde Heilung auf der physischen, psychischen und spirituellen Ebene ereignen kann. Der Klang an sich ist vermutlich der wichtigste Schlüssel zum Verständnis und Wesen des Daime-Kultes.

Eine musikalische Offenbarung erlebte ich beim Akkordeonspielen. Die Musizierenden sitzen in der Regel um den Tisch in der Mitte der Kirche. Seit etwa einem Jahr übte ich gelegentlich auf den Besucherbänken am Rande des Rituals. Es war mir gelungen, von den meistgespielten Liedern Noten zu besorgen, was mir eine gewisse Sicherheit verlieh, aber andererseits dazu führte, daß ich am Blatt klebenblieb und nicht »mirieren« konnte, also keine inneren Bilder hatte. Ich mußte mich furchtbar zusammenreißen, damit die Noten nicht von den Linien purzelten. Wenn ich nur nach Gehör spielte, traute ich mich aus Angst vor falschen Tönen nicht, laut zu spielen. Auf diese Weise machte ich kaum Fortschritte.

Eines Tages wollte ich einen brasilianischen Gitarristen auf einem Ritual in Deutschland begleiten. Während ich gerade umständlich den Notenständer vor mir aufbaute, ermunterte er mich, auswendig zu spielen. Sonst würde ich es nie schaffen, daß »die Miration mich spielt«. Dankend lehnte ich ab. Nach einer Weile kam ich aber mit den losen Notenzetteln so durcheinander, daß ein ganzer Schwall auf den Boden segelte. Als ich sie zusammenklauben wollte, fiel zu allem Überfluß auch noch der Ständer um. Eine Welle der Miration überflutete mich, so daß ich mich entschied, mit geschlossenen Augen weiterzuspielen. Zaghaft fingerte ich von Ton zu Ton, immer etwas hinter den anderen hinterher. Plötzlich durchdrang mich eine Botschaft wie ein Donnerschlag. *Alle Töne sind ein Ton! Es gibt keine falschen Töne!*

Im gleichen Atemzug erlebte ich, wie *mich die Kraft spielte*. Ich selbst wurde zum Instrument, zur Verlängerung des Akkordeons. Die Sichtweise drehte sich vollständig. Ich empfand den schweren Kasten mit seinen Tasten und Knöpfen nicht mehr als zwischen mir und der Musik stehend, sondern als direkten Ausdruck der Miration. Die Finger huschten mit einer rasenden Geschwindigkeit über die Tastatur und improvisierten Melodien von unbändiger Freude und Ausgelassenheit. Es gab keine falschen Töne mehr, weil alle Töne dazugehörten. Solange ich daran glaubte, geriet ich nicht ins Wanken. Aus dem *einen* Ton entstanden alle Töne. Die Farben hinter meinen Augenlidern wurden zu Musik, und die Musik verwandelte sich in Farbe. Ursache und Wirkung waren eins.

Der Mensch wechselte mit Erfindung des Alphabets und der Ablösung der Bildersprache vom visuellen zum auditiven Verstehen. Er tauschte sozusagen das Sehen mit dem Hören. Im Daime *sehen* wir wieder durch das Hören. Seit diesem Durchbruch warte ich einfach darauf, bis das Wesen der Musik kommt und durch mich spielt.

Eine interessante Anregung zur Magie der Töne gab mir ein Brasilianer. Die internationale Benennung der Tonleiter *Do Re Mi Fa Sol La Si* bekommt im Portugiesischen einen sprachlichen Sinn, wenn in der Aufzählung mit dem *Re* begonnen wird: *Re Mi Fa Sol La Si Do*, was lautmalerisch einen Satz ergibt: *re me faço lã sido*, was in etwa heißt: *zurück mache ich mich, dort bin ich*. In unserem Ursprung finden wir unser wahres Wesen. Die Daime-Frequenz öffnet den Zugang zur Akasha-Chronik, welche die Erinnerung aller vergangenen und zukünftigen Existenzen birgt.[83] Sie vermittelt den Übergang in andere Dimensionen, in denen wir mit unseren verschiedenen Körpern parallel existieren. Jede Erfahrung im Daime ist etwas Einmaliges und bringt die verschiedensten Erlebnisse mit sich.

Die heilende Wirkung von Klang ist an sich schon in dem portugiesischen Wort für »singen«, *cantar*, verborgen. Man stelle sich ein Glas trübes Wasser vor, das in Ruhe sich selbst überlassen bleibt. Mit der Zeit sinken die groben Teilchen nach unten, und die ursprüngliche Klarheit des Wassers tritt wieder hervor. Dieser Prozeß wird im Portugiesischen *decantar* genannt, im Deutschen »Ausfällung«.

Decantar hat laut Lexikon aber noch zwei weitere Bedeutungen:

1. Unreinheiten abtrennen, die sich in einer Flüssigkeit befinden[84]
2. feiern oder lobpreisen in Gesängen oder in Versen[85]

Durch Feiern und Lobpreisen in Gesängen werden Unreinheiten aus einer Flüssigkeit ausgefällt. Wir klären uns durch Klang und Vibration, um in Resonanz mit kosmischen Prinzipien zu gelangen.

Ein Beispiel für die hörbare Bedeutung im Klang der deutschen Sprache ist das Wort *übergeben*. Wir übergeben uns einer höheren Kraft, wenn wir uns »übergeben« im Sinne von »brechen«. Der Widerstand wird (aus)gebrochen. Deshalb setzt die Miration manchmal erst nach dem Übergeben ein.

Ähnlich ist es mit dem Wort »Aufgabe«, in dem die Wurzel »aufgeben« steckt. Während es als positiv angesehen wird, eine Aufgabe zu haben, und alle Welt emsig nach einer solchen sucht, wenn sie noch nicht gefunden wurde, ist das Verb »aufgeben« negativ belegt. Es deutet auf persönliche Schwäche hin. Vom Standpunkt des Egos mag das richtig sein. Vom Standpunkt des medialen Aspekts des Daime findet sich die Aufgabe erst, wenn wir dieses Ego aufgeben. Dazu müssen wir das Mißtrauen überwinden, das unsere auf »Machen« und »Tun« und »Kontrollieren« ausgerichtete Mentalität »Untätigkeiten« wie »Hingabe«, »Aufgabe« und »Übergabe« entgegenbringt. Dahinter steckt die Angst, nicht mehr Herr der Lage zu sein.

»Sind die Engel alle brasilianisch, oder sind auch einige dabei, die deutsch singen?« scherzte ich bei Gelegenheit mit dem Musiker-Padrinho Alfredo Gregorio de Melo. Als ich mich den grandiosen Wasserfällen von Iguaçu im Dreiländereck zwischen Brasilien, Argentinien und Paraguay näherte, sang mich der erste Engel an – auf portugiesisch. Es handelte sich um ein Freudenlied über unseren neugeborenen Sohn. Kurz darauf formte mein Mund beim Wandern in der Serra die ersten deutschen Zeilen:

> Auf dem Weg, den ich geh',
> scheint die Sonne, scheint der Mond,
> scheinen Liebe, Licht und Kraft,
> Gott hat diesen Weg gemacht.

Ist das Ziel auch fern,
es ist der Weg der, mich erhält (erhellt),
in meinem Herzen wohnt ein Stern,
der mich führt in dieser Welt.

Was mir auch passiert
auf der Reise übers Meer,
immer habe ich Vertrauen
in den Weg, den ich geh'.

Das wesentliche Ingrediens des Santo-Daime-Kultes, das ge-
channelte Liedgut, ist kulturell unabhängig. Inzwischen existieren Daime-spezifische Lieder auf englisch, japanisch, hollän-
disch und spanisch. Inwieweit darin die »Power« des Ayahuasca
steckt, ist sehr unterschiedlich und abhängig vom Hintergrund
des Autors. Manchmal drängt sich der Verdacht auf; daß einige
am Schreibtisch »empfangen« wurden. Die portugiesischen
Lieder liegen dem Ursprung der Rituale näher, übersetzt ins
Deutsche wirken sie dagegen mitunter albern. Wenn deutsche
Daimistas »brasilianische Lieder auf deutsch empfangen«, d. h.
sich inhaltlich zu stark am Vorgegebenen orientieren, klingt das
in meinen Ohren aufgesetzt und kann zu spießig anmutenden
Lobhudeleien auf Jesus und die Liebe ausarten.
Das Wort, wieder und wieder gesungen, übt großen Einfluß auf
das Denken aus. Besonders wirkungsvoll geschieht das in Verbindung mit der Musik, dem Daime-Trancetanz und der Miration. In den portugiesischen Texten finden sich Formulierun-
gen, die Denkschemata implizieren, mit denen ich mich nie an-
freunden konnte. Als Beispiel sei hier der *Gehorsam* genannt,
der immer wieder eingefordert wird, bis hin zu astraler Strafan-
drohung. Auch Schlüsselwörter wie *Schuld, Vergebung, Sünde
und Leiden*, die überaus häufig in allen Liederbüchern wieder-
kehren, spiegeln und zementieren das dualistische Konzept der

katholischen Amtskirche. Dieser Gefahr ist sich auch Alex Polari durchaus bewußt, wenn er schreibt:

> Wenn wir aber, anstatt Reue zu empfinden, in Schuld steckenbleiben, heißt das, daß wir unbewußter gegenüber der Wahrheit sind und bewußter gegenüber der Möglichkeit der Sünde. Wohin die Schuld ihre Krallen heftet, setzt sich eine Schwäche fest, die sich ausbreitet durch Zweifel und Furcht, dazu fähig, Krankheit, Verrücktheit und Tod zu bringen ...[86]

Das Konzept von Schuld und Sünde hat in den letzten zweitausend Jahren nicht gerade zu einer besseren Welt beigetragen. Die aus dem Astral empfangenen Lieder sind immer beeinflußt von der persönlichen Geschichte ihrer Verfasser, was auch auf Padrinho Sebastião Mota de Melo zutrifft. Im Streit um die Nachfolge von Irineu ging es so heiß her, daß sich die Kirche spaltete. Viele wollten Sebastião als Nachfolger nicht anerkennen. Das fand Niederschlag in seinem heute häufig gesungenen Liederbuch »O Justiçeiro«, wo das Volk zu Gehorsam aufgerufen wird.[87] Zusammenfassend läßt sich sagen, der Klang ist eben göttlich, die Sprache menschlich. Denn alles Gesagte ist von *jemandem* gesagt.

Jesus, Juramidam und der Gral

> Wie lange denn wollt ihr euch noch
> an seinem Leiden weiden;
> so hängt ihn endlich ab;
> seid Mensch und Gott in einem.
> *Nexon II.*

Es gibt Gründe, anzunehmen, daß der historische Schlüssel zum Verständnis des Daime-Kultes geradewegs in der ersten Welt liegt, vergleichbar mit einem Symbol, das vor langer Zeit auseinandergebrochen war und sich nun wieder zu einem Ganzen fügt. Jüngere Entdeckungen zur Geschichte von Jesus haben mich inspiriert, Bezüge zum Daime-Kult herzustellen. Dabei handelt es sich um rein hypothetische Annahmen, die weiterer Erforschung bedürfen.

Neuentdeckte Schriften und interdisziplinäre Forschungen legen den Schluß nahe, daß Jesus so, wie ihn die offizielle Geschichtsschreibung darstellt, nicht existierte. Viele Zeugnisse über ihn wurden im Laufe der Zeit gemäß den Zwecken der Kirche zurechtgebogen, verfälscht und unterschlagen. Schon seine Herkunftsbezeichnung »Jesus von Nazareth« ist unstimmig, weil die Stadt Nazareth erst nach dem offiziellen Datum von Jesu Tod gegründet wurde. Die Frage, ob er nur ein Mensch oder »Gottes Sohn« gewesen ist, nahm viel Platz im religiösen Disput ein und bildete den Anlaß für seltsamste Thesen zu seiner Person. So wurde ihm als »Sohn Gottes« auf einem mittelalterlichen Konzil zwar zugestanden, daß er Nahrung zu sich nahm, aber keineswegs, daß er den Weg zur Toilette antreten mußte.

Ich möchte in meinen Ausführungen in erster Linie auf die historische Person Jesus eingehen[88] und ein Szenario entwerfen, in dem der Santo-Daime-Kult auf profunde Weise mit der jüdischen Geschichte verzahnt ist: Die Inschrift »König der Juden« auf dem Kreuz entsprang nicht dem Spott der Römer, sondern der Wahrheit. Als direkter Nachfahre von David und Salomo hatte Jesus tatsächlich rechtmäßigen Anspruch auf den von den Römern usurpierten Thron der Juden. Nicht sie, sondern einzig die Römer ließen Jesus als Feind des Reiches kreuzigen. Die an ein römisches Publikum gerichteten Evangelien nannten um ihres Überlebens willen die Rolle der blutigen Gewaltherrscher nicht beim Namen, sondern wuschen bekanntlich deren Hände in Unschuld. So kam es zu der tragischen Geschichtsverfälschung, die die Schuld an Jesu Tod dessen eigenem Volk, den

Juden, zuschrieb. Sicherlich verfolgte die obere religiöse Kaste auch ihre eigenen machtpolitischen Ziele, da ihr von den Römern gewisse Autarkie und Befehlsgewalt zugestanden worden war. Aber die Juden litten zutiefst unter der Herrschaft der Römer, die jeglichen Widerstand mit grausamen Gemetzeln beantworteten. Nichts ersehnte sich das Volk mehr als die nationale Unabhängigkeit unter einem starken König, dem »Messias«, einem weltlichen Ausdruck, dem später von Geschichtsschreibern religiöse Bedeutung beigelegt wurde.

Jesus entstammte einer adligen, wohlhabenden Familie und hatte einflußreiche Freunde in der jüdischen Oberschicht, die seine Pläne unterstützten. Als ausgebildeter Rabbi hatte er den Rang eines Priesterkönigs inne. Die Geschichte vom armen Zimmermann kursiert als Mythos, der sich noch heute in fragwürdigen Denksätzen widerspiegelt wie: »Nur der Arme kommt ins Himmelreich«, »Spiritualität und Geld vertragen sich nicht«, »arm, aber redlich« etc.

Forschungen legen nahe, daß Jesus mit Maria Magdalena verheiratet war und mindestens ein Kind mit ihr hatte. Jesus soll auch nicht am Kreuz gestorben sein, sondern diese Tortur überlebt haben. Alle vier Evangelien endeten ursprünglich mit der Kreuzigung. Die Auferstehung wurde erst viel später von der Kirche angefügt, um ihr Bild von Gottes Sohn zu untermauern. Jesu politische Mission, die Juden zu vereinen, die Römer zu vertreiben und den Thron zu besteigen, scheiterte. Die königliche Familie floh nach Südfrankreich, so laut alten Aufzeichnungen, wo sich ihr Geschlecht in einer jüdischen Gemeinde fortsetzte. Im Laufe des 5. Jahrhunderts gründeten sie durch Heirat mit der Linie der Franken die Dynastie der Merowinger, aus der auch das Haus Lothringen hervorging. Hinter dem mysteriösen »heiligen Gral«[89], der zur Zeit der Templer mit Jesus in Verbindung gebracht wurde, verbirgt sich das Geheimnis um die lebendige Blutslinie von Jesus und Maria Magdalena. Der mit den Katharern sympathisierende Orden der Tempelritter hütete keinen Kelch, sondern ein großes Geheimnis: die königliche Blutslinie Jesu. Nicht der Mutter Maria, sondern Maria Magdalena, für deren Schoß das Symbol des Kelches stand, galt ihre Verehrung. Der Anfang des 13. Jahrhunderts in den Albigenserkriegen an den Katharern verübte Völkermord durch die römisch-katholische Kirche verschonte weder Kind noch Greis und sollte sowohl die gnostische »Irrlehre« als auch die Nachkommen von Jesus auslöschen.

Die Symbole im Santo Daime korrespondieren mit der geschilderten Version von Jesu Herkunft. Der sechszackige Stern, bekannt unter dem Namen Davidsstern oder Stern Salomos, ziert auch das Wappen des südfranzösischen Städtchens Rennes-le-Château, ehemalige Festung der Katharer und Tempelritter. Letztere hatten sich unter dem Namen »Arme Ritterschaft Christi vom Salomonischen Tempel« gegründet. Ihre Unterkunft in Jerusalem stand einer alten Überlieferung zufolge auf den Grundmauern des Salomonischen Tempels, wo sie vermutlich geheime Grabungen durchführten.

Das im Santo Daime vorherrschende Kreuz mit den zwei Querbalken wird in Brasilien »Caravaca-Kreuz« genannt. Es entstammt dem in ganz Lateinamerika verbreiteten Gebetbuch »Das heilige Kreuz von Caravaca«, das bei einer Gruppe städtischer Ayahuasca-Heiler Verwendung findet, die mit den Rosenkreuzern in Beziehung stehen. Laut einer Legende geht das Kreuz zurück auf die heilige Helena, die Mutter des Kaisers Konstantin, als sie das heilige Land 326 n. Chr. besuchte. Auch in diesem Zusammenhang wird über eine geschichtliche Verbindung des Caravaca-Kreuzes zu den Tempelrittern berichtet.[90]

Im esoterischen Geheimwissen ist das Doppelkreuz mit dem Gnostizismus verknüpft. Die untere Achse entspricht dem physischen Dasein auf der irdischen Ebene, die zweite Achse symbolisiert das persönlich erfahrbare Christusbewußtsein, welches über Leben und Tod hinausreicht. Der Aufstieg in die höheren Dimensionen erfolgt allein durch innere Arbeit und Erkenntnis, anstatt durch bloßen Glauben an Autoritäten und ihre Anschauungen.

In Europa trat das Kreuz in Lothringen auf die Bühne der Geschichte, wo es dem Herzog *René von Anjou*, Titularkönig von Jerusalem und Nachfahr von Gottfried von Bouillon, Eroberer Jerusalems in den Kreuzzügen, als Wappenzeichen diente.[91] Interessanterweise hatte René von Anjou die Position des Großmeisters des geheimen *Ordens von Zion* inne, dessen Hauptanliegen darin bestand, die von den Karolingern abgelöste Merowingerdynastie wieder an die Macht zu bringen, von der das Haus Lothringen einen Seitenarm darstellte. Der Orden von Zion wiederum hatte den Orden der Tempelritter und Rosenkreuzer gegründet.

Obwohl Lothringen den größten Teil seiner Geschichte als unabhängiges deutsches Herzogtum zubrachte, tauchte das Kreuz im Zweiten Weltkrieg als Symbol der Streitkräfte des Freien Frankreich unter Führung *de Gaulles* wieder auf. Das scheint verständlich, wenn man bedenkt, daß der Orden von Zion eine wichtige Rolle in der Résistance spielte und enge Verbindungen zu General de Gaulle unterhielt. Dreißig Jahre zuvor schrieb Charles Péguy, ein französischer Dichter, zur Rolle des Doppelkreuzes ein interessantes Gedicht:

> Die Waffen Jesu sind das Lothringer Kreuz,
> das Blut in der Arterie und das Blut in der Vene,
> Beides Quellen der Anmut und des klaren Brunnens;
>
> Die Waffen Satans sind das Lothringer Kreuz
> Und die gleiche Arterie und die gleiche Vene,
> Und das gleiche Blut und der getrübte Brunnen ...[92]

Einiges spricht dafür, daß sich hinter dem Santo Daime wesentlich mehr verbirgt als nur ein synkretistischer Kult aus dem Regenwald auf missionarischer Reise durch die Welt. Das Daime-Kreuz steht auf einem Sockel in Form des Sterns Salomos, dem es gleichsam zu entspringen scheint wie das Haus Lothringen der Jesuslinie. In der Mythologie des Kultes wird das Daime als das »Blut Christi«, als seine Inkarnation und als heiliger Gral gesehen. René von Anjou besaß eine kostbare Schale, von der er behauptete, sie sei bei der biblischen Hochzeit von Kana verwendet worden. Durch Gottfried von Bouillon und die Tempelritter mag sie aus dem Tempel von Jerusalem in seinen Besitz gelangt sein. Sie trägt die Inschrift: »Wer richtig trinkt, wird Gott sehen. Wer den Becher mit einem Schluck leert, wird Gott und Maria Magdalena sehen.« Gottvater und die heilige Mutter treffen wir nach Meinung der Daimistas im Astral, wenn wir »richtig« Daime trinken.

Einige Hinos preisen König Salomo und den König Jesus. Die Königin des Waldes will nicht so recht zur Jungfrau Maria passen, um so eher zur Königin Maria (Magdalena) als fruchtbare Bewahrerin eines dynastischen Anspruchs. Die spirituelle Entität von Alfredo, jetzigem Führer der Santo-Daime Kirche, wird als König Salomo vorgestellt. Auch andere Linien berufen sich auf den alttestamentarischen Prediger und König von Israel zu Jerusalem, zum Beispiel in der Ayahuasca-Kirche der *União do Vegetal*. In Mapiá nimmt er die Stellung eines Priesterkönigs ein. Die meisten Führungspositionen sind besetzt mit Familienmitgliedern, die sich als irdische Repräsentanten der Daime-Doktrin verstehen. Um das Blut der Familie in reiner Form auszubreiten, so erzählt man sich hinter vorgehaltener Hand, zeugte Alfredo bisher 13 Kinder mit drei Frauen, die allesamt seine Kusinen sind. Der hierarchisch organisierte Kult beruht seit Sebastião also in erster Linie auf genetischer Verwandtschaft und Vetternwirtschaft. Vera Fróes schreibt dazu: »Die Gesellschaften, in denen sich messianische Bewegungen ausbreiten, sind Gesellschaften der Blutslinien, der *parentelas*, ausgebreitete Familien, deren charakteristische Beziehungen persönlich sind, affektiv und direkt. Die Struktur der Verwandtschaft ist eine Bedingung sine qua non des Messianismus, aber nicht seine tiefe Erklärung.« (Pereira de Queiroz, 1977, S. 19 und 42)[93]

Wäre es denkbar, daß nicht nur eine geistig-religiöse Verbindung zwischen der Daime-Doktrin und Jesus besteht, sondern sogar ein realhistorischer Zusammenhang? Demzufolge muß es auch eine Verbindung zwischen Europa und Südamerika gegeben haben. Tatsächlich gelangte das Lothringer Kreuz auf ungewöhnliche Weise im Mittelalter über den Atlantik. Nach der gewaltsamen Vertreibung der Tempelritter aus Frankreich etablierte sich der Orden unter dem Namen des Christusordens in Portugal, wo er sich verstärkt der Seefahrt zuwandte. Christoph Kolumbus segelte unter der Flagge des Ordens in die neue Welt. Die Segel seines Hauptschiffes *Santa Maria* hatten die Form des Lothringer Kreuzes und waren bemalt mit der Szene von der Übergabe eines Kindes an eine fremde Küste. Womöglich landete auf diese Weise das »heilige Blut« in Südamerika.

Der Schriftsteller Alex Polari, ein enger Vertrauter von Padrinho Sebastião, glaubt, daß das Ayahuasca von den Atlantern zu den Indern gelangte, wo es bekannt war als das *Heilige Soma*, gewonnen aus der Pflanze *Peganum harmala*. Von dort ging der Tee zu den Essenern, einer jüdischen Sekte, mit der Jesus in Verbindung stand, dann zu den Sufis und Inkas.[94] *Peganum harmala* wächst in Indien und ist ein Analog der Liane. Ferner ist bekannt, daß dort auch andere Pflanzen wie *Phalaris sp.* heimisch sind, die der zweiten Komponente der Blattpflanze *Rainha* entsprechen.[95] Kann es sein, daß das Geheimnis um den Tee und ein Teil des Hauses Jesu zusammen mit Kolumbus nach Südamerika gelangten? Ein weiteres Indiz für eine historische Verbindung ist die vermutete Zugehörigkeit von Irineu zu den

Rosenkreuzern, die aus dem Orden von Zion, den Schützern des »königlichen Blutes«, hervorgegangen sein sollen. Wenn der Tee als gnostisches Sakrament bereits Jesus und den Essenern bekannt war, gelangte seine Mythologie mit einem seiner Nachfahren schließlich in den Regenwald. In der Geschichte des Daime werden der »einfache Kautschuksammler Irineu« und der »bescheidene Bootsmacher Sebastião« gerne mit dem Zimmermann Jesus verglichen.

Nicht weniger mysteriös ist die Rolle von *Juramidam* im mystischen Weltbild des Santo Daime. Vera Fróes bemerkte dazu, daß Irineu den Namen von der Königin des Waldes auf der spirituellen Ebene empfangen habe. »Es lebe unser Meister Juramidam«, wird laut in den Ritualen gerufen, und zahlreiche Hinos erwähnen seinen Namen.

Alex Polari stellte in dem Kapitel »Das Geheimnis von Jura und Midam« hauptsächlich Spekulationen über die spirituelle Bedeutung des Namens an, ausgehend vom Ausspruch seines Meisters Sebastião: *Man muß Jura sein, um Midam sein zu können.* In Übereinstimmung mit anderen mündlichen Aussagen setzt sich der Name Juramidam aus Jura und Midam zusammen. Jesus – so behauptet er – habe sich auch Jura genannt, was übersetzt soviel heißt wie »Schwöre!«.

> Sebastião Mota de Melo erklärte: »… Jesus Christus, den wir heute als Juramidam haben, im Himmel und auf der Erde … jetzt ist die Zeit des Heiligen Geistes, so wird gesagt und geschrieben im dritten Testament (den Liederbüchern, Anm. des Autors). Das erste handelt vom Leben Gottvaters, das zweite von der Welt Jesu Christi und das dritte von der Welt des Heiligen Geistes, weil sein Name jetzt Jura ist, Juramidam …«[96] Und zu anderer Gelegenheit: »… die Welt des Heiligen Geistes, bis jetzt ist ihr Name Jura. Wie der Name jetzt Jura ist, und Juramidam ist, wer nicht Midam sein wird, kann

nicht der Sohn Jura sein …«[97] »… Wer Sohn ist, ist Midam, und der Chef ist Jura. Daher der Nachname Midam. Jetzt nehme ich Daime, ich bin einer der Midam, bin ein Sohn und kann das in keiner Hinsicht leugnen.«[98]

Sebastião nannte das Volk der Daimistas das Volk von Juramidam. Mögen die Hinweise auf Jura einigermaßen verständlich sein, so ist über Midam fast nichts zu erfahren. Laut dem Bürgermeister von Mapiá, Lucio Mortimer, geht der Name auf das Geschlecht des Königs *Midas* zurück. Dieser Schluß ist naheliegend, weil Midam der portugiesische Name für Midas ist, allerdings konnte ich nichts über die genauen Hintergründe erfahren. Nicht wenig überraschte es mich also, im Zuge meiner Nachforschungen über Jesu Geschichte auf ein Zitat aus den *Dossiers secrets* des bereits erwähnten Ordens von Zion zu stoßen, in dem es um den Auszug der Benjamiter aus Israel etwa 900 vor Christus geht:

> Eines Tages verließen die Nachkommen Benjamins ihr Land; eine begrenzte Anzahl blieb zurück; zweitausend Jahre später (ca. 1100) wurde Gottfried von Bouillon König von Jerusalem und gründete den Orden von Zion … in diesem Mysterium, das Poussin versucht hat, in seinen Bildern ›Die Hirten in Arkadien‹ festzuhalten, liegt zweifellos das Geheimnis des Schatzes, vor dem die bäuerlichen Nachfahren und Hirten des stolzen Sugambrers über die Worte ›Et in Arcadia ego‹ (und ich in Arkadien …) ✡ und den Namen des Königs *Midas* meditieren …

König *Midas* lebte 738–696 vor Christus und damit als Zeitgenosse von König *Salomo*. Er gründete das Israel benachbarte phrygische Großreich in Anatolien. Laut der griechischen Mythologie erhielt er von Dionysos die Gabe, alles Berührte in

Gold zu verwandeln. Die Sage von seinem legendären Reichtum beruht, so wird gemutmaßt, auf seinen Weihegeschenken in Delphi.[99] In dieser Angelegenheit bleibt in der Tat noch einiges zu »spekulieren«.

Etwas Konkreteres zu Juramidam enthüllt da schon eine Liedstrophe, die Alfredo zur Todesstunde von Sebastião gesungen haben soll, eine zusätzliche Strophe eines frühen Liedes von seinem Vater, die dieser nie veröffentlichen wollte, weil er sie als eine zu starke Offenbarung betrachtete.[100] Sie lautet:

> Der Name ist geändert,
> um keine Verwirrung zu stiften.
> Er änderte sich von Jesus Christus,
> jetzt ist es Juramidam.

Zusammenfassend erscheint mir folgende Hypothese wahrscheinlich: Die zentrale Achse vom Santo-Daime hat vorchristlichen, jüdischen Ursprung. Der Gral ist sowohl das Mysterium des Tees als auch die Blutslinie einer königlichen Dynastie, deren Stammbaum über König Salomo, David, Jesus bis in die Gegenwart hinein- und vermutlich in die Vergangenheit bis nach Indien zurückreicht. Vielleicht war König Midas Teil der dynastischen Familie. Der Gral reiste aus dem Osten immer westwärts ins Heilige Land, weiter nach Südfrankreich und schließlich in den Regenwald.

Im Laufe meiner Nachforschungen erhielt ich auf präzise Fragen zur Form der Rituale die unterschiedlichsten Antworten. Im Zweifelsfall wird mit den Schultern gezuckt und der Blick nach oben gewandt. Dann muß die Erklärung herhalten, daß Gott allein die Antwort weiß und das Ritual halt so aus dem Astral empfangen wurde. Mit der Zeit würde man im Daime die Antworten finden. Mit solchen »gottgegebenen« Tatsachen sollte ein Mensch des Neuen Zeitalters vorsichtig sein, weil sie oft genug dazu dienen, ein »Insiderwissen« zu verschleiern und gläubige, aber unwissende Menschen für eigene Zwecke einzuspannen. Naheliegend ist eine Verbindung des inneren Kreises mit den Rosenkreuzern, deren Einfluß eindeutig in die Philosophie des Kultes eingeflossen ist.[101]

Eine kulturelle Synthese

Auf einem ethnomedizinischen Kongreß äußerte sich der deutsche Ethnologe Christian Rätsch kritisch zum Santo Daime. Zwei Punkte waren es besonders, die ihm aufstießen:

1. Das Konzept der Zubereitung des Ayahuasca sei den Indianern gestohlen worden.
2. Nachdem die christlichen Eroberer den Indianern Kultur und Land geraubt hätten, mißbrauchten sie nun das gestohlene Sakrament dazu, christliches Gedankengut missionarisch auszubreiten. Anstatt »zu bleiben, wo sie waren«, verbreiteten sie das Ritual in der Welt. Wie anders denn als Missionierung ließe sich das bezeichnen?

Darauf möchte ich gerne etwas eingehen. Die Zubereitung des Ayahuasca wurde von den Indianern freiwillig an Interessierte weitergegeben. Sie gehört gewissermaßen zum amazonischen Gemeinwissen. Mir ist allerdings bekannt, daß einige Indianerstämme von geistigem Diebstahl sprechen. Andererseits sah ich Indianer als Teilnehmer von Santo-Daime-Ritualen. Manuel, der seit 15 Jahren im Wald lebt, wurde von Sebastião für drei Jahre zu völlig autarken Indianern geschickt, um von ihnen über Ayahuasca und das Überleben im Wald zu lernen. Im Gegenzug lebten einige vom Stamm in der Gemeinde. Die Bewohner von Mapiá versuchen im Rahmen des Entwicklungsprojektes mit den Eingeborenen zusammenzuarbeiten. Die Indianerbehörde untersagt den Daimistas jedoch das Ernten der Liane im Reservat, selbst wenn die Indianer dem zustimmen.

Die Einwanderungswelle aus dem verarmten Nordosten ist Folge einer feudalistisch-kapitalistischen Politik, in der die katholische Kirche eine unrühmliche Rolle spielt. Ihre Dogmen beeinflussen noch immer das traditionelle Alltagsbild Lateinamerikas. Problemlos gedeiht auf dem Boden des staatlich verordneten Analphabetismus die Überbevölkerung. Die Kirche lehrt bekanntlich, nicht zu verhüten. Massive Umweltzerstörung und Bevölkerungsexplosion unter den Elendsten im Nordosten führten im Zuge der weltweiten Kautschuknachfrage zur Migration in den Amazonas. Daß einige von diesen Leuten mit dem Ayahuasca in Berührung kamen, ist ihnen nicht vorzuwerfen. Sie entdeckten in ihrem Glaubenssystem den lebendigen Kern, den Christus auf Erden.

Deshalb knüpft die Lehre des Santo Daime an die Botschaft Jesu an. In ihrem dritten Testament – den Liederbüchern – taucht das ganze Panoptikum christlicher Heiliger und Apostel auf. In Brasilien stößt die katholische Kirche bislang auf uneingeschränkte Akzeptanz. Der Anlehnung an das katholische Element ist es vermutlich zu verdanken, daß der Kult überhaupt legalisiert wurde und weite Verbreitung fand. Alle ursprünglichen Naturreligionen konnten nur überleben, wenn sie Elemente der aufgezwungenen katholischen Religion integrierten. Jede Gottheit des in Brasilien verbreiteten, ursprünglich aus Afrika stammenden *Candoblé*-Kultes entspricht einem katholischen Heiligen. Auch der dem Daime nahestehende *Umbanda*-Kult setzt seine Natur- und Geistwesen mit christlichen Namen gleich.[102]

Zum konservativ-katholischen Klima kommt hinzu, daß die Brasilianer zwei Jahrzehnte der Militärdiktatur ausgesetzt waren, die mit ähnlichen Prinzipien der Hierarchie und Macht arbeitete. Der Tee hingegen ist ein gnostisches Sakrament per se, das auf der persönlichen Erfahrung des Göttlichen beruht, während die römische Kirche solche »Irrlehren« durch ein scheinheiliges Placebo-Sakrament ihrer Gnaden ersetzt hat. Dem Gnostiker geht es um die persönliche Erfahrung des Christus-Bewußtseins und nicht um den Glauben an etwas Vorgesetztes. Jesus selbst war Gnostiker. In diesem Spannungsfeld von nach Freiheit strebender Selbsterkenntnis und dogmatischer Selbstbeschränkung finden sich wohl die meisten der südamerikanischen Ayahuasca-Kulte. Ihr unterschwelliger Tenor lautet: »Ihr dürft Gott selbst erkennen, aber nur im Rahmen der Regeln.« Die spirituelle Mentalität des Westens löst sich zunehmend von dogmatischen Religionen und magischen Weltbildern. In Brasilien stabilisieren Armut und Bildungsmangel jedoch überholte Machtstrukturen und Dogmen.

Auf jener Konferenz referierte der Biochemiker Callaway, daß ein typisches Merkmal unserer Kultur die Aneignung fremder Elemente sei. Ayahuasca als entheogene Ethnomedizin scheint mir eine sinnvollere Aneignung als Kaffee, Kakao und Kokain. Da es die lebendige Botschaft des Regenwaldes in sich trägt, mag es auch zu dessen Erhaltung beitragen. Vorausgesetzt, hier kristallisiert sich Bewußtheit an die Oberfläche, was dem Planeten nur nützen kann. Wie der Regenwald gehört auch die Liane zum Erbe der ganzen Menschheit. Der Mensch des Neuen Zeitalters ist multikulturell und trinkt Weisheit wie ein Kolibri den Nektar – schwirrend von Blüte zu Blüte fliegend. Die Entwicklung von Ayahuasca-Ritualen in einem »europäischen« Setting sehe ich als eine spannende Aufgabenstellung.

Spirituell Suchende aus den Metropolen Brasiliens holten das Daime aus dem Regenwald. Die Menschen dort sind mit ähnlichen Problemen konfrontiert wie die Völker der ersten Welt. Die Kraft des Daime selbst will sich ausdehnen. »Dein Volk wird noch kommen«, erfuhr Irineu in einer Miration. »Deine Leute im Wald bilden nur die Vorhut.«[103]

211

Der Stern

Die Aufnahme in den Kult erfolgt durch die Verleihung eines sechszackigen Sternes während eines Rituals in Weiß. Es handelt sich um eine einfache Prozedur, im portugiesischen *Fardamento* genannt. Dem Initianten wird der Stern während des Rituals übergeben, während alle das Lied »Grad« von Alfredo anstimmen:

> An dem Punkt, wo ich bin,
> mit meinem Vater und meiner Mutter,
> ist jeder Stern, den ich gebe, eine Freude,
> auf diesem Weg, den ich geh',
> eine große Andacht.
>
> Hört her, daß ich geh'
> ganz präzise diesen Weg.
> Jedem Wesen, das mich freut,
> ich mich nähere.
> Alle haben zu gehorchen
> und sich zu benehmen in diesem Garten.
>
> Vor allen Dingen
> sollen wir Gott lieben
> und alle unsere Brüder und Schwestern,
> so wie man sich selbst liebt,
> der Mission zu folgen
> und ohne Furcht
> in die Schlacht zu ziehen.
>
> Alle Ruhe und viel Liebe
> und Freude in der Zuversicht.
> Gesegnet ist unser Meister,

der lehrt, wie es ist.

Folgen wir, meine Brüder und Schwestern.

Sei es, wie Gott es will.

Die Aufklärung über Sinn und Zweck des Sternes ist spärlich. Meinem Verständnis nach steht der Stern für eine Bewußtwerdung und Entwicklung, die ich zu Erklärungszwecken in drei Ebenen der Bedeutung unterteile. Diese Interpretation ist eine Idealvorstellung, die sich nicht unbedingt mit dem tatsächlichen Verständnis und Geschehen deckt.

Die *äußere Bedeutung* des Sterns bezieht sich vor allem auf die Bereitschaft, zur Perfektion des Rituals beizutragen, indem man sich z. B. in den Liedern, dem Umgang mit der Maracá oder dem Beherrschen anderer Instrumente übt. Das Tragen einer definierten Kleidung auf den Ritualen, der sogenannten »farda«, ist obligatorisch, ebenso das Verständnis und die Einhaltung gewisser Regeln. Als eine der wichtigen erachte ich, während der Zeremonie nicht störend auf andere einzuwirken. Man würdigt die Gelegenheit, an dem Sakrament teilzunehmen, und bringt sich auf seine Weise konstruktiv in die Gruppe ein. Das muß sich nicht auf eine sichtbare und hörbare Handlung beziehen, doch auf eine adäquate innere Einstellung.

Alle Fardados sind aufgefordert, an allen offiziellen Ritualen teilzunehmen. Diese Anwesenheitspflicht wird von der anderen großen Ayahuasca-Kirche Brasiliens, *União do Vegetal*, wesentlich strenger gehandhabt. Wer dort dreimal unentschuldigt fehlt, fliegt raus. Die Warteliste ist lang, weil die Aufnahmekriterien sehr strikt gehandhabt werden. Zwei Jahre Wartezeit und verschiedene Vorgespräche sind dort normal. Zum Vergleich dazu existieren im Santo Daime bisher keine allgemeingültigen und verbindlichen Aufnahmevoraussetzungen. Einige Zentren erachten ein Vorgespräch inzwischen als obligatorisch.

Die *innere Bedeutung* des Sterns korreliert mit der persönlichen

Verbindung, die jemand mit dem Daime hat. Die Entscheidung für den Stern ist meist Niederschlag eines intimen Momentes, der ausschlaggebend war, das Daime als spirituellen Weg zu wählen. Dem folgt die Bereitschaft, die Phasen der Reinigung zu durchlaufen und Mut, Geduld und Liebe zu entwickeln. Jeder arbeitet auf seinem spezifischen Platz an seiner Bestimmung, die in einem globalen Kontext steht.

Einige Leute sehen das Daime als Eintrittskarte zum »Astralkino«, um ihre Sehnsucht nach Exotik zu stillen. Erstrebenswerter ist die Einstellung, sich selbst und die Erde zu heilen, wobei auch das zum Trip werden kann. Die Erfahrung der jenseitigen Welt ist transpersonal. Wer Buddhaschaft anstrebt, dessen Motiv ist von altruistischer Natur. Der Dalai-Lama sagte sinngemäß, daß Altruismus eigentlich die effektivste Form von Egoismus sei, denn der einzelne sei nur einer, aber die anderen viele. Helfe er ihnen anstatt nur sich, würde ihm auch von vielen geholfen werden.

Die *geheime Bedeutung* bezieht sich auf die Realisierung der wahren Beschaffenheit von Geist und Phänomen, einer unzerstörbaren, stabilen Einsicht in die Wirklichkeit, die wir unabhängig von intellektuellen Konzepten und sich wandelnden Geisteszuständen in uns tragen. In ihrer transpersonalen Natur transzendiert sie die Äußerlichkeiten des Rituals wie auch unsere innere, psychologische Reise. Die Einheit der Nichtdualität ist immer vorhanden und macht uns unerschütterlich im Vertrauen auf unser vollendetes Christus-Bewußtsein. Die geheime Bedeutung erstreckt sich weit über die spezifische Zugehörigkeit zu einer bestimmten Gruppe hinaus. Mit der Zeit offenbart sich die Verbindung zu einer übergeordneten, kosmischen Linie des Lichts, der viele Wesen aus vielen Welten angehören.

So machtvoll wir »Lehrpflanzen« zu unserer Entwicklung einsetzen können, so machtvoll können auch die auftauchenden Hindernisse in Erscheinung treten. Im positiven Licht betrachtet, handelt es sich hierbei um astrale Prüfungen. Hindernisse auf dem Weg lassen sich unterteilen in äußere, innere und geheime. Äußere beziehen sich auf materielle Umstände wie Krankheit und Verarmung, innere auf Gefühle wie Unglücklichsein, Depression und Begrenztheit, denen man sich ausgeliefert fühlt. Geheime Hindernisse ergeben sich aus der Unkenntnis der wahren Natur von Geist und Materie. Die damit implizierten Glaubenssätze und falschen Vorstellungen verhindern oftmals die Verwirklichung der persönlichen Vision, wie sie in der Miration gesehen wird.

Als größte Barriere gelten die verschiedenen Formen der *Angst:* Angst vor unbekannten Bewußtseinszuständen, vor Kontrollverlust, sich zu übergeben, sich zu verlieren, nicht mehr in den uns bekannten Bewußtseinszustand zurückzufinden usw. Ein Großteil der Energie wird damit verbraucht, in seine Widerstände zu gehen, statt sich auf neue Dimensionen des Wahrnehmens einzulassen. Um sich für die Totalität der Erfahrung zu öffnen, sind Vertrauen und Hingabefähigkeit gefordert. Schließlich muß der Verstand für eine Weile losgelassen werden.

Selbst langjährige Daime-Kenner fürchten sich vor der Grenzenlosigkeit der göttlichen Liebe und Weisheit. Sie möchten sie lieber kontrolliert ausüben. Sie verwenden das Ritual als Schutzschild vor den Bereichen, die sich nicht um sie selbst drehen, und zwängen die Unendlichkeit des Ayahuasca in die Hülse ihrer Glaubenssätze. Wenn die Masken trotzdem fallen, werden sie nach dem Ritual schnell wieder aufgesetzt. So verleihen sie ihrem Ego ein temporäres Gefühl von Scheinheiligkeit. Aber – um Gurdieff zu zitieren – warum sich mit dem Paradies begnügen, wenn man zur Allerheiligsten Sonne Absolut kommen kann![104]

Als Zeichen für Fortschritt auf dem Weg entstehen positive Nebenwirkungen. Wer darauf »abfährt«, sich mit ihnen identifiziert und sie mit dem Ziel verwechselt, kultiviert einen spezifischen Geisteszustand dieser Nebenwirkung, der sich als Hindernis erweisen kann. Ein solcher riesiger Stolperstein auf dem Weg unseres geistigen Wachstums ist die Überheblichkeit oder spirituelle Eitelkeit. Sie taucht gleichzeitig mit dem Erkennen der eigenen Göttlichkeit auf. Es handelt sich um einen Trick des Egos, die Kontrolle zurückzuerlangen, indem es diese Göttlichkeit für sich beansprucht. Wir glauben dann, bereits der zu sein, der wir sein könnten. Potential und tatsächliches Sein werden gleichgesetzt. Charakteristisch für diesen Zustand ist das Fehlen von Demut. Dazu äußert sich Alex Polari:

> Wenn wir das göttliche Manna der Offenbarung benutzen, um unsere Eitelkeit zu nähren, wird der Honig zu Galle, weil wir ohne Milde nicht das Gewicht der Erkenntnis der Wahrheit und noch viel weniger ihre Anwendung ertragen. Dadurch machen wir uns zu Opfern einer gefährlichen Zwangsvorstellung, die sich mit der Zeit zu Verrücktheit wandeln kann.[105]

Opfer dieser Art halten sich dann für die Größten, die Nummer eins, die alles und jeden heilen, nur selbst keiner Heilung mehr bedürfen. Sie verlieren die Fähigkeit zur Selbstkritik und Selbsteinschätzung. In langen Monologen wollen sie andere von ihrem alleinseligmachenden Weg überzeugen, ohne zu merken, daß sie die anderen nur noch als Bühne für ihre Selbstdarstellung benutzen. Scheinheiligkeit und Sektierertum sind Begleiterscheinungen solcher Entgleisungen und führen zu Fanatismus, einem Extrem auf dem spirituellen Pfad.

Die verschiedenen Ausprägungen der Anhaftung erweisen sich ebenfalls als Hürden. Nach einer Phase der Reinigung, in deren Verlauf wir auch unangenehme Zustände passieren, zeigt sich die freudvolle Ausstrahlung unseres göttlichen Wesens. Verständlicherweise tritt der Wunsch auf den Plan, diese Glückseligkeit immerfort erleben zu wollen. Hier ist Vorsicht geboten, nicht an der Erfahrung dieser Gefühle klebenzubleiben. Die Freude wirkt sonst regelrecht einkerkernd. Anstatt mit dem Daime an weiterem Wachstum zu arbeiten, tritt dann die Sucht nach euphorisierenden Zuständen auf. Will man das Hochgefühl der Ekstase ständig halten, legt man auf der anderen Seite die Ursache für die entgegengesetzte Empfindung der Depression. Das läßt sich besonders bei der typischen »Anfängereuphorie« beobachten. Wenn jemand überschwenglich erzählt, Daime sei »das Stärkste überhaupt«, dann dauert es meist nicht lange, bis eine schwere Krise eintritt, die alles wieder in Frage stellt. Im tantrischen Verständnis kultiviert der *homo spiritualis* auf dieser Stufe die Einheit von Glückseligkeit und Leerheit. Sie besagt, daß Glückseligkeit nicht aus sich selbst heraus besteht und deshalb leer ist. Leerheit bezieht sich auf das direkte Erleben der Dinge, wie sie sind, ohne ein intellektuelles Konzept darüber zu haben.

Anhaftung an Klarheit ist ein sehr subtiles Hemmnis. Auf der einen Seite ist die Entwicklung von Klarheit erstrebenswert. In der Miration äußert sich Klarheit z. B. im Vermögen, geistige Sachverhalte zu untersuchen, ohne daß sich Gedanken störend einmischen. Die völlige »Abwesenheit von Gedanken« kann erfahren werden. Sie bedeutet jedoch nicht, wie Chögyam Trungpa schrieb, »Unbewußtheit oder Rückzug von den Sinnen«, sondern einfach, von Konflikt unbewegt zu sein. »Klarheit« bezieht sich auf den Zustand, der frei von Trägheit und Dumpfheit ist. Diese Klarheit, untrennbar von reiner Energie, scheint unbehindert weiter. Es ist falsch, Klarheit gleichzusetzen mit Bewußtheit der Gedanken, den Formen und Farben äußerlicher Erscheinungen. Freude und Klarheit können sich natürlich einstellen, wenn ein Mensch meditiert, aber wenn eine Anstrengung unternommen wird, sie zu erzeugen, bleibt der Meditierende noch im Kreislauf des Samsara.[106] Es geht nicht darum, das Auftauchen von Glück und Klarheit zu unterbinden, sondern nur die Verhaftung daran.

Noch nach Jahren kann es plötzlich passieren, daß man seinen Weg total in Frage stellt. Anfangs scheint die Welt real und das Astral wie ein flüchtiger Traum. Später wandelt sich die Perspektive, und vom Blickpunkt des *Jenseits* erleben wir die dreidimensionale Welt als Illusion. Solange noch ein Bezugspunkt besteht, der als real angenommen wird, fühlen wir uns relativ sicher. Wenn sich dann aber auch das Astral als wandelbare, amorphe, von Wunsch und Projektion erzeugte Daseinsebene zeigt, kann sich ein bodenloses Gefühl von Entwurzelung einstellen, ein »Sich-nicht-geerdet-fühlen«, die Verwirrung über die Natur von Realität und Illusion, Geist und Materie. Wer es in dieser Krise schafft, auf seine innere, göttliche Essenz und die sich daraus ergebende Vision zu vertrauen, steht am Rande einer großen Enthüllung. Wer an diesem Punkt den Mut sinken läßt, fällt aus Angst womöglich wieder in eine extreme Weltsicht.

»Denn *Dein* Wille geschehe im Himmel wie auf Erden … (und nicht meiner)«: Diese Zeile aus dem Vaterunser umschreibt eine zentrale Thematik besonders im Zusammenhang mit Lehrpflanzen, die uns das Licht zeigen, aber auch das Tor zum Astral als Sitz der Wünsche öffnen. So manche Enttäuschung erleben diejenigen, die ihren eigenen Wunschprojektionen aufsitzen. Wenn das Begehren des Egos mit einem höheren Willen gleichgesetzt wird, projiziert man die Erfüllung des Wunsches in die Miration. Oder anders gesagt, der persönliche Ego-Wunsch strukturiert die Miration, die dessen Erfüllung vorgaukelt.

Wenn das Ersehnte dann nicht eintritt, folgen Enttäuschung und Zweifel über das Daime, dem die Schuld am Nichtgelingen gegeben wird. Ein vom Daime anfangs begeisterter Arzt hatte in der Miration gesehen, daß er mit einer Frau zusammenkommen würde, in die er schon seit langem verliebt war. Als sich das nicht bewahrheitete, zog er sich enttäuscht zurück mit der Begründung, das Daime habe ihm keine neuen Erkenntnisse gezeigt. Umgekehrt sah eine andere Frau, die sich in Trennung von ihrem Freund befand, in der Miration zwei zusammenhängende Ringe, die sie als Symbol für die angestrebte Hochzeit sah. Der daraufhin gestartete Versuch einer Wiederbelebung der Beziehung verschlimmerte und verlängerte nur das Leiden der unausweichlichen Trennung.

Die Entwicklung einer Unterscheidungsfähigkeit zwischen Intuition und Wunschprojektion sehe ich gerade im Daime als besonders wichtig an. Manchmal bedenkt uns Gott mit anderen Fügungen, die für unser Wachstum wichtiger sind, als wir vermuten oder wünschen. »Gottes Wege sind unergründlich«, heißt es. Wird man sich andererseits seiner eigenen Wünsche aufgrund solcher »Wunschmirationen« bewußt, läßt sich ihre Erfüllung auch durch gezielte Visualisation und Gedankenkraft beeinflussen, weil wir selbst Teil göttlicher Schöpferkraft sind. In diesem Fall sollten wir uns klar darüber sein, ob wir uns in Richtung unserer Bestimmung bewegen oder etwas aus Verhaftung erzwingen wollen.

Die Alchimie der Heilung

Wie vollzieht sich Heilung und »Erkenntnis« durch Ayahuasca? Soweit bekannt ist, wirken die darin enthaltenen Substanzen Harmin und DMT unter anderem direkt auf die Zirbeldrüse und deren Neurotransmitter-Stoffwechsel ein.

Über die Zirbeldrüse wird das Hormon Melatonin gebildet, das physische und psychische Zustände steuert wie den biologischen 24-Stunden-Tag-Nacht-Zyklus. Außerdem hält es die Produktion vieler Geschlechtshormone, darunter auch Östrogen, im Gleichgewicht und verhindert molekulare Veränderungen in den Zellen, die zur Entstehung von Krebs führen können. Nachts liegt die Ausschüttung des Hormons etwa um ein Zehnfaches höher als tagsüber. Viele, die über einen längeren Zeitraum Ayahuasca zu sich nehmen, berichten von einer qualitativen Veränderung von Schlaf und Traum. Forscher vermuten, daß Melatonin auch bei Krebs eine präventive Rolle spielt. Im weiteren steht die Zirbeldrüse in Verbindung mit der Hypophyse, einer wichtigen Hirndrüse, die großen Einfluß auf die meisten biochemischen Prozesse nimmt.

Darüber hinaus nehmen Biologen an, daß ein elektromagnetisches Steuerungssystem die verschiedensten biochemischen Prozesse wie z. B. die Blutgerinnung im Körper in Gang bringt und verzahnt. Hierbei käme die Zirbeldrüse als zentrales Steuerorgan in Frage, weil sie in hohem Maße darauf spezialisiert ist, auf elektromagnetische Felder wie das Erdfeld zu reagieren. Ihre Reaktion auf schwache elektromagnetische Felder war unter anderem Inhalt einer kürzlich abgeschlossenen Studie des »National Council on Radiation Protection and Measurement (NCRP)«, die im Auftrag des US-Kongresses erstellt wurde. In dem internen Bericht heißt es, daß eine langfristige Einwirkung elektromagnetischer Felder auf den Menschen die Produktion von Melatonin hemmt. Dadurch erhöhe sich das Risiko, an Krebs zu erkranken oder an den Folgen einer Störung anderer Melatonin-gesteuerter Prozesse. Als unbedenklicher Grenzwert wird die Feldstärke von 0,2 Mikrotesla empfohlen, 500mal niedriger als die derzeitigen internationalen Limits. Führt man sich vor Augen, daß der Elektrosmog durch die Mobilfunkanlagen etc. eher im Steigen begriffen ist, läßt sich Ayahuasca als vorbeugende Medizin nur empfehlen. Der Bedarf an Ayahuasca ließe sich möglicherweise durch eine ganze Reihe von Analogpflanzen decken, die sich auch in unserem Kulturraum anbauen lassen.

Die Alchimie des Ayahuasca erweist sich als komplex. Ihre Komponenten wirken ebenfalls auf den Serotonin- und Dopaminhaushalt ein. Harmin hemmt den Abbau von Serotonin, einem Neurotransmitter, der sich in großen Mengen in der Zirbeldrüse befindet. Laut Berichten des in Oslo forschenden Biochemikers Callaway weisen schwere Alkoholiker einen gestörten Serotoninstoffwechsel auf, der sich nach Verabreichung von Harmin, dem Hauptalkaloid in *Banisteriopsis caapi*, wieder einpendelt. Vermutlich läßt sich darauf die oft beobachtete Heilung von Süchten wie Alkoholismus und Kokainismus durch Ayahuasca zurückführen.

Die visuelle Wahrnehmung – die Miration – wird vor allem auf DMT zurückgeführt, das Alkaloid der Blattpflanze *Psychotria viridis*. Inzwischen weiß man, daß DMT auch als ein Bestandteil im menschlichen Gehirn vorkommt. Die Zirbeldrüse wird als physisches Pendant des dritten Auges angesehen. Unsere Sehnerven sind mit der Zirbeldrüse verbunden.

Meditative Techniken zielen auf eine »Öffnung« des dritten Auges ab, um Klarsicht, Geisteskontrolle oder Selbstverwirklichung zu erlangen. Mittels der Konzentration auf die Zirbeldrüse lassen sich womöglich ähnliche Effekte erzielen wie durch Ayahuasca. Interessant ist sicherlich, daß Ayahuasca selbst nicht zur Gewöhnung führt, d. h., die Wirkung geht mit der Zeit nicht zurück. Häufig ist zu beobachten, daß bei langjährigen Konsumenten die Wirkung des Trunks an Stärke zunimmt. Der Zugang zum »Astralen« wird immer durchlässiger, so daß er schließlich auch durch reine Konzentration durchschritten werden kann. Es scheint so, daß das Gehirn lernt, die Zirbeldrüse selbst zu beeinflussen, ähnlich einem Biofeedback.

Die heilende Wirkung von Ayahuasca ist sowohl körperlicher als auch geistiger Natur. Dies mag damit zusammenhängen, daß der Zirbeldrüse eine Vermittlerrolle zwischen »Himmel und Erde«, Körper und Geist nachgesagt wird. Deshalb lassen sich Krankheiten auch oder manchmal nur mittels des Geistigen heilen.

Am Ende bleibt klares Licht

Nathalie

Der Zaubertrank ist von einem göttlichen Wesen beseelt, dem *Ser Divino*, wie die Brasilianer sich ausdrücken. Das Wesen arbeitet nach einem göttlichen Plan, um Lebenskraft, Heilung und Licht für jeden zu spenden, der darum bittet. Es ist nicht einfach, die Potenz der Heilpflanze für sich umzusetzen. Nicht immer begegnen wir im Ritual einer wunderbaren Welt. Es gibt uns die große Chance, den eigenen »blinden Fleck« wahrzunehmen und daran zu wachsen. Dieser Fleck bezieht sich auf den Bereich der Seele, der von C. G. Jung als »Schatten« bezeichnet wurde, jene negativen Seiten der menschlichen Persönlichkeit, die ihr verborgen sind und mit denen der Mensch im allgemeinen nichts zu tun haben will. Der Tee wirkt hierbei als Katalysator im Selbsterkennungsprozeß. Des öfteren kommt es vor, daß Leute aus Angst vor der Auseinandersetzung mit ihren psychischen Tiefen die eigene Negativität auf etwas projizieren, von dem sie glauben, es liege außerhalb von ihnen. Dann ist das Getränk schuld, die anderen oder sonstwas. Auf dem spirituellen Weg müssen wir sowohl die lichten als auch die dunklen Seiten in uns akzeptieren und integrieren lernen. Erst wenn das niedere und höhere Selbst zusammenkommen, findet Heilung statt.

In der Miration öffnen sich viele Tore. Die Entscheidungsfreiheit liegt bei jedem selbst, welches davon er durchschreitet. Viele scheuen sich davor, wirklich etwas in ihrem Leben zu verändern. Ihre karmischen Verstrickungen halten sie ab, den Weg der Liebe und des Lichts zu gehen. Dahinter verbirgt sich in der Regel Angst, alte Muster, bequeme Denkschemata und Egospiele loszulassen. Sie nehmen bewußtseinserweiternde Drogen, um exotische Erfahrungen zu sammeln oder um sich Erleichterung zu verschaffen. Dabei droht die Gefahr, daß uralte Kultgetränke, die von den Zauberpriestern als Mysteriengeheimnisse streng gehütet wurden, in unserer urbanen Umwelt zu einem Konsumprodukt entwürdigt werden.

Die Apokalypse ist keine Erfindung. Sie wurde von einem Meister geschrieben, dem tiefe Erkenntnis offenbart wurde. Umwälzende Bewußtseinsprozesse werden die Menschen erfahren. Wer bereit ist zu verstehen und willens ist, an sich zu arbeiten, dem wird große Weisheit zuteil. Er fürchtet sich nicht, in die eigenen Abgründe zu steigen, um zum Licht zu gelangen. In vielen spirituell orientierten Kulturen wurden hohe mystische Erfahrungen initiiert durch den Tod des Egos.

Ich habe das Gefühl, mit Ayahuasca auf ein Wissen zurückzugreifen, das mir einst eigen war, dann jedoch in Vergessenheit geriet. Alles Wissen um die Erleuchtung liegt in uns. Immer mehr machen sich auf den Weg, um den Durst nach Wahrheit und Sinn zu stillen. Das sollte jedoch nicht zu Fanatismus ausarten, wenn man glaubt, das Richtige gebunden zu haben. Die sektenähnliche Ausbreitung der Santo-Daime-Doktrin durch einige ihrer Vertreter entspricht nicht meinem spirituellen Verständnis. Die Sache an sich ist gut, nur was einige daraus machen, weniger. Trotz meiner starken Verbindung zu Brasilien bin ich nicht dafür, dortige Verhältnisse in unserem Kulturraum kritiklos zu übernehmen. Damit beziehe ich mich im Santo Daime insbesondere auf Personenkult, Autoritätsgläubigkeit und konservative Verhaltensregeln.

Die Natur ist göttlich! In der Natur finden wir die Dinge, die uns heilen, zum Beispiel die Liane. Die Dinge, die uns heilen, führen zu Gott. Was zählt, ist, den Weg mit dem vollen Einverständnis des Herzens zu beschreiten. Bei jeglichen spirituellen und magischen Praktiken sollten wir uns daran erinnern. Nur *mein* Herz und *meine* Intuition wissen letztendlich, was für mich gut und heilsam ist.

Ich verspüre Freude, wenn ich an die Schönheit Brasiliens denke. Und immer wieder besuchen mich die Daime-Lieder. Dann summe ich die Melodie, bis sich die Verse formen. Zwanglos und mit Leichtigkeit kommen sie mitunter auf meine Lippen, vom Licht kündend, das über dem Dasein liegt und es über das Grau des Alltags erhebt.

Ulrich

Es begann mit einer Welt unfaßbarer Reichweite, die mich gütig aufnahm. Die Miration zeigte sich als etwas Wunderbares, und eine leidenschaftliche, faszinierende Liebesgeschichte entspann sich. Dem sonst eher nüchternen Forschungsingenieur Luiz Moreira von der Universität Belo Horizonte erging es ähnlich. Er konstatierte: »Niemals hätte ich mir träumen lassen, daß ich mich eines Tages in einen Tee verliebe. Man stelle sich das vor, in einen Tee!«

Wie in einer überschwenglichen Romanze hatte ich ein Meer von turbulenten Emotionen zu durchschiffen, die mich aufwühlten und manchmal zu zerschmettern drohten. Ratlos sann ich über Ziel und Sinn dieser Reise, womöglich nur getrieben von der Sirenen Klang zu scharfen Klippen. Hinter ihr Angesicht wollte ich schauen, erblicken, wo sie entstand – die Miration mit ihrer Macht und Pracht. Wer waren ihre Schöpfer? Womöglich führte mich die Exkursion dorthin, wo unser beider Ursprung lag. Allmählich beruhigten sich die Gewässer wieder, und am Horizont sah ich heiter einen Landstrich schimmern, dessen Bewohner mich willkommen hießen.

Welche Welt ist nun die wahre, die des alltäglichen Bewußtseins oder die der Miration? Täuschung und Klarheit existieren
nebeneinander – auf der Erde und im Astral. Letztlich entschei-
den wir selbst, was wir als wahr erachten und leben wollen. Der
als Jahrhundertgenie gefeierte Astrophysiker Stephen Hawking
vermutet:

> … die sogenannte imaginäre Zeit sei in Wirklichkeit die reale
> und das, was wir die reale Zeit nennen, nur ein Produkt unserer
> Einbildungskraft … So ist möglicherweise das, was wir imagi-
> näre Zeit nennen, von viel grundlegenderer Bedeutung und
> das, was wir real nennen, lediglich ein Begriff, den wir erfin-
> den, um unsere Vorstellung vom Universum zu beschrei-
> ben … Deshalb ist es sinnlos zu fragen: Was ist wirklich, die
> reale oder die imaginäre Zeit? Es geht lediglich darum, welche
> von beiden die nützlichere Beschreibung ist.[107]

Für die amazonischen Kulturen ist Ayahuasca Mittel heilsamer
Wandlung. Es erweitert das Bewußtsein, öffnet die verschlosse-
nen Pforten zum tieferen Selbst und mehrt den Reichtum der
Seele. Das Getränk verkörpert die grenzenlose Weite des blauen
Himmels, durchdrungen vom erleuchtenden Licht der Sonne.
Die Inkas nutzten den Tee im initiatorischen Sinne. Er wurde
solchen gegeben, die bereits einen gewissen Entwicklungsgrad
erreicht hatten. Im Zuge des Wassermannzeitalters wird Geheimwissen mehr und mehr für die Allgemeinheit geöffnet. Die
leichte Zugänglichkeit für jedermann sollte allerdings nicht
dazu führen, daß »das Himmelreich Gewalt leidet und die Ge-
walttätigen es an sich reißen«.[108]
Die unreflektierte Übertragung der Daime-Rituale in unsere
Kultur halte ich für bedenklich. Wir wohnen nicht in einer Gemeinschaft im Wald, deren soziales und wirtschaftliches Leben
sich um den religiösen Brauch dreht, sondern in einer hekti-

schen, terminbestimmten Gesellschaft, in der wenig Zeit zur Selbstreflexion bleibt. Die Daime-Doktrin jedoch fordert von ihren Mitgliedern eine Teilnahme an den Ritualen, die sich weniger an persönlichen Dispositionen als an starren Kalenderdaten ausrichtet. Die innere Verarbeitung kann damit oft nicht Schritt halten. Fehlende Vor- und Nachbereitungen bei den Santo-Daime-Ritualen tun ein übriges dazu. Manche werden ergriffen von einem euphorischen Sog, der sie das Daime, die Organisation und ihre Führerpersönlichkeiten idealisieren läßt. Sie reden kaum noch über etwas anderes und vertragen keine Kritik. Es entsteht ein sektiererischer Eindruck, der viele abschreckt, die eigentlich Interesse an den heilenden Wirkungen haben.

Deshalb setze ich mich ein für die rituelle Verwendung von Ayahuasca mit Betonung auf den initiatorischen, visionären und heilenden Aspekten ohne doktrinären und manipulativen Überbau. Ein Freund aus Brasilien sagte mir: »Das Ayahuasca kommt ursprünglich von einem hochentwickelten Volk, das beeindruckende Pyramiden baute. Die Daimistas der Moderne hingegen entstammen einem unterdrückten und manipulierten Volk, das vorwiegend in alptraumhaften Metropolen lebt. Wir müssen erst wieder erlernen, was unsere Vorfahren bereits wußten.«

Im Weltbild der amazonischen Ayahuasca-Heiler symbolisiert die schamanische Kraft eine Begabung, die dem Heiler verliehen und wieder genommen werden kann. Die Frage der Macht spielt eine wichtige Rolle, Attacken im Astral sind eine immer wiederkehrende Thematik.[109] Dieses magische Weltbild spiegelt den dualistischen Aspekt der Schöpfung von Gut und Böse in dramatischer Weise. Wir können die Kräfte, die uns zur Verfügung stehen, zum Heilen und zum Töten nutzen. Deshalb spielt das Christus-Bewußtsein im Santo Daime eine wichtige Rolle, weil es auf die Überwindung von Polarität und dreidi-

227

mensionaler Begrenzung hinzielt. Um allerdings die übergeordnete Synthese der Einheit zu bewerkstelligen, müssen wir die Dualität deutlich erfahren und begreifen. Immer wenn ich zweifle, erinnere ich mich an die Liebe, auf die mich das Daime stets zurückführt, ein Gefühl der Echtheit und Zufriedenheit im Herzen, eine strahlende Schwingung, die alle Bedenken überwindet.

Lasse ich den Wissenschaftler in mir sprechen, so vermute ich, daß viele der in der Miration vermittelten Bilder dem Zellgedächtnis oder der Erbsubstanz entstammen, die uns mit allem Leben verbindet und die Erinnerung an unsere Schöpfung in sich trägt. Bekannt ist, daß nur ein kleiner Teil der genetischen Information in biologische Information übersetzt wird. Erst in jüngster Zeit beginnt die Wissenschaft zu verstehen, daß der Mensch die Wahrnehmung von »Realität« im gesellschaftlichen Kontext selbst entwirft. Unser äußerst flexibles Großhirn hat die Eigenschaft, Bewußtsein mittels seiner unendlichen Möglichkeiten neuronaler Verknüpfung zu gestalten. Diese Fähigkeit der Selbstprogrammierung geht möglicherweise einher mit Veränderungen auf genetischer Ebene. Ayahuasca sehe ich in diesem Zusammenhang als einen von der Evolution hervorgebrachten Katalysator für Veränderung, den wir weise nutzen könnten. Der oben zitierte Wissenschaftler aus Belo vermutet, daß uns Ayahuasca genetisch für die Zeit einer planetaren Transformation vorbereitet, in welche Richtung diese auch immer verlaufen mag.

Eine zentrale Botschaft an der Schwelle zum Neuen Zeitalter lautet: Wir sind die Schöpfer unserer Realität und nicht ihre Opfer. Die Welt, wie sie uns erscheint, ist bestimmt durch die Struktur unseres Nervensystems. Das wird auf den Punkt gebracht von der Wesenheit *Seth*, die durch die Schriftstellerin Jane Roberts weltweite Beachtung fand:

... Ihr haltet eure Ideen über die Realität für wahr und über jeden Zweifel erhaben. Sie scheinen sich von selbst zu verstehen ... Sie werden nicht als das, was sie sind, als bloße Glaubensüberzeugungen über die Realität, erkannt, sondern für Eigenschaften der Realität gehalten.[110]

Gibt es darüber hinaus so etwas wie einen »göttlichen« Willen, eine realitätsschaffende übergeordnete Ebene, die über die persönliche Schöpfungskraft hinausgeht? Ob sie nun als »göttlich« oder »genetisch«, als »richtunggebende Kraft der Evolution« oder als »wahres Selbst« zu verstehen ist, scheint mir von untergeordneter Bedeutung. Aber ich glaube, daß die Harmonisierung des persönlichen Willens mit dem Überpersönlichen die Grundlage für ein zufriedenes und kreatives Leben ist. Je gründlicher wir uns von unseren übernommenen Glaubensüberzeugungen entprogrammieren, um so offener sind wir für den »göttlichen« Willen, um eine »menschlichere« Welt zu gestalten.

Denn was bleibt, wenn das Leben bar aller Glaubensüberzeugungen gesehen wird? Das Licht der Schöpfung. KLARES LICHT!

Informationen zu Seminaren in Deutschland und Reisen nach
Brasilien erhalten Sie von:

Ulrich Meyerratken/Nathalie Salem
Westendstr. 28
86836 Untermeitingen
Fax: 0 82 32/7 13 85

Anmerkungen

F1 Siehe Farbtafel Nr. 1.1: »Yagube und Rainha« von P. Amaringo

F2 Siehe Farbtafel Nr. 4.1: »Feitio« von Ademir Braga de Oliveira

F3 Siehe Farbtafel Nr. 2.1: »Kolibri«

F4 Siehe Farbtafel Nr. 2.2: »Lichtarbeiter« von N. Salem

F5 Siehe Farbtafel Nr. 1.4: »Schamanenkampf«

F6 Das findet auch Ausdruck in künstlerischen Werken. Siehe
Farbtafel 4.2: »Der Garten Gottes« von Ademir Braga de
Oliveira

1 Terence McKenna: *Bei den Ayahuascqueiros*

2 »Deus, que nos guie no caminho da luz, sempre, sempre
amando Jesus«

3 Gate Gate Parasamgate Soha (tibet. Mantra)

4 Port. »miracão«: Ayahuasca-Erscheinungen im Santo Daime; von »mirar«: anschauen, erblicken, zum Ziele nehmen,
aufzeigen, sich sehen, sich kontemplieren (im Spiegel etc.);
das, was man erschaut, erblickt, sich zum Ziele nimmt.

5 Weitere Erklärungen dazu auch im vierten Teil des Buches:
Zum Verständnis des Santo-Daime-Kultes

6 Heiler, die mit Ayahuasca arbeiten

7 »Gut, sehr gut«

8 Alex Polari de Alverga: *O guia da floresta*, Editora Record,
Nova Era

9 *Aparelho:* wörtlich »Apparat«: Der Körper als Haus zum
Empfangen von Wesenheiten, damit sie sich darin aus-

drücken können; Medium; Kanal. Im Daime wird jeder als Medium gesehen.

10 Heiliger Michael

11 Mestizo-Shamanen, die ihr Wissen und persönliche Kräfte von Pflanzen erlangen

12 Luis Eduardo Luna und Pablo Amaringo: *Ayahuasca Visions. The Religious Iconography of a Peruvian Shaman*; North Atlantic Books, 2800 Wollsey street, Berkeley, CA 94705

13 Hino von Padrinho Sebastião

14 Aus »Canção do Beija-Flor«, Hino von Paulo Roberto

15 Wörtlich: das Göttliche innerhalb werden (siehe Jonathan Ott: *Ayahuasca-Analoge*)

16 Möglicherweise wurde das Soma sogar aus *Peganum harmala* gewonnen, einer auch in Indien beheimateten Pflanze mit demselben Wirkprinzip wie die Liane *Baniopsteris caapi*.

17 Hino Nr. 6 aus Cura I von Vera Fróes: »Harmonia, Verdade e Perdão«

18 Hino Nr. 12 aus Cura I von Padrinho Sebastião: »São João na Terra«

19 Vgl. Heinrich Elijah Benedikt: *Die Kabbala als jüdisch-christlicher Einweihungsweg*, 1995, S. 416 ff.

20 Das »j« in *beija-flor* wird gesprochen wie in »Janine«.

21 Padrinho Sebastião, Hino Nr. 63

22 Port.: Uniform

23 Von *farda* (Uniform): der, der eine Uniform trägt. Mitglieder des Daime-Kultes nennen sich auch »Fardados«, weil sie eine spezifische Kleidung bei den Ritualen tragen.

24 Port.: laut *Minidicionário Aurélio*: ausgewähltes Individuum, betraut mit der Funktion, aufmerksam gewisse Handlungen untersuchend zu beobachten oder gewisse Vorschriften auszuführen, um die Interessen einer Vereinigung zu verteidigen

25 Port.: Liederbuch

26 Sprich »puschador«; port.: jemand, der mit der Musik beginnt

27 »Não adianta ser grande sem possuir nobreza«, Hino Nr. 118 von Padrinho Sebastião

28 Port.: Daime-Ausschank

29 Hino Nr. 114 von Mestre Irineu; »Encostado a minha Mãe«

30 Port.: »Daime mel«, mehrfach konzentrierter Tee von schwarzer Farbe

31 Veranschaulicht in Vision 28 von Pablo Amaringo in *Ayahuasca Visions*, sowie in *Sacred Mirrors. Die visionäre Kunst des Alex Grey*, »Reise des verwundeten Heilers«, erschienen bei Zweitausendeins

32 Wie Jonathan Ott in *Ayahuasca-Analoge* erwähnt, hat der amerikanische Neurochemiker J. C. Callaway eine Hypothese entwickelt, welche die Träume als nächtliche Interaktionen von hirneigenen Tryptaminen und β-Carbolinen erklärt. Da diese ebenfalls die aktiven Wirkstoffe im Ayahuasca-Trank sind, könne das Träumen als Wirkung eines »endogenen Ayahuasca« interpretiert werden. Demnach ist die Auswirkung von Ayahuasca auf die Traumwelt naheliegend.

33 Von der *Haptonomie*, der Wissenschaft der Berührung, entwickelte Übungen zur Begleitung des Ungeborenen

34 Siehe auch hier das Bild *Pregnancy* des Malers Alex Grey, der das mit den Augen der Miration Geschaute sichtbar macht, in: *Sacred Mirrors*, Inner Traditions International

35 In ihrem Buch *Die Suche nach dem verlorenen Glück* empfiehlt die Amazonasforscherin Jean Liedloff:
1. Die Babyschmiere sollte nicht entfernt werden. So bleibt der himmlische Wohlgeruch des Babys lange erhalten.
2. Das Baby sollte anfangs so oft wie möglich getragen wer-

den, im Idealfall ständig in körperlichem Kontakt sein. Die Mühe zahlt sich vielfach aus.

36 Die Rassel im Santo Daime, die auf bestimmte Weise geschlagen wird. Sie besteht aus einer Blechdose mit Holzstiel, gefüllt mit Metallkügelchen.

37 Einer der Pioniere von Mapiá

38 Legende der brasilianischen Vegetalistas, die ebenfalls in der peruanischen Mythologie existiert und von Pablo Amaringo in *Ayahuasca Visions* gemalt wurde. Ich nehme an, daß die Vegetalistas nur die Hauptfigur austauschten: aus einem Indianerkönig wurde König Salomo.

39 Alex Polari: *O guia da floresta*, S. 196

40 *Centro Eclectico da Luz Fluente do Raimundo Irineu Serra*, öffentlich-rechtlicher Name der Organisation in Mapiá, die für die Verteilung des Daime und seine Anwendung verantwortlich ist. Augenblicklicher Präsident ist Alfredo Gregorio Mota, der Sohn von Sebastião Mota. Alle angegliederten Kirchen, die ihr Daime aus Mapiá beziehen, beginnen ebenfalls mit dem Kürzel CEFLU, dem dann der Name des »Patrons« der Kirche folgt, wie etwa Manoel Corrente bei CEFLUMAC. Darüber hinaus hat jede Kirche einen »astralen« Namen, der mit »Himmel« beginnt, wie »Himmel von Mapiá« oder »Himmel der Berge« in Santa Luzia oder »Himmel des Meeres« in Rio de Janeiro.

41 Der volle Name von Mapiá lautet »Céu do Mapiá«.

42 Irineu Nr. 124, »Eu tomo esta bebida«

43 Vera Fróes: *Santo Daime, Cultura Amazônica*, Kap. zur Charakterisierung der messianischen Bewegung. Zur Geschichte des Santo-Daime-Kultes siehe auch den vierten Teil des Buches

44 Newsletter, Januar 1995, CEFLURIS BOARD

45 Communidaime, April 1993

46 Siehe im Kapitel »Wahrheit oder Projektion?«

47 Sebastião, Nr. 139

48 »Berghimmel«

49 Irineu, Nr. 44

50 Alex Polari: *O guia da floresta*, Kap. VIII

51 Keith Dowman: *Sky Dancer*; Routledge & Kegan Paul, London

52 siehe Farbtafel 1.4 »Schamanenkampf«

53 Prem Das: *Initiation by a Huichol Shaman*, 1978, S. 133

54 »Kleines Boot«, Sitz in Rio Branco, Acre. Nennen ihr Ayahuasca auch »Daime«. Sandra ist die einzige Frau in Brasilien, die eine unabhängige Ayahuasca-Kirche leitet.

55 Wichtiger Schlüsselbegriff der Santo-Daime-Doktrin, der eine innere Einstellung beschreibt: soviel wie fest, unveränderlich, dauerhaft, zuverlässig, sicher, beständig, stabil, resolut, entschlossen …

56 Mehr dazu siehe im Abschnitt »Die Alchimie der Heilung«

57 *The Comte de St. Germain: The Secret of Kings;* Isabel Cooper-Oakley

58 Aus *Studien der Alchimie; Die Wissenschaft der Selbsttransformation;* Saint Germain. Zitiert in englisch, da auf englisch vom Medium Mark L. Prophet empfangen.

59 Strom der Energie, der im Ritual zwischen den Teilnehmern fließt, »eingetunt sein«

60 Mudra: Symbol, Geste, die durch eine spezielle Handbewegung ausgedrückt wird

61 B. Fuller: *Goldlöckchen und die drei Bären.* Geodätische Dome sind Kuppeln, die aus dreieckigen Elementen zusammengesetzt sind. Die Erbsubstanz DNS ist ein spiraliges Makromolekül.

62 Stan Tenen: *Geometric Metaphors of Life*, Videoband (1990)

63 Siehe auch Farbtafel 1.3. aus *Ayahuasca Vision*: Bild 10

64 In diesem Zusammenhang sei darauf hingewiesen, daß telepathische Phänomene nicht generell von Ayahuasca her-

vorgerufen werden. Es ist aber auch nicht so, daß die verbreitete Vorstellung von den telepathischen Eigenschaften eine Legende ist, wie zum Teil in der Literatur behauptet wird. Telepathie wird nach meinen Erfahrungen durch Ayahuasca wesentlich induziert, wenn Sender und Empfänger auf einer ähnlichen Frequenz liegen. Eine vollständige telepathische Union aller Teilnehmer eines Rituals, getragen von Liebe und Harmonie, ist demnach das angestrebte Optimum.

65 So sind auf den meisten Bildern von Pablo Amaringo im Hintergrund UFOs abgebildet, zumeist als Zuschauer der Mirationen.

66 Regelmäßige, geometrische Muster mit vielschichtigen Bedeutungen in der buddhistischen Malerei

67 Peruanische *vegetalistas*, Heiler, die mit Ayahuasca arbeiten

68 Dzogchen & Padmasambhava, Rigpa Fellowship 1989

69 Pad. Alfredo, Nr. 126, »Ligado na Natureza«

70 Tibetisches Mantra der Mutter aller Buddhas

71 Pad. Sebastião laut Alex Polari: *O guia da floresta*, S. 179

72 Jonathan Ott: *Ayahuasca-Analoge*; 1995, S. 95

73 *Shaman's Drum*, Winter 1990–91, S. 39

74 *Revista do centenário*; Editora Beija-Flor, Rio de Janeiro 1992

75 Ebenda; Edward Macrae

76 Lied Nr. 26 aus Nova Jerusalem: »Brilho Do Sol«

77 Vera Fróes: *Santo Daime, Cultura Amazônica*, S. 47.
Die Rose kommt auch in Irineus Lied Nr. 114 vor. In »Encostado a minha Mãe« heißt es: »Meine Blume, meine Hoffnung, meine Rose des Gartens, für immer will ich dort bleiben mit meiner Mutter ganz nah bei mir.« Alfredo greift das Thema in Lied Nr. 154, »Meine Rose des Gartens«, wieder auf: »Meine Blume, meine Hoffnung, meine Rose des Gartens ... Ich bin in diesem Garten dieser herr-

236

schaftlichen Blume, dieser Blume, meiner herrlichen Blume des astralen Königreichs.«

78 »Primordial Experience«, Manjusrimitra, 1986, Shambala Publications

79 Portugiesisch »Salão Dourado« genannt

80 Sebastião, Nr. 139: »Glaube nicht an Meister ...«

81 Irineu, Nr. 119: »Confia, confia, confia no poder, confia no saber, confia na forca aonde pode ser«

82 Irineu, Nr. 38: »Blüte der Jagube«

83 Akasha, Sanskrit: »Raum« oder »Äther«: in der westlichen Esoterik bezeichnet sie den Geist oder das Astrallicht. Ihr werden auch die Licht- und Tonschwingungen zugeordnet.

84 Auch »Buch des Lebens« oder »Weltenchronik« genannt. Darunter wird eine Art kosmisches Gedächtnis verstanden, in dem alle vergangenen, gegenwärtigen und auch zukünftigen Geschehnisse aufgezeichnet sind. Spirituell entwickelte Wesen sind in der Lage, dieses Wissen anzuzapfen.

85 »Seperar impurezas que se contenham em (um liquido)«

86 »Celebrar ou exaltar em cantos ou em versos«

87 Alex Polari, *O guia da floresta*, S. 214

88 *Justiçeiro*: jemand, der die Gerechtigkeit liebt

89 Interessierten Lesern empfehle ich das ausgezeichnet recherchierte Buch *Der heilige Gral und seine Erben* von Lincoln, Baigent, Leigh; Bastei-Lübbe

90 Verballhornung von »Sang Raal«, »königliches Blut«

91 Juan G.: Atienza, *La mística solar de los Templarios*; Barcelona, Ediciones Martínez Roca, S. 23–48

92 Geb. 1408, bekannt als der »gute König René«, eine bedeutende Gestalt in den Jahren vor der Renaissance

93 Hinter dem Gedicht steckt vielleicht eine Anspielung auf Hitler, der in der Umgebung von Rennes-le-Château Ausgrabungen vornehmen ließ, was vermuten läßt, daß er über

die Hintergründe der Templer informiert war. Jedes spirituelle Werkzeug kann sowohl zu weißen als auch schwarzen Zwecken eingesetzt werden. Die dunklen Orden versuchen seit jeher systematisch die weißen Orden, deren Struktur und Werkzeuge zu übernehmen. Davon ist auch der Daimekult nicht ausgenommen.

94 Vera Fróes: *Santo Daime, Cultura Amazônica*, S. 137

95 Alex Polari: *O guia da floresta*, S. 204

96 Siehe Jonathan Ott: *Ayahuasca-Analoge*; 1995

97 Vera Fróes: *Santo Daime, Cultura Amazônica*, S. 135

98 Alex Polari: *O guia da floresta*, Kap. XIII

99 Vera Fróes: *Santo Daime, Cultura Amazônica*, S. 97

100 *Meyers großes Taschenlexikon*; Delphi war ein griechisches Orakel, von dem einige zeitgenössische Forscher annehmen, daß dort auch mit Hilfe von Kraftpflanzen geweissagt wurde.

101 Sebastião: »Mein Meister ist mit mir«, Nr. 39, auch diese Information stammt von Alex Polari.

102 Siehe das Kapitel »Die vier Säulen«

103 Candoblé und Umbanda sind zwei aus Afrika mit den Sklaven importierte animistische Kulte mit vorwiegend schwarzen Mitgliedern. In beiden spielen Gottheiten und mediale Trance eine wesentliche Rolle.

104 *Revista do centenário*; Editora Beija-Flor, Rio de Janeiro 1992

105 J. Bennett: *Das Überqueren des großen Wassers*

106 Alex Polari: *O guia da floresta*, S. 48

107 Chögyam Trungpa: *Mudra*, Zero Verlag 1980, S. 25

108 Stephen W. Hawking: *Eine kurze Geschichte der Zeit*; Rowohlt 1988; S. 177; Hawking folgert daraus, daß das Universum in Wirklichkeit keinen Anfang und kein Ende hat: »Es würde einfach *sein*.« Damit leugnet er allerdings den Prozeß des *Werdens* und der Evolution.

109 Jesus: Matthäus 11, 12

110 Siehe z. B. Pablo Amaringo: *Ayahuasca-Visions*: Bild 43, Kampf zwischen einem Shipibo- und einem Shetebo-Schamanen, Bild 46, Begräbnis Tonduri

111 Jane Roberts: *Die Natur der persönlichen Realität*; 1972, Kap. 2